"十四五"国家重点出版物出版规划项目
"智慧城市2035"出版工程
吴志强　盛雪锋　总主编

弥合数字鸿沟

BRIDGE THE DIGITAL DIVIDE

盛雪锋 主编

图书在版编目（CIP）数据

弥合数字鸿沟 / 盛雪锋主编．-- 上海：同济大学出版社，2023.12
"智慧城市2035"出版工程 / 吴志强，盛雪锋主编
ISBN 978-7-5765-0750-8

Ⅰ．①弥… Ⅱ．①盛… Ⅲ．①信息产业－研究 Ⅳ．①F49

中国国家版本馆CIP数据核字(2023)第238534号

"十四五"国家重点出版物出版规划项目
2023年上海市重点图书
2023年上海市促进文化创意产业发展财政扶持资金项目
"智慧城市2035"出版工程

弥合数字鸿沟

盛雪锋 主编

| 责任编辑：周原田 | 责任校对：徐春莲 | 装帧设计：完颖 | 封面设计：张雪青 |

出版发行：同济大学出版社 www.tongjipress.com.cn
　　　　　（地址：上海市四平路1239号 邮编：200092 电话：021-65985622）
经　　销：全国各地新华书店、建筑书店、网络书店
印　　刷：上海安枫印务有限公司
开　　本：787mm×1092mm　1/16
印　　张：16
字　　数：274 000
版　　次：2023年12月第1版
印　　次：2023年12月第1次印刷
书　　号：ISBN 978-7-5765-0750-8
定　　价：128.00元

本品若有印装质量问题，请向本社发行部调换　　版权所有　　侵权必究

"智慧城市2035"出版工程
学术委员会

主任

邬贺铨

成员

（按姓氏拼音首字母排序）

柴洪峰　褚君浩　童小华　吴志强　郑庆华

《弥合数字鸿沟》
编委会

主编

盛雪锋

编委

（按姓氏拼音首字母排序）

毕小峰　陈梦凡　贺　樛　胡琼方　李　媛　李宝敏　李家成　林松涛
刘朝青　马丽华　钱学胜　屈曼祺　孙玉灵　王绵杰　王淑芳　余　青
张杨紫棋　周向红　周应龙

智慧引领变革，数字蝶变未来

"智慧城市 2035"出版工程·总序

今天的中国城市，正在疾步向前拥抱智慧时代。

建设智慧城市、构建城市的数字竞争力，已经成为中国新时代新阶段构建新发展格局、推动高质量发展的重要举措。中国智慧城市经历了十多年的更迭演变，特别是近年来，全球数字化发展浪潮席卷而至，在网络强国、数字中国的战略指导下，数字技术与城市发展深度融合，城市治理、生活服务、产业发展等领域的智慧化应用场景正在持续丰富，数据要素成为新的经济驱动力，智慧城市建设面临着继往开来的重要历史节点。

"数字蝶变"正在加速"城市蝶变"。大量智慧城市建设的背后，展现了中国数字化发展水平正和全球实现同频共振，展现了中国在数字经济领域的突出表现。5G、物联网、云计算、大数据、人工智能、数字孪生等新一代信息技术的逐步成熟及深化应用，为中国城市的数字化创新发展之路提供了强大引擎。但同时也必须看到，如何让智慧城市建设呈现更加宜居、更具韧性、更有温度的属性，面临着重大挑战。这将是一段科技和城市双向奔赴和互相成就的旅程，这也将是一个重塑城市格局的关键时刻！

"智慧城市 2035"出版工程就是面向中国新一轮发展时期、面向 2035 的时代要求，既回顾之前十年中国城市建设数字化、智能化发展历程，更在新的起点上多视角切入中国智慧城市建设的重要方向和前沿要点，凝练并构建未来城市数字化发展的理论体系和实践经验，为构建新时代下中国更高层级、更高水平的城市数字竞争力提供智力支持和行业参考。

中国工程院院士
2023 年 10 月 11 日

本书序

在数字化时代,科技的飞速发展为人类带来了便利与舒适,但同时也出现了一个对弱势群体不容忽视的社会公平问题——数字鸿沟。老年人群对数字技术应用的学习适应性慢,在数字化浪潮中容易被边缘化,既限制了老年人群享受数字技术带来的红利,也拖慢了整个社会的数字化进程。第七次全国人口普查结果显示,2020年底中国60岁及以上人口占比超18%,人口老龄化程度进一步加深,老年群体的数字鸿沟问题关系到我国近1/5的人口,这是民生大事。

弥合老年人数字鸿沟是一项具有挑战性的任务,需要政府、企业、社会和家庭多方共同努力,携手关注老年人的需求,为他们提供更多的支持和帮助,使老年人能够更好地融入数字社会。政府应当充分发挥社区作用,在建设适老化设施的同时,为老年人提供更多的数字技能培训机会,使他们能够更好地适应数字社会的发展。信息通信企业需要开发适合老年人使用的智能手机、平板电脑等设备,让他们能够方便地使用数字技术。此外,还要通过技术手段降低老年人使用数字技术的门槛,如开发易于操作的APP、简化界面设计等,让老年人在使用数字技术时能够感到方便和舒适,这也是信息通信企业的社会责任。政府与企业还需要多从老年人使用的角度增强网络与数据安全防护,加大打击网络犯罪的力度,解除老年人对数字化应用可能带来的个人信息泄漏甚至被诈骗的担忧。社会组织和志愿者们也应该参与到弥合老年人数字鸿沟的工作中来,通过开展各类老年人数字技能培训活动,提高他们的数字技能水平。同时,家庭是弥合老年人数字鸿沟的关键环节,青年人应当关注老年人在数字时代中的需求,帮助他们适应新的技术环境。

为了进一步研究关于老年数字公平问题的理论和方法,推广弥合老年数字鸿沟实践经验,上海智慧城市发展研究院院长盛雪锋主持编著了《弥合数字鸿沟》一书,该书作为"十四五"国家重点出版项目"智慧城市2035"出版工程的第一本,从数字时代老龄化社会大背景引出老年数字鸿沟问题治理的急迫性,通过对老年数字鸿沟内涵、产生原因、解决困境等方面的探究，结合作者团队数字助老及数字化转型实践经验，系统阐述在适老场景、友好技术、数字素养、普惠环境等方面开展的工作，解读国内外政府、企业、机构的典型案例，总结弥合老年化数字鸿沟的成功经验。

《弥合数字鸿沟》一书从弥合老年数字鸿沟对象视角，系统性勾勒出弥合老年数字鸿沟的相关理论和实践框架，内容全面、资料丰富、条理清晰、研判周详，为读者提供了兼具理论和实践价值的知识与见解。相关的工作也可推广到老年化之外的弱势群体，在全社会推广信息无障碍。希望本书能推动各地关注老年化数字鸿沟的问题，期待相关专家学者继续总结跨越数字鸿沟的有效做法并积极探索创新，完善弥合数字鸿沟的中国方案。

中国工程院院士
2023 年 11 月 23 日

目　录

003　**智慧引领变革，数字蝶变未来**

006　**本书序**

【理论篇】

014　**第 1 章　拥抱数字时代，直面数字鸿沟**

　　014　**1.1　数字时代的机遇**
　　016　**1.2　数字时代的挑战——数字鸿沟**
　　017　　1.2.1　数字鸿沟的概念与基本机理
　　020　　1.2.2　数字鸿沟的内涵演变
　　024　**1.3　数字化与老龄化进程深化交织**
　　024　　1.3.1　数字时代的老年群体
　　027　　1.3.2　我国老年数字鸿沟的特征

028　**第 2 章　聚焦老年数字鸿沟，探究弥合之路**

　　028　**2.1　老年数字鸿沟的内涵与理论**
　　028　　2.1.1　老年数字鸿沟的内涵
　　029　　2.1.2　老年数字鸿沟的重要理论
　　033　**2.2　老年数字鸿沟的成因分析**
　　033　　2.2.1　老年数字鸿沟的形成原因
　　038　　2.2.2　老年数字鸿沟的成因模型
　　040　**2.3　老年数字鸿沟的影响**
　　040　　2.3.1　老年数字鸿沟的宏观影响
　　043　　2.3.2　老年数字鸿沟的微观影响

2.4 跨越老年数字鸿沟的挑战
045

045　2.4.1 个体层面挑战

046　2.4.2 社会层面挑战

048　2.4.3 政府治理挑战

2.5 弥合老年数字鸿沟的探索
049

049　2.5.1 技术层面——适老

051　2.5.2 政府层面——引导

052　2.5.3 社会层面——支持

054　2.5.4 家庭层面——反哺

054　2.5.5 个人层面——赋能

【策略篇】

第3章 透析数字化转型，构建跨越老年数字鸿沟的理论模型
058

3.1 数字化转型发展的核心关切及其相互关系
058

058　3.1.1 数字化转型发展的核心关切

059　3.1.2 数字化转型的概念特征与相互关系

3.2 跨越老年数字鸿沟的 TSEL 理论模型
061

061　3.2.1 TSEL 理论模型建构

063　3.2.2 TSEL 理论模型要素

第4章 优化设备设施，促进技术友好向善发展
068

4.1 数字基础设施建设
068

068　4.1.1 数字基础设施内涵

069　4.1.2 数字基础设施问题

072　4.1.3 包容的数字基础设施对策

4.2 适老化设备改造
074

074　4.2.1 适老化的数字设备内涵

075　4.2.2 适老化设备改造问题

076　4.2.3 提升智能设备的适老化程度对策

079　**4.3 技术伦理适老关照**

079　　4.3.1 技术伦理适老关照内涵

081　　4.3.2 技术伦理适老关照面临的困境

084　　4.3.3 技术伦理适老关照提升策略

087　**第 5 章　需求牵引，打造差异化适老场景**

087　　**5.1 科学梳理和挖掘老人需求**

087　　5.1.1 从感知有用维度挖掘老人需求

090　　5.1.2 基于马斯洛需求层次理论挖掘老人需求

091　　**5.2 差异化场景打造：围绕场景本身，挖掘需求，构建场景**

092　　5.2.1 现有场景改造：传统服务供给结合数字技术提供更好服务，智能化＋线下的方式

107　　5.2.2 多场景融合：加强数字化整合，增加智能数字化手段应用，为老人提供便利服务

109　　5.2.3 重视场景全生命周期管理

113　**第 6 章　数字素养终身培育**

113　　**6.1 数字素养内涵与终身培育发展体系**

113　　6.1.1 数字素养内涵与理念

115　　6.1.2 数字素养模型与框架

119　　6.1.3 老年数字素养培育发展体系

123　　**6.2 数字素养终身培育路径**

123　　6.2.1 数字反哺

127　　6.2.2 数字互助

131　　6.2.3 数字教育

136　**第 7 章　多方施策，创建包容普惠环境**

136　　**7.1 政策导向：加强顶层设计引领数字普惠发展**

136　　7.1.1 推进数字普惠基础建设

137　　7.1.2 聚焦标准化规范化制定

138　7.1.3 推动老年教育立法工作

7.2 机制构建：完善多主体多领域协同普惠机制

139　7.2.1 完善多元主体参与机制

140　7.2.2 推进区域统筹发展机制

141　7.2.3 健全风险防控保障机制

7.3 技术支撑：运用数字技术手段加快普惠发展

143　7.3.1 用区块链技术构建数字生态

144　7.3.2 用大数据技术助推精准服务

144　7.3.3 用人工智能融合数字场景

7.4 平台搭建：推动数字资源供给侧结构性改革

146　7.4.1 建设数字技能认证体系

147　7.4.2 建立终身学习服务平台

148　7.4.3 搭建数字浸润体验场景

7.5 氛围营造：筑牢数字安全友好普惠社会环境

150　7.5.1 加强数字服务意识

151　7.5.2 加强数字道德建设

152　7.5.3 关注弱势群体需求

【实践篇】

154　第 8 章 国际视野：老年数字鸿沟问题弥合之举

8.1 国际社会组织和机构弥合老年数字鸿沟之举

154　8.1.1 联合国：确保所有人均享有数字技术

157　8.1.2 世界卫生组织：利用包容性技术跨越到健康老龄化社会

159　8.1.3 国际电信联盟：构建面向健康老龄化的无障碍数字技术

162　8.1.4 万维网联盟：推动网络无障碍技术标准建设

162　8.2 部分发达国家弥合老年数字鸿沟之举

163　8.2.1 新加坡弥合老年数字鸿沟举措

164　8.2.2 日本弥合老年数字鸿沟举措

166　8.2.3 韩国弥合老年数字鸿沟举措

168　8.2.4 美国弥合老年数字鸿沟举措

172　8.2.5 欧洲国家弥合老年数字鸿沟举措

175　**8.3 国外举措对我国弥合老年数字鸿沟的启示**
　　175　8.3.1 国外弥合老年数字鸿沟的经验总结
　　176　8.3.2 国外弥合老年数字鸿沟的经验提炼

178　**第 9 章　本土行动：数字时代老龄化智能供给能力变革**

　　178　**9.1 更适用的设备：面向接入沟**
　　　　178　9.1.1 "一键式"为老服务产品
　　　　180　9.1.2 "一屏式"为老服务产品
　　　　182　9.1.3 "自主式"为老服务机器人
　　184　**9.2 更针对的服务：面向使用沟**
　　　　185　9.2.1 基于软件优化的弥合策略
　　　　190　9.2.2 基于场景优化的弥合策略
　　192　**9.3 更有效的知识：面向知识沟**
　　　　193　9.3.1 数字化的弥合策略
　　　　194　9.3.2 非数字化的弥合策略
　　198　**9.4 更友善的环境：面向老年友善的空间**
　　　　199　9.4.1 微观居家空间
　　　　206　9.4.2 专业康养空间
　　　　209　9.4.3 社区半公共空间
　　　　212　9.4.4 社区公共空间

【特色篇】

216　**第 10 章　上海：弥合老年数字鸿沟的综合解决方案**

　　216　**10.1 上海老龄化和数字化共生演进的挑战**
　　　　216　10.1.1 深度人口老龄化结构的挑战
　　　　220　10.1.2 数字化时代转型发展的挑战
　　　　222　10.1.3 老年群体"数字鸿沟"的挑战
　　224　**10.2 上海弥合数字鸿沟政策架构**
　　　　224　10.2.1 政策基调
　　　　227　10.2.2 政策框架

230	**10.3 上海弥合数字鸿沟具体方案——"数字伙伴计划"**	
231	10.3.1 整体架构	
232	10.3.2 开展"随行伙伴"行动	
234	10.3.3 开展"智能伙伴"行动	
236	10.3.4 开展"互助伙伴"行动	
239	**10.4 上海弥合数字鸿沟行动实施成效**	
239	10.4.1 多元共治格局初步形成	
240	10.4.2 数字服务形态创新发展	
242	10.4.3 数字抗疫治理功能凸显	
245	10.4.4 老年数字生活能力提升	
246	10.4.5 数字适老改造初见成效	
247	**10.5 上海弥合数字鸿沟行动未来展望**	
247	10.5.1 落实数字为老服务，实现全民畅享数字新生活	
248	10.5.2 激发多元主体活力，营造城市转型发展新生态	
249	10.5.3 完善常态工作机制，保障数字伙伴计划新发展	

理论篇
THEORY

第 1 章

拥抱数字时代，直面数字鸿沟

1.1 数字时代的机遇

当前，以数字化、网络化、智能化为主要特征的新一轮科技革命迅猛发展，不断推动全球产业格局发生深刻变革和重大调整，并以空前的力量改变人们的生产生活方式和传统的社会结构、社会形态，提高社会的治理和服务效能。数字技术已从 20 世纪末少数人群的特殊工具、非必需品，成为 21 世纪初的新兴社交方式，近年来逐渐成为经济社会发展的重要支撑和驱动力量。

早在 1995 年，尼古拉斯·尼葛洛庞帝（Nicholas Negroponte）就在其著作《数字化生存》[1]中前瞻性地探讨了数字技术普及带来的变化，以及这些变化将如何影响人类与世界互动的方式。他在书中预言，"数字化"将打破旧有的时空观念，使人类的生产、生活、交流等活动不再局限于某时某地，而是建立在数字化平台上的新的生存状态，即"计算不再只和计算机有关，它决定了我们的生存"。

近年来，以深度学习、跨界融合、人机协同、群智开放、自主操控为特征的新一代人工智能技术不断取得新突破，使得数字化进程的发展速度已经超越尼古拉斯·尼葛洛庞帝当年的想象。人工智能作为新一轮科技革命和产业变革核心驱动力，催生了一系列新技术、新产品、新产业、新业态、新模式，在教育、医疗、养老、娱乐、环境保护、城市运行、司法服务等领域得到广泛应用，提高公共服务精准化水平，极大提升人类生产水平和生活品质。

如今，数字技术引领着全球的发展方向，世界各发达国家纷纷将以人工智

---

[1] NEGROPONTE N. Being digital[M]. New York: Knopf, 1995.

能为代表的新一代数字技术作为提升国家竞争力、抢抓战略制高点的主要抓手。如英国发布《数字英国》计划，将数字化提升到国家顶层设计层面；欧盟委员会通过《欧洲数字议程》确定了数字技术在将欧盟经济转变为"智能、可持续和包容性经济"方面应发挥的作用；日本通过"e-Japan""u-Japan""i-Japan"等一系列数字化战略，引领日本数字技术及产业迭代变革；美国先后出台《国家人工智能研究和发展战略计划》《美国机器智能国家战略报告》，推动人工智能相关数字技术创新与应用。各国际组织也高度关注数字技术议程。联合国于2018年设立数字合作高级别小组，旨在加强各国政府、私营部门、民间社会、国际组织、学术机构、技术界和其他相关利益攸关方在数字空间方面的合作。世界银行将"数字化发展"列为30个重点发展议题之一，致力于帮助各发展中国家投资数字技术以减少贫困和不平等。

与此同时，数字经济也已经成为各国 GDP 的重要组成部分，在过去15年中其增速达到全球 GDP 增速的2.5倍[1]。我国数字经济蓬勃发展，产业规模从2005年的2.6万亿元扩张到2020年的39.2万亿元，逐渐成为国民经济的核心增长极之一（图1-1）[2]。据世界经济论坛估计，未来十年经济中70%的新价值都将基于数字化业务模式。

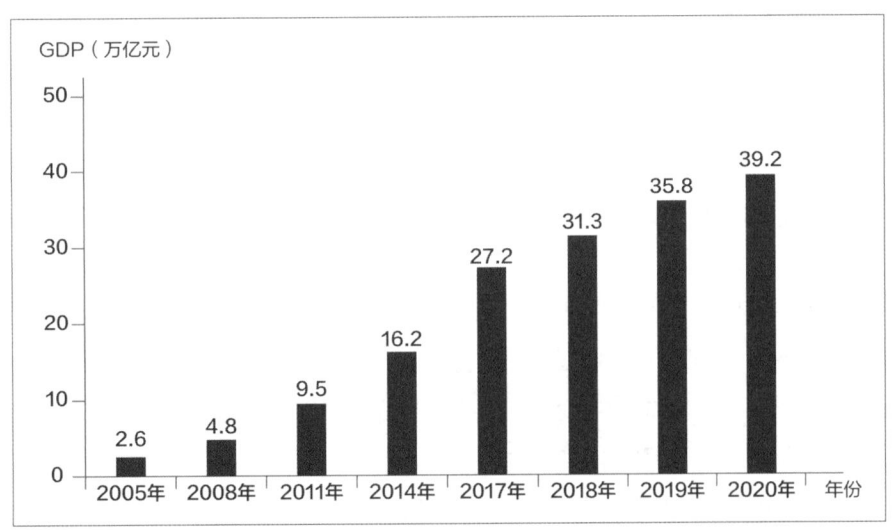

图1-1 中国数字经济规模历年数据
来源：中国信通院. 中国数字经济发展白皮书 (2021)[R]. 北京：中国信息通信研究院，2021.

▲ 1 World Bank. Digital Development Overview[EB/OL]. [2022-08-16]. https://www.worldbank.org/en/topic/digitaldevelopment/overview.
2 中国信通院. 中国数字经济发展白皮书 (2021)[R]. 北京：中国信息通信研究院，2021.

我国自党的第十八次全国代表大会以来，大数据、人工智能先后上升至国家战略，"数字中国"建设在全国范围内加快推进。2023年3月，《数字中国建设整体布局规划》正式印发，指出建设数字中国是数字时代推进中国式现代化的重要引擎，是构筑国家竞争新优势的有力支撑。加快数字中国建设，对全面建设社会主义现代化国家、全面推进中华民族伟大复兴具有重要意义和深远影响。

在过去的近30年中，我们见证了数字技术的蓬勃发展，迎来了比人类历史上任何技术创新都要迅猛的社会经济的高速发展。当下，以新一代人工智能为代表的数字技术所激发的一波又一波的变革和浪潮，使我们有充分理由预见数字时代将带给人类社会更大机遇和更多可能。

同时，这一巨大的变革也引发了更深刻的思考，正如迈克斯·泰格马克（Max Tegmark）在其所著《生命3.0》一书中，对于这场科技革命和产业变革的未来之问中提及的：在这场数字化、智能化变革中，人类将以何种姿态直面技术带来的对传统生产、生活方式及观念意识的冲击和颠覆，以及如何创造更加可持续的未来？[1] 无独有偶，提出"创新扩散理论"的学者埃弗雷特·罗杰斯（Everett Rogers）也指出，创新在给人类带来巨大好处的同时，还可能会造成社会不平衡的不利影响，特别是那些快于研究和政策进步的技术创新会显著降低社会识别其不利影响的能力[2]。这使我们警觉，数字时代的最大机遇应来自应对数字化进程中的挑战，来自实现人人共享数字技术所带来的红利。因此，人类的数字时代应建立在一个包容、互信的数字经济和社会基础之上。

1.2 数字时代的挑战——数字鸿沟

在《数字化生存》一书中，尼葛洛庞帝在热情赞扬数字技术推动的巨大革新和进步外，还不无担心地指出，尽管许多人担心信息技术会加剧社会的两极分化，使社会阵营日益分裂为信息富裕者和信息匮乏者、富人和穷人，乃至信息富裕国和信息匮乏国，但真正的鸿沟横亘于两代人之间。[3]

数字化进程的快速推进，使得不同发展主体、社会群体间出现了一条难以轻松跨越的鸿沟，将一些弱势群体阻隔于数字文明之外，阻碍了他们平等分享

1　TEGMARK M. Life 3.0: Being human in the age of artificial intelligence[M]. New York: Knopf, 2017.
2　ROGERS E M, SINGHAL A. Diffusion of innovations[M]//An integrated approach to communication theory and research. New York: Routledge, 2014: 432-448.
3　NEGROPONTE N. Being digital [M]. New York: Knopf, 1995.

数字经济发展的新机遇与新红利。这不仅成为个人发展的巨大壁垒，也无益于和谐、可持续社会的构建。由此可见，"数字鸿沟"已经成为阻碍数字时代经济社会健康发展的重大挑战。

1.2.1 数字鸿沟的概念与基本机理

1. 数字鸿沟的概念

数字鸿沟是一个发展的概念，是伴随着信息技术的发展而同步产生的。随着数字鸿沟的概念和形态不断衍化和加深，相关研究所涵盖的范围也越来越广泛。

最初，数字鸿沟的概念反映的是信息通信技术（ICT）获取层面上的差异，这种差异也被称为"接入沟"。如美国国家远程通信和信息管理局（NTIA）在《在网络中落伍：定义数字鸿沟》的报告中，将数字鸿沟定义为"那些信息工具的拥有者和那些未曾拥有者之间存在的鸿沟"[1]。之后，随着信息和通信技术的不断普及和相关研究的深入，人们发现不同群体或地区间在信息和通信技术接入水平基本相同的情况下，在信息和通信技术的使用上却存在着明显的差异，它同样能够加剧人们在社会生活中的不平等。因此，数字鸿沟的概念也从信息和通信技术获取层面上的差异扩展到信息和通信技术使用层面上的差异，这种差异也被称为"使用沟"。如经济合作与发展组织（OECD）在《理解数字鸿沟》的报告中，将数字鸿沟定义为"数字鸿沟是指不同社会经济层面的个人、家庭、企业和地理区域，在获取信息和通信技术以及在各种活动中利用互联网的机会及其使用方面的差距"。最后，随着全球信息化和数字化的进程不断加速，相关研究发现信息和通信技术使用结果上的差异会对人们产生不同的影响，具体表现为信息和通信技术使用结果对不同群体产生认知、价值观念和行为模式等多方面的差异，这种差异也被称为"效果沟"或"知识沟"。数字鸿沟也逐步演变为一种应用性社会研究，不再仅局限于信息和通信技术的接入和使用层面的差异，而是将数字鸿沟同经济与社会的发展相联系。如有学者从社会包容的视角指出，数字鸿沟可以被视为社会不平等的反映[2]。换句话说，数字鸿沟的

---

[1] National Telecommunications & Information Administration, U.S. Department of Commerce. Falling through the net: Defining the digital divide [EB/ OL]. [2022-10-22]. http://www.ntia.doc.gov/report/1999/falling-through-net-defining-digital-divide.
[2] MARSHALL A, DEZUANNI M, BURGESS J, et al. Australian farmers left behind in the digital economy: Insights from the Australian Digital Inclusion Index[J]. Journal of Rural Studies, 2020, 80: 195-210.

产生，实际上反映的是社会不同群体在收入、教育水平上的不平等和差距，这种不平等和差距使人们在获取信息和加工信息方面出现了鸿沟[1]。因此，有学者也将数字鸿沟视为一种包括信息和通信技术使用差异以及与之相关的信息内容和社会经济机会在内的复杂现象[2]。

总的来说，当前数字鸿沟较为通用的概念为"不同国家、地区、行业、企业、社区、群体之间，由于对信息、网络技术的拥有程度、使用程度以及创新能力的差别而造成的信息落差及贫富进一步两极分化的趋势"。数字鸿沟包括国家之间的数字鸿沟、不同群体之间的数字鸿沟、不同个人之间的数字鸿沟等。国家之间的数字鸿沟，又被称为全球数字鸿沟，多与国家之间的社会经济发展、教育水平等有关。不同人口特征的数字鸿沟则主要指不同性别、种族、经济条件、居住环境、阶级背景、身体特征的个体或群体，因接近使用数字产品的机会与能力上的差异而产生的数字鸿沟问题。

2. 数字鸿沟的基本机理

有效明确数字鸿沟产生的系统性机理是开展数字鸿沟研究的基础与前提，在存在形态上，数字鸿沟通常包括"接入沟"（Access Divide）、"使用沟"（Capacity Divide）与"知识沟"（Knowledge Divide）三种形态，既存在于信息技术的开发领域，也存在于信息技术的应用领域，三者之间是相互联系、逐层递进的关系，接入沟是基础、使用沟是过程、知识沟是结果（图1-2）。具体来说：

接入沟是第一道数字鸿沟，一般指在接入数字技术方面的差异和不平等，即数字技术可及性，其具体表现为具有使用数字产品或服务所必需的物理渠道的差异[3]，包括接入互联网的通道差异和必要的信息基础设施设备（如电脑、手机、网络等）差异。接入沟主要受基础设施状况、经济实力和政府决策等因素的影响。

使用沟是第二道数字鸿沟，一般指由于社会或自身因素导致的在技术使用上产生的差异。早期的研究或报道多使用"用或者不用互联网或某项数字技术"的二分类问题来描述使用沟，由于这一分类角度过于简单，后续的研究对此进行了拓展，衍生出了数字技能（Digital Skills）、使用意图（Internet

---

1 程名望，张家平. 互联网普及与城乡收入差距：理论与实证[J]. 中国农村经济，2019(02): 19-41.
2 PETYA C, FREDERICO C J, TIAGO O, et al. Digital divide at individual level: Evidence for Eastern and Western European countries[J]. Government Information Quarterly, 2018, 35(03):460-479.
3 National Telecommunication and Information Administration. Falling through the net:Toward digital inclusion. A report on Americans' Access to technology tools[S/OL]. [2022-10-10]. https://files.eric.ed.gov/fulltext/ED448966.pdf.

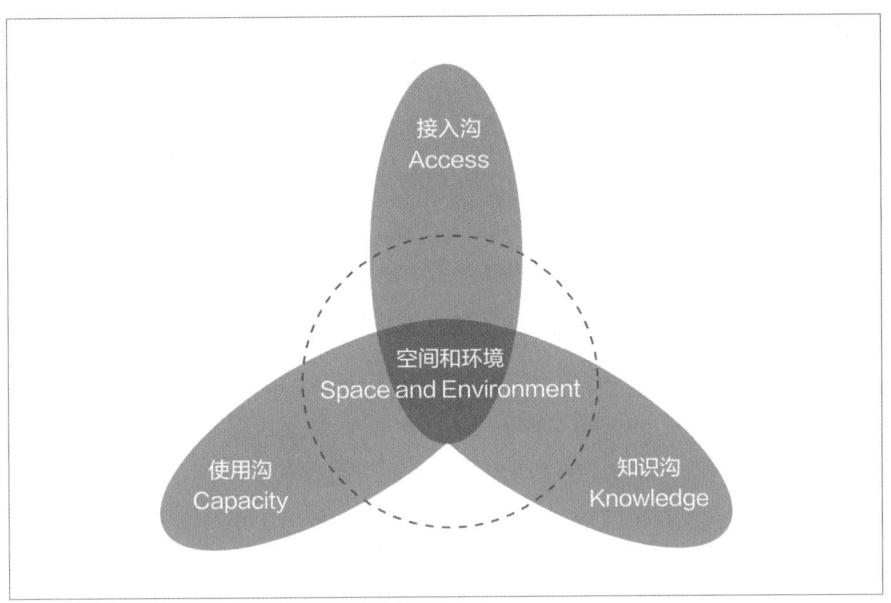

图 1-2　数字鸿沟模型
来源：钱学胜团队绘制

Intention）、使用用途（Internet Usage）等多个角度。使用沟主要受技术界面的友好性、使用者的数字技能等因素的影响。

知识沟是第三道数字鸿沟，主要指通过数字技术或服务获取、处理和运用知识的能力和效果的差异。即使接触到相同的信息，教育背景、社会经济地位不同的受众从中获取知识的速度、效率也不同，使得最终获得的知识量和效果也不同，这种差异即为"知识沟"（也经常被称为"效果沟"）。知识沟主要受使用者的受教育程度、社会经济地位、社会环境等因素的影响。

在传统数字鸿沟包含的接入沟、使用沟、知识沟之外，另一个不可忽视的问题在于空间和环境（Space and Environment）。人的生活质量与生活福祉涉及日常生活的各个方面的多领域的综合支持。不同年龄群体因其生理特质和生活方式不同，对于所处的空间和环境有不同的要求。显然，老年人作为其中一个特征突出的群体，尤其需要在便利性、安全和福祉方面获得额外的支持和照顾。这也就形成了一个更广义的鸿沟和落差。这种对空间环境的要求差异普遍存在于各类私人居住空间，以及疗养院、护理院等专业机构中，在更广大范围上，还包括城市和社区的公共与半公共空间。跨越这一鸿沟是迈向老年友好型社会的重要一步，而新兴的数字技术能够在此大有作为。

1.2.2 数字鸿沟的内涵演变

数字化进程催生数字鸿沟，本质上是数字技术驱动人类信息传播机制的范式转变[1]（图1-3）。数字鸿沟的内涵已经经历了四个主要阶段，并且仍在持续演变中。

（1）数字鸿沟1.0。对数字鸿沟的讨论在20世纪90年代初期开始出现。当时的数字鸿沟概念被认为是可以访问计算机和互联网的人和没有访问权限的人之间的二元划分，因此更多体现为"接入沟"。

（2）数字鸿沟1.0到数字鸿沟2.0。20世纪90年代到21世纪初，数字鸿沟经历了第一次范式转变，数字鸿沟的内涵从"接入沟"扩增到"使用沟"和"知识沟"，即不仅仅是可访问与不可访问的划分，还包括基于相关内容的可访问性、互联网连接的质量，以及互联网用户的知识和技能等因素。

（3）数字鸿沟2.0到数字鸿沟3.0。21世纪初到21世纪10年代，移动互联网时代的到来逐渐催生新的移动数字鸿沟。基于移动互联网，数字技术在整个人类社会开始发挥和扮演超越工具性的功能与角色，人类社会的结构和运行开始越来越依靠以数字技术为核心的基础设施。移动终端的接入、使用的不平等不平衡加剧了原本就存在的数字鸿沟。

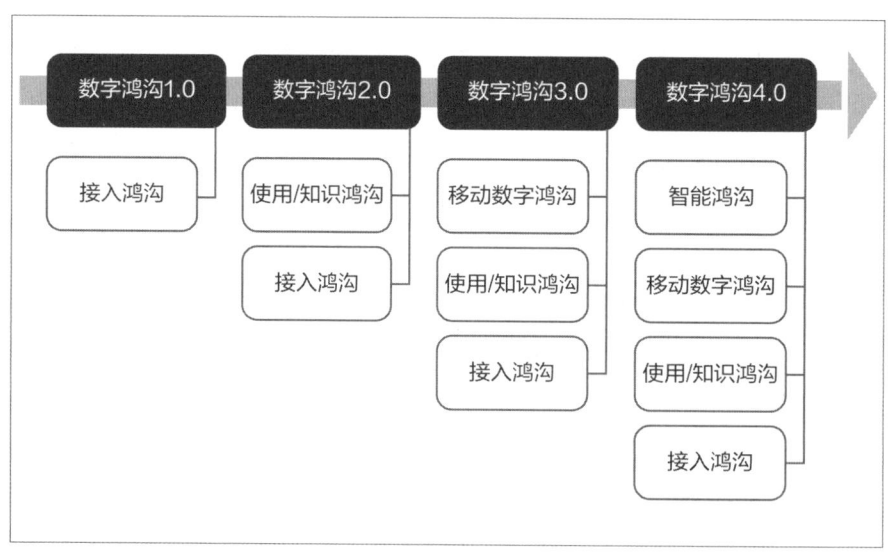

图1-3 数字鸿沟内涵的范式转变
来源：钱学胜团队绘制

---

[1] 钟祥铭,方兴东.智能鸿沟：数字鸿沟范式转变[J].现代传播（中国传媒大学学报），2022,44(04):133-142.

（4）数字鸿沟3.0到数字鸿沟4.0。21世纪10—20年代，移动互联网、人工智能技术全景式嵌入社会生活生产，数字经济与实体经济的融合逐步加深，不断改造、改善、提升人们的生活工作环境，也成为影响社会公平正义等社会深层次议题的关键性因素。这一"量变到质变"的进程，进一步推动了数字鸿沟内涵的演变，强化了数字技术对社会公平正义和可持续发展的影响。同时，方兴未艾的智能技术，在提供更多便捷的同时，也在另一部分人群中造成了新的障碍，而成为最富有"新时代气息"的数字鸿沟的组成部分。

1. 数字鸿沟1.0—2.0

数字鸿沟1.0—2.0阶段的二十年，信息通信技术成熟度呈指数级增长，互联网为建立新的关系、促进继续教育、鼓励个人成长、创造爱好和创新以及重新定义职业提供途径。数字技术的应用，包括电子商务、电子政务、电子医疗、电子学习、电子银行、电子金融等，在社会的几乎所有方面都发挥着颠覆性作用。数字鸿沟的基本机理在此期间被定义，最初的数字鸿沟1.0被定义为"可以"和"不可以"访问数字技术，关注访问或使用互联网的人数以及他们使用互联网的频率。随后数字鸿沟2.0演变为重点关注获取和使用差异确实存在的原因，将考虑的重心侧重于性别、年龄、互联网接入和家庭成员等因素，研究用户对数字技术的使用行为。在这一阶段，数字鸿沟从单纯的"接入问题"逐渐转化成一种复杂的、多维的社会现象，并且随着互联网的日益发展，更深刻触及不同用户对数字技术的应用能力和知识的综合适应能力上。

2. 数字鸿沟3.0

数字鸿沟3.0阶段是随着第五代移动通信（5G）、移动互联网、嵌入式等移动数字技术的发展伴生而来。移动设备逐渐成为人们生活的一部分，从根本上改变了人们获取和使用信息的范式。截至2021年12月，我国网民使用手机上网的比例达99.7%，与之相对，使用台式电脑、笔记本电脑、电视和平板电脑上网的比例分别为35.0%、33.0%、28.1%和27.4%[1]（图1-4）。面向移动端，接入沟发生了形式和内涵的演化，其形式从以PC端设备和固定网络的接入为主转化到以移动设备与移动网络的接入为主的模式；内涵也从单纯技术接入障碍，扩展到在新移动环境中的数字化信息资源的获取与利用上。

---

[1] 中国互联网络信息中心. 第49次中国互联网络发展状况统计报告[R]. 北京：中国互联网络信息中心，2022.

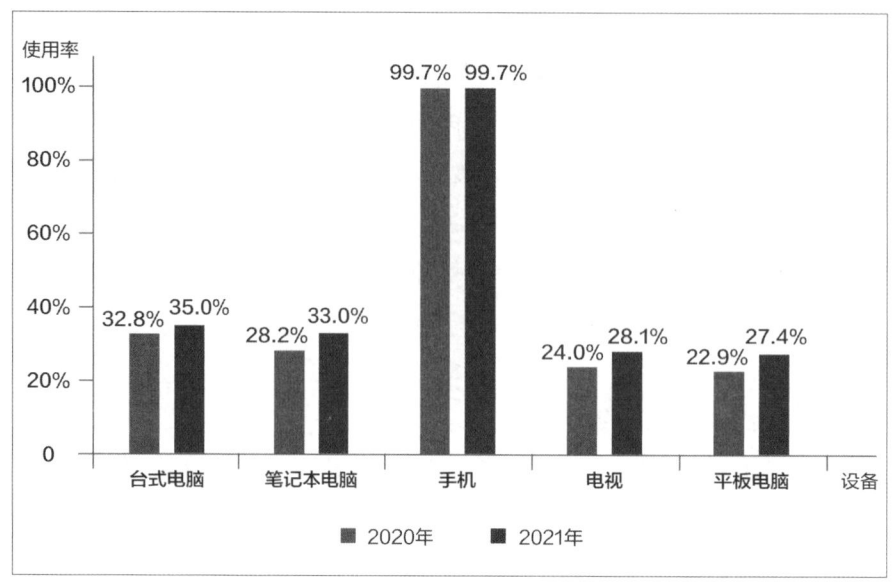

图 1-4　2020 年、2021 年中国互联网络接入设备使用情况
来源：中国互联网络信息中心. 中国互联网络发展状况统计报告 [R]. 北京：中国互联网络信息中心, 2022.

在无缝连接的媒体环境中，移动设备的使用可能会加剧接入沟、使用沟和知识沟，导致"移动数字鸿沟"呈现双重性，即移动设备用户和非移动设备用户群体间的鸿沟，以及移动设备用户之间由技能水平差异导致的群体内鸿沟。移动数字鸿沟可从四个维度分析[1]：一个人是否拥有移动设备会造成访问差距；使用的持续时间、广泛性和多样性的差异造成了数量上的差异；用户使用各种功能和服务的意识和能力，以及他们从应用程序中受益的能力，将为数字鸿沟增加另一个维度；有效使用的后果，或移动设备用户在日常生活中实现更高功效和效率的方式。同时，可以看到随着智能手机等移动设备的普及，移动技术也可能为弱势群体提供跨越数字鸿沟巨大的潜力。

3．数字鸿沟 4.0

数字鸿沟 4.0 阶段，人工智能不仅带来生产生活方式的快速变化，也带来了新的不确定性。数据跟踪、算法监控以及基于数据的歧视等威胁开始跃入社会大众的视线。算法偏见导致分配歧视（包括机会的分配差异）和代表歧视（主要为算法采用的数据集对不同社会群体或身份的代表和感知差异）。人工智能革命更令人不安的潜在特征是，其带来的红利被不均衡地分享。而这一由机器

---

[1] 闫慧, 张钰浩, 韩蕾倩. 移动数字鸿沟研究进展 [J]. 图书情报工作, 2021,65(22):143-150.

智能完成的智能过程,将产生新的"智能鸿沟",从而进一步加深已经存在的经济社会的不平等状况,形成更大的社会割裂和分歧。

人工智能技术的应用以数据、算法和算力这三大要素为基础。算法和算力主要集中在互联网超级平台中,数据也大多集中在企业。而企业的本质属性就是基于股份制的财产权和知识产权等制度之上,其有着天然的垄断性和封闭性。这就决定了智能鸿沟问题和早期数字鸿沟存在着基础性的不同,具体体现为:随着智能技术普及,人类将更多决策权让渡给算法和技术;智能时代的科技主导权越来越掌控在少数科技巨头手中;遵循商业的利益最大化作为主导性逻辑成为智能鸿沟的重要特征之一。

针对上述状况,2021年11月25日,联合国教科文组织193个成员国正式通过了首份关于人工智能伦理问题的全球性协议——《人工智能伦理问题建议书》(*Recommendation on the Ethics of Artificial Intelligence*)[1]。该协议提出发展和应用人工智能首先要体现出四大价值,即尊重、保护和提升人权及人类尊严,促进环境与生态系统的发展,保证多样性和包容性,构建和平、公正与相互依存的人类社会。

4. 后疫情时代的数字鸿沟

自2020年新冠疫情暴发以来,全球范围内数字鸿沟问题前所未有地凸显出来。因为防控需要,人们被迫在家工作、学习、获得服务和社交,需要遵循更严格的社会管理要求,这些都严重依赖互联网和数字设备的新程序。然而,均衡的资源分配机制及有效的数字使用能力的缺乏,加剧了那些本就没有能有效连接到互联网的人群所遭受的额外不利影响。

因此,联合国秘书长古特雷斯指出"数字鸿沟现在是生死攸关的问题"[2],他还指出,后疫情时代的数字鸿沟不仅关乎数字时代的个人数字素养和机构数字化能力,更关乎在数字环境中维护人权、建立网络信任和安全、就数字化达成一致的全球合作,具体体现在三个方面:连接,提供普遍、安全、包容、负担得起的互联网接入;尊重,将人权和人的尊严置于在线和离线所做的一切举措的中心;保护,通过杜绝威胁人、社区、组织和经济安全的滥用和侵犯行为,减少社会分裂的风险。

1　UNESCO. Recommendation on the Ethics of Artificial Intelligence[R/OL]. [2022-10-12]. https://unesdoc.unesco.org/ark:/48223/pf0000381137.
2　Digital divide "a matter of life and death" amid COVID-19 crisis[EB/OL]. [2022-08-19]. https://press.un.org/en/2020/sgsm20118.doc.htm.

1.3 数字化与老龄化进程深化交织

1.3.1 数字时代的老年群体

从社会人口学的角度来看，影响数字鸿沟的因素包括年龄、种族/民族、性别、人口密度、地理差异、城市化、城市/农村维度、偏远程度和国家规模等，但在所有的因素中，年龄是最主要的造成或加剧数字鸿沟的因素[1]。更为严峻的挑战是数字鸿沟问题所叠加的全球老龄化进程——在可预见的未来，全球老年人口规模和人口比例将持续增长。据联合国预测，到2030年，世界上1/6的人将达到60岁或以上；到2050年，世界上60岁及以上的人口将翻一番，达到21亿[2]（图1-5）。

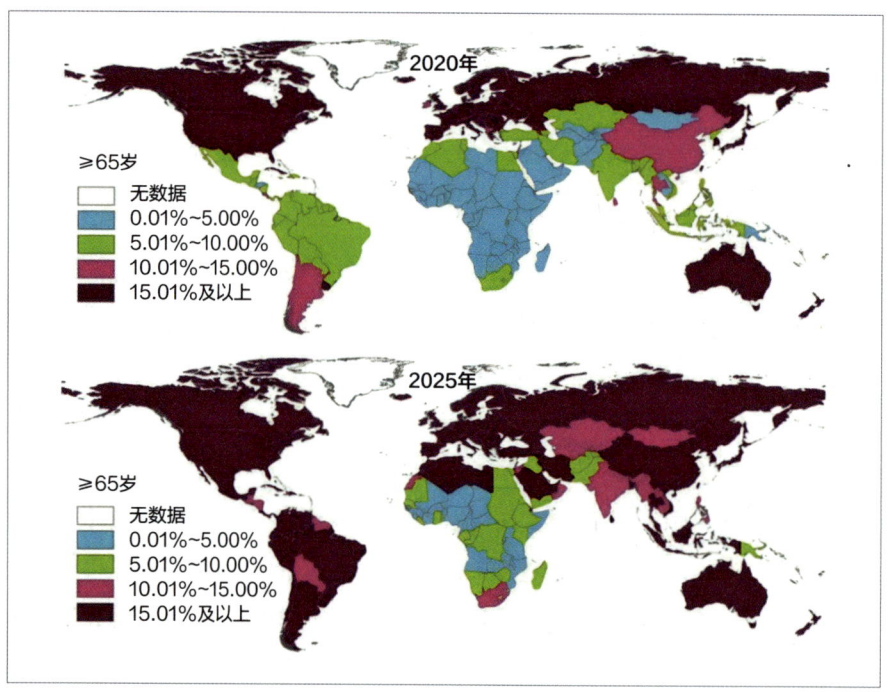

图1-5　2020—2050年全球各国老年人口占比变化预测
来源：JARZEBSKI M P, ELMQVIST T, GASPARATOS A, et al. Ageing and population shrinking: Implications for sustainability in the urban century[J]. npj Urban Sustainability, 2021,1(01):1-11.

1　LYTHREATIS S, SINGH S K, EL-KASSAR A N. The digital divide: A review and future research agenda[J]. Technological Forecasting and Social Change, 2021: 121359.
2　United Nations, Department of Economic and Social Affairs. World population ageing 2019. Highlights[R/OL]. [2022-09-10]. https://www.un.org/en/development/desa/population/publications/pdf/ageing/WorldPopulationAgeing2019-Highlights.pdf.

自1989年政府工作报告中首次指出"人口老龄化越来越成为我国社会的重要问题"以来，中国人口老龄化进程持续加快。第七次人口普查数据显示，我国60周岁及以上的人口已经达到2.64亿，占比为18.70%，其中65周岁以上的有1.91亿人，占比已超过13.50%。预计到2050年，中国老年人口将增至5亿人左右[1]。

数字化与老龄化进程的矛盾日益凸显，老年群体成为受数字鸿沟影响最为广泛和深刻的特殊人群。根据中国互联网络信息中心发布的《中国互联网络发展状况统计报告》，老年群体2020年伴随着新冠疫情加速"触网"（图1-6）。截至2021年12月，60岁及以上老年群体占我国3.82亿非网民群体的39.4%，依然是非网民的主要群体。"触网"的老年群体中，仅69.7%能够独立出示"健康码/行程卡"，52.1%能独立完成网络购物，而不具备网络信息搜寻能力的尚有53.8%。总体来说，60岁及以上老年人口的互联网普及率不及50%，在运用电商购物、移动支付等数字化应用产品时遇到困难的情况突出，难以跨越的"数字鸿沟"使其难以充分享受数字经济发展成果。

在数字化建设进程的快速推进中，受技术、制度、文化或自身年龄因素制约，老年群体相较其他群体更难达到数字社会对公民数字接入能力、数字能力素养

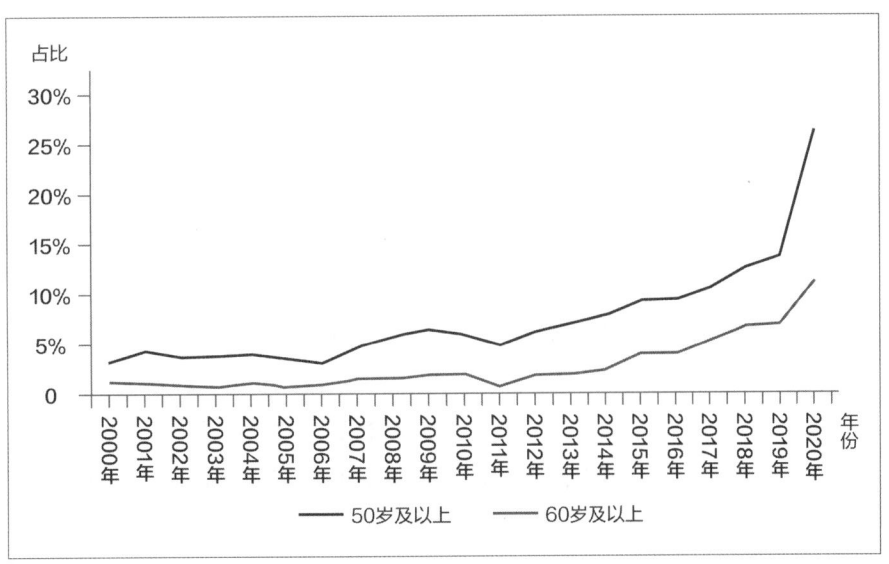

图1-6　2000—2020年中国网民中50岁及以上和60岁及以上网民群体占比变化趋势
来源：杜鹏，韩文婷. 互联网与老年生活：挑战与机遇[J]. 人口研究,2021,45(03):3-16.

▲ 1 中国发展研究基金会. 中国发展报告2020:中国人口老龄化的发展趋势和政策[R].北京：中国发展研究基金会，2020.

等较高的门槛与要求,导致主动或被动地与信息化时代脱节,直至沦落为被排斥在数字社会外的"数字遗民""数字难民"。科技的不断进步,不仅没能让"没赶上趟"的老人享受到便捷服务,反而瓦解了其熟悉的日常操作,进一步强化了边缘群体格局,导致了他们与外部社会脱节,造成更多的不便。如年轻人能够轻而易举地享受到智能推荐的生活便利;而当老年人参与社会生活时,手机没绑定银行卡,出门不会使用打车软件,看病网上预约复杂的挂号流程看不懂,医院检查、就诊单据需要机器打印、扫码、刷卡等,都将给老年人带来具体的痛苦和困扰。而伴随着不断发展的人工智能技术在医疗保健、刑事司法、住房、教育、就业等社会生活领域中推进着更具"颠覆性"的创新应用,社会的深度数字化趋势不可逆转。可同时,这些人工智能技术还可能会引入额外的关于隐私安全、行为操纵、不透明、决策偏见等问题,使老年群体处于更加不利的地位。

值得注意的是,在2020年暴发的新冠疫情,作为一次特殊的社会公共事件快速催熟了中国全社会的数字化进程,同时也进一步激化了数字化与老龄化进程深化交织带来的社会矛盾。老年群体的数字鸿沟持续扩大,进一步强化了老年群体的边缘化,甚至阻隔化。"居家隔离""无物理接触"等防疫要求促使基于数字化逻辑的新社会连接与交互模式加速取代原有自然形成的旧模式。数字化政务和服务在疫情中跨越式推进,数字技术也从部分群体的需求和选择,演变为个体获得各种服务的必要条件,致使公共卫生危机进一步转化为老年群体的数字危机。

面对这一数字危机,我国政府快速识别并积极响应。2020年11月,国务院办公厅印发《关于切实解决老年人运用智能技术困难的实施方案》,要求到2021年年底前推动老年人享受智能化服务更加普遍,传统服务方式更加完善;到2022年年底前,线上线下服务更加高效协同,解决老年人面临的"数字鸿沟"问题的长效机制基本建立。而各地在智慧城市建设相关规划中,均已将培育老年群体数字素养列为重点工作。

在全球范围内,伴随疫情的延烧,数字时代老年群体的数字危机也为国际社会共同关注。2021年联合国国际老人日的主题为"不分年龄人人共享数字平等",呼吁各方付诸行动弥合数字鸿沟。国际电信联盟为2022年信息社会世界峰会(WSIS)专门设计"ICT和老年人专题",探讨数字化与老龄化的交织问题。

可见,当下在所有数字鸿沟相关议程中,老年数字鸿沟问题是矛盾最为突出的焦点,也是涉及人群最为广泛的重点和全社会关注的热点,值得进行深入研讨和妥善应对。

1.3.2 我国老年数字鸿沟的特征

老年数字鸿沟也被称为"银色数字鸿沟",是数字鸿沟概念当前最为凸显的分支,属于数字鸿沟微观层面的研究,可以看作是数字鸿沟在年龄维度上的体现,在接入沟、使用沟、知识沟、空间和环境,以及人工智能应用中均有相应的表征。在我国老年群体中数字鸿沟的不同方面主要呈现出以下特征。

1. 接入沟

对我国来说,随着移动资费、移动设备门槛逐渐消除,接入沟不仅限于是否能够获得足够的网络基础设施资源,而更体现于是否能够获得更符合老年群体用户特征独特的网络接入途径。

2. 使用沟

通常认为在老年群体和年轻群体之间的使用差距,远远大于单纯的接入问题。使用沟主要体现在个人和社会两个方面。就个人层面而言,老年人在知识获取、身体素质、资源占有等方面的不足使其在使用数字技术方面存在障碍。就社会层面而言,学习和使用互联网的社会氛围不足、顶层设计不合理、社会发展尤其是数字技术更新换代的速度太快,使老年人难以快速掌握复杂的智能设备和智能应用。

3. 知识沟

相较于成长在前数字化时代的老年群体,年轻一代作为"数字原住民"能更天然适应借由新数字媒介获取知识的角色,由此"知识沟"进一步拉大社会不同年龄族群间的社会分化、社会排斥、社会不公等现象,并加深"信息落差""知识分割"等深层后果。面对知识沟,首要问题就是有效培育老年群体的数字素养。

4. 空间和环境

对于老年群体来说,空间和环境的支持和照顾至关重要,这既包括了便利性、安全性,也包括了老年群体的综合福祉。在我国老年群体以居家养老为主体的背景下,老年人熟悉、友好的空间和环境相较于专门的数字设备更有机会承担起弥合数字鸿沟的重任,成为弥合数字鸿沟的重要组成部分,也是理想的数字技术泛在性目标的应尽之义。不难看出,妥善解决这一问题是迈向老年友好型社会的重要一步,而新兴数字技术能够在此大有作为。

第 2 章

聚焦老年数字鸿沟，探究弥合之路

2.1 老年数字鸿沟的内涵与理论

2.1.1 老年数字鸿沟的内涵

老年数字鸿沟也被称为"银色数字鸿沟"，是数字鸿沟概念的一个分支，属于数字鸿沟微观层面的研究。有学者认为老年数字鸿沟就是在技术不断发展的过程中，老年人群体由于难以适应网络技术而被数字信息隔离的现象[1]。更多的研究则认为老年数字鸿沟实际上是一种差距的体现，这种差距主要反映了老年群体与年轻一代在互联网等数字技术的获取及使用上的差异，正是由于这种技术拥有和应用程度的不同，造成了信息落差和数字贫富进一步分化的趋势[2]。因此也有学者从信息资源的获取和使用层面来对老年数字鸿沟进行定义，认为老年数字鸿沟反映了老年人与年轻一代人在信息占有与获取上存在的差距，以及老年人使用数字资源参与公共生活的行为差别等[3]。这种老年人与年轻一代之间的差距可以被视为是传统代沟在数字领域的延伸，因此有学者也将老年数字鸿沟称为"数字代沟"[4]。而从社会层面出发，老年数字鸿沟也可以被认为是在数字化进程中，制度与观念上的迟滞导致的代际数字化应用能力的差

---

1 赵春霖，黄晓雨. 我国老年群体"数字鸿沟"现象的原因探究 [J]. 产业创新研究，2021(16):82-84.
2 刘林军. 宣传、组织与传播：老年数字鸿沟与传统媒体的融合转型 [J]. 新闻爱好者，2021(12):99-101.
3 何铨，张湘笛. 老年人数字鸿沟的影响因素及社会融合策略 [J]. 浙江工业大学学报（社会科学版），2017,16(04):437-441.
4 周裕琼. 数字代沟与文化反哺：对家庭内"静悄悄的革命"的量化考察 [J]. 现代传播（中国传媒大学学报），2014,36(02):117-123.

距[1]。总的来说，相关研究对于老年数字鸿沟的定义，既包含老年人在信息技术获取上的欠缺以及使用上的不足，也包含了其对老年人社会参与的影响，同样可以从接入沟、使用沟和效果沟三个层面来进行解读。因此，有研究认为老年数字鸿沟包括老年人和其他群体在获取数字化设备及信息资源的机会上的差距、在使用各类数字化技术的技能上的差距，以及由前面两种差距所导致的知识获取能力上的差异[2]。

2.1.2 老年数字鸿沟的重要理论

老年数字鸿沟的相关研究已发展出多元的研究视角，不同学者基于不同的理论对老年数字鸿沟展开研究，这些理论涵盖了社会与个体、主观与客观、宏观与微观等多个层面。参考图1-3的数字鸿沟模型，从相关研究中选取了四个主要的理论对老年数字鸿沟的形成进行解释，具体见表2-1。

表2-1 老年数字鸿沟的主要理论基础

理论名称	主要内容	理论侧重点
创新扩散理论	新技术在不同年龄群体间的扩散速度和程度差异是老年数字鸿沟形成的原因之一	接入沟
知识沟理论	不同年龄个体在获取信息和知识的能力及程度上的差异可能加剧数字鸿沟	知识沟
能力贫困理论	老年群体的数字可行能力不足或被剥夺，使其陷入数字贫困	使用沟
社会排斥理论	社会主流群体对弱势群体的排斥是数字不平等的重要原因	社会环境

来源：周向红团队制

1. 创新扩散理论

创新扩散理论是研究创新传播效果的经典理论，该理论主要侧重于数字鸿沟中的接入沟这一层次。创新扩散理论认为，在创新采用的决策过程中，消费者是否采用创新产品会受到创新本体的属性、传播渠道、时间过程和社会体系四个主要因素的影响[3]，即技术创新可能在不同群体间的扩散速度和程度上存在差异。

---

1 杨一帆,潘君豪.老年数字鸿沟治理的一个分析框架[J].老龄科学研究,2019,7(10):58-67.
2 杨斌,金栋昌.老年数字鸿沟：表现形式、动因探寻及弥合路径[J].中州学刊,2021(12):74-80.
3 ROGERS E M. Diffusion of innovations[M]. 5th ed. New York: Free Press, 2003: 11.

基于该理论，我们可以对老年数字鸿沟的形成原因进行分析。从创新自身的属性来看，日新月异的数字技术及其相关产品普遍缺乏足够的适老化设计，这主要是由于这类产品的目标群体是消费能力较强的年轻人，而非老年群体，导致数字技术对于老年群体的兼容性较差。在传播渠道方面，老年人是大众传播受众中的小众群体，处于信息接受不充分且相对滞后的状态[1]，难以对快速更迭的数字技术及智能产品有足够的了解。在接受新事物的时间方面，比起思维更为活跃的年轻人，老年人接受和学习新事物往往需要较长的时间过程，尤其是对那些从未接触和了解过数字技术的老人，其接受数字技术可能需要更长的时间。在社会系统方面，社会对老年群体存在一些刻板印象，同时相比年轻群体，老年群体所能获得的社会资源也较少。由此可以看出，老年人在接纳数字技术上往往属于跟进者或滞后者，主动性较差，很难跟上数字技术及产品的迭代速度。相比之下，年轻人由于工作和生活的需要，往往能够第一时间接触到最新的数字技术及产品。老年人对数字技术接纳的滞后性，形成了接入沟。因此，数字技术在不同年龄群体间的扩散和传播存在的明显差异可以被视作老年数字鸿沟的形成原因之一。

2．知识沟理论

　　知识沟理论最初是由美国学者蒂奇纳（P.J.Tichenor）等人在1970年提出的，该理论的主要观点是：随着大众传播媒介的不断发展，人们能够获取的信息日益增多。然而，处于不同社会经济地位的个体通过这些媒介获取知识的速度和效率是不同的，社会经济地位较高的人知识获取效率将高于社会经济地位较低的人，导致这两类人之间的知识差距呈扩大趋势[2]。

　　在该理论的视角下，尽管数字技术与人们生产生活的联系日趋紧密，互联网使人们获取信息和知识的门槛不断降低，但人们并没有在这一数字化进程中获得更多的平等。相反，在数字化和老龄化时代，新媒体技术可能进一步扩大年轻人和老年人之间的数字鸿沟。一方面，不同个体处理信息的效率存在差异，认知水平不同的个体几乎不可能以同等的转化率获取同质量的信息资产[3]。老年人受自身受教育水平或生理条件等因素的影响，认知水平普遍弱于年轻人，

1　董丽晶, 谢志远. 基于创新扩散理论的老年人数字阅读推广研究[J]. 出版发行研究, 2021(04):70-75.
2　TICHENOR P J, DONOHUE G A, OLIEN C N. Mass media flow and differential growth in knowledge[J]. The Public Opinion Quarterly, 1970, 34(02): 159-170.
3　周文杰, 包赟琪. 信息贫富分化的"时间悖论"：基于个人信息世界边界要素的实证检验[J]. 图书情报知识, 2021,38(06):73-86.

无法很好地将获取的信息转化为知识。另一方面，线下的社会权力分布也会映射于线上。相比于老年人，年轻人的社会经济地位往往更高，所能获得的社会资源和信息渠道也更多，因此能通过网络获得更多的信息及知识，而老年人只能徘徊于网络空间之外，成为"信息弱势群体"。因此，在年龄效应与社会经济地位的相互叠加下，老年人和年轻人之间的知识沟持续扩大和强化[1]，这种知识获取的差异可能导致老年人频繁遭遇数字诈骗等网络风险，从而降低老年人的自我效能感并限制其通过数字技术参与社会经济生活的机会，进而加剧老年人与年轻人之间的数字鸿沟。

3．能力贫困理论

能力贫困理论是由诺贝尔经济学奖得主阿马蒂亚·森（Amartya Sen）提出的，他认为无论是绝对贫困还是相对贫困，归根到底都是个人或群体能力的问题，贫困实际上就是对人的基本可行能力的剥夺。其中，可行能力是指个体有可能实现的、各种可能的功能性活动组合。而功能性活动反映了"一个人认为值得去做或达到的多种多样的事情或状态"，既包括营养良好、身体健康、避免疾病等最基本的功能，也包括快乐、自尊、受人尊重、可以参加正常的社交活动等复杂功能[2]。

在该理论的基础上，有学者将部分群体处于数字鸿沟弱势一端的状态称为"数字贫困"[3]。数字贫困的本质就是数字可行能力不足或者被剥夺的现象，数字化的可行能力就是将数字化资源转化为社会上具有客观价值的功能性活动[4]。可以看出，能力贫困理论更侧重于数字鸿沟中的使用沟这一层次。有学者强调，如果将老年数字鸿沟视为能力贫困的话，那么这种能力的构成一定是综合性的[5]，既有老年群体自身的原因，也有社会层面的原因。首先，老年人受自身文化水平、生理因素等的限制，无法很好地使用数字技术，难以利用数字资源实现各种功能性活动。其次，社会层面针对老年群体的数字技术供给水平和技术本身对老年群体的友好程度等也是限制和剥夺老年人数字可行能力的重要因素。由于老年人的数字可行能力不足或被剥夺，其难以很好地利用数字技术参

1　陆杰华，韦晓丹．老年数字鸿沟治理的分析框架、理念及其路径选择：基于数字鸿沟与知沟理论视角[J]．人口研究，2021,45(03):17-30.
2　森．以自由看待发展[M]．任赜，于真，译．北京：中国人民大学出版社，2007:20-25.
3　周向红．从数字鸿沟到数字贫困：基本概念和研究框架[J]．学海，2016(04):154-157.
4　吴玲，张福磊．精准扶贫背景下农村数字化贫困及其治理[J]．当代世界社会主义问题，2018(02):28-35.
5　罗丹，詹国彬．能力贫困视角下老年群体数字贫困及其治理策略[J]．中共杭州市委党校学报，2022(01):69-76.

与社会生活，形成数字融入困境。因此，在该理论的视角下，老年数字鸿沟可以被理解为是由老年群体与年轻群体在数字可行能力上的差异所致。

4. 社会排斥理论

社会排斥被定义为：如果一个人居住在一个社会中，他不能参与该社会公民的正常活动，或是他希望参与，但由于他无法控制的因素而无法参与，则他被排除在社会之外[1]。社会排斥本质上是一种剥夺的状态和过程，是那些有权排斥他人的人强加给被排斥者的。该理论用于解释某些个体和群体被排斥在社会主流活动之外的现象，因此这一理论主要聚焦社会环境层面对老年数字鸿沟形成的影响。

从该理论视角出发，老年数字鸿沟可以被视为老年群体在数字领域所遭受的社会排斥，这种发生在数字领域的社会排斥也被称为"数字排斥"。数字排斥指的是部分群体由于被排斥在数字技术的应用之外，且无法接触到前沿技术的应用成果，导致这些人的社会资本和社会能力被削弱[2]。与之相对的概念是"数字包容"，即所有人都有平等的机会和适当的技能，从数字技术中受益。社会在数字领域普遍缺乏对老年群体的包容，往往忽视了老年人在获取、学习和使用数字技术及相关智能产品上存在的困难及相关的诉求，从而有意或是无意地产生对老年人的数字排斥。有学者归纳了老年人所遭受的数字排斥主要包含以下三类：一是数字市场开发忽视而导致的数字经济排斥；二是数字素养不足而导致的数字生活排斥；三是退休、无业、远离经济生活中心而导致的数字社会排斥[3]。这些数字排斥现象使得老年群体被排除在社会的数字化进程之外，因此也是老年数字鸿沟形成的重要原因之一。

5. 其他理论

除了上述的四种主要理论外，部分研究还从其他的一些理论视角，对老年数字鸿沟现象进行解释。如基于社会支持理论，认为老年数字鸿沟是由于老年群体缺乏相应的社会支持所致，这些社会支持包括对老年人获取、学习和使用数字技术的支持，包含政府、企业、家庭等多个层面[4]。或是采用技术接受模型，

---

1 BURCHARDT T, LE GRAND J, PIACHAUD D. Social exclusion in Britain 1991—1995[J]. Social Policy & Administration, 1999, 33(03): 227-244.
2 董君，洪兴建. 数字鸿沟的内涵、影响因素与测度[J]. 中国统计，2019(12):71-73.
3 刘育猛. 数字包容视域下的老年人数字鸿沟协同治理：智慧实践与实践智慧[J]. 湖湘论坛，2022,35(03):107-119.
4 陈际华，武豪. 后疫情时代老年人数字鸿沟弥合路径探究：基于社会支持的理论视角[J]. 湖北农业科学，2022,61(02):203-208.

认为老年数字鸿沟是因为老年人对数字技术的有用性和易用性的感知不足，即老年人认为使用这些技术的收益小于成本[1]。还有研究从媒介环境学的视角指出，社会、经济、文化环境导致的互联网媒介对年轻群体产生了内在偏倚，这种偏倚引发了老年数字鸿沟的形成[2]。

2.2 老年数字鸿沟的成因分析

2.2.1 老年数字鸿沟的形成原因

关于老年数字鸿沟的形成，除上述结合了不同的理论基础对老年数字鸿沟的形成进行解释的研究外，也有学者从技术的供需关系角度来解释老年数字鸿沟的形成，认为老年数字鸿沟是供需不匹配所致[3]。从技术的供需角度出发，可以将其进一步归纳为技术的获取和使用，因此，有学者将老年数字鸿沟的成因总结为技术接入差异、技能差异、技术受众差异和自身需求差异四个方面[4]。然而，数字鸿沟不只是一个技术层面的问题，也和社会环境密切相关，因此，有学者认为老年数字鸿沟是信息技术发展引发的社会转型产生的结构张力所致，使得老年人在使用现代科技时处于弱势地位[5]。换句话说，从社会层面上看，老年数字鸿沟来源于人口年龄结构变化与经济社会发展不协调[6]。除此之外，老年人的自身因素也是老年数字鸿沟形成的重要原因之一。一方面，老年人自身的人口学特征和家庭特征对老年人使用互联网和新媒介技术（如微信）有着复杂的影响[7]，诸如年龄、收入水平、受教育程度等人口学因素以及家庭结构、是否有子女长期陪伴等家庭因素都有可能对老年人在获取、学习和使用数字技术上产生一定的影响。另一方面，不管是人口学特征还是家庭特征，其实都是客观因素，实际上，老年人的主观因素也对老年数字鸿沟的形成起到一定的推

1　MITZNER T L, BORON J B, FAUSSET C B, et al. Older adults talk technology: Technology usage and attitudes[J]. Computers in Human Behavior, 2010, 26(06): 1710-1721.
2　蒋欣悦. 媒介生态与偏倚：媒介环境学视角下的老年群体"数字鸿沟"现象分析 [J]. 新媒体研究, 2021,7(08):73-75+108.
3　XU S, MIN D, CHENG Y, et al. Digital inclusion of older people: Harnessing digital technologies to promote healthy ageing in the Western Pacific Region[J]. Intelligent Medicine, 2021, 1(03):134-136.
4　原子煜. 传媒视域下老年群体的数字鸿沟现象探析 [J]. 新闻传播, 2022(04):21-22.
5　黄晨熹. 老年数字鸿沟的现状、挑战及对策 [J]. 人民论坛, 2020(29):126-128.
6　陆杰华, 韦晓丹. 老年数字鸿沟治理的分析框架、理念及其路径选择：基于数字鸿沟与知沟理论视角 [J]. 人口研究, 2021,45(03):17-30.
7　朴文荣. 老龄化基本国情下老年数字鸿沟现象的差异性研究：基于2017年中国综合社会调查数据 [J]. 南宁师范大学学报（哲学社会科学版）, 2021,42(05):68-81.

动作用。有研究通过对老年人进行调查访谈的方式发现，老年人和年轻人在计算机使用上的差异并不是因为实际的计算机知识不同，而是大多数老年人低估了自己使用计算机的能力[1]。因此，老年人对学习和使用数字技术的内生动力缺乏也是老年数字鸿沟形成的重要原因之一[2]。

通过梳理相关研究的观点，可以将老年数字鸿沟的形成原因归纳为技术、社会、家庭、个体四个层面。

1. 技术层面——适老化不足

技术层面的原因主要有技术的可及性较差和技术产品针对老年人的不友好设计。

首先是对于部分老年群体而言，技术的可及性较差。一方面，由于我国的信息化发展存在着区域不均衡的现象，部分落后地区尤其是农村地区的信息基础设施的建设不够完善。第49次《中国互联网络发展状况统计报告》显示，截至2021年12月，我国农村地区的互联网普及率仅为57.6%，而城镇地区的互联网普及率达到了81.3%。这表明我国城乡间的信息化发展水平差异较大，并且老年群体本身流动性就较低，导致身处农村地区的老年人可能长期无法接触和使用以互联网为代表的信息通信技术。另一方面，《中国互联网络发展状况统计报告》也指出，有17.5%的非网民不上网的原因是缺乏上网设备，这表明部分老年人可能由于没有手机、电脑等数字媒介而缺乏接触互联网的渠道，这可能是由于老年人的经济条件有限，无法负担购买电子设备的成本及后续的使用和维护费用等客观因素限制，也可能是老年人对电子设备的抵触等主观因素所致。此外，老年人获取最新技术或产品存在滞后性。许多老年人使用的电子产品都是年轻一代淘汰下来的过时产品，这导致老年人总是落后于年轻人接触到最新的数字技术或电子产品。总之，由于技术的可及性较差，部分老年人无法及时融入数字社会，从而形成了数字鸿沟。

其次，大多数科技产品或是各类软件都存在对老年群体的不友好设计。有研究表明，缺乏对老年人用户友好的数字设备是加剧与年龄相关的数字鸿沟的重要因素[3]。许多智能手机或电脑等科技产品或是一些软件都存在着操作烦琐、

1　MITZNER T L, BORON J B, FAUSSET C B, et al. Older adults talk technology: Technology usage and attitudes[J]. Computers in Human Behavior, 2010, 26(06): 1710-1721.
2　杨菊华, 刘轶锋. 数字时代的长寿红利：老年人数字生活中的可行能力与内生动力[J]. 行政管理改革, 2022(01):26-36.
3　BLAŽIČ B J, BLAŽIČ A J. Overcoming the digital divide with a modern approach to learning digital skills for the elderly adults[J]. Education and Information Technologies, 2020, 25(01): 259-279.

功能复杂等情况，这对老年人的使用造成了很大的困扰，难以获得满意的使用体验，这对老年人感知数字技术的易用性和可用性产生了负面效应，影响了老年人接受数字技术的意愿和行为，许多老年人可能因此不愿或放弃使用信息技术产品或服务。造成这种现象的原因主要是老年人的消费水平和消费意愿远不及年轻人，因此许多科技或互联网企业出于利益考虑，往往是将年轻群体作为目标用户，在产品研发和软件设计过程中忽略了老年群体的需求，缺乏针对老年人的人性化设计，这就导致了信息技术或服务的供应无法适配老年群体的需求，也使得互联网这一大众媒介更偏向于年轻群体。这种技术对老年群体的排斥也在一定程度上也降低了老年人对学习使用数字技术的自我效能感，使老年人形成自我退却，导致老年群体使用信息技术的比例和频率进一步下降，反过来又促进了这种技术排斥，形成恶性循环，不断加剧老年数字鸿沟。

2. 社会层面——支持度不够

社会观念对老年群体存在年龄歧视及刻板印象。人们普遍认为老年人没必要也没有能力了解和使用数字化产品，有研究显示，老年人通常被描述为"技术恐惧症患者"，导致这种现象的原因与老年歧视的刻板印象密切相关[1]。形成这种刻板印象的原因一方面是网络中诸如老年人上网被骗等关于老年人的负面偏见报道所致，另一方面则是大部分人认为老年人思维能力退化，缺乏学习新技能的能力。这种刻板印象和年龄歧视的存在使得社会整体缺乏一种支持老年人学习和使用互联网等数字技术产品或服务的良好氛围，习惯性地将老年群体排除在数字化进程之外，形成对老年群体的数字排斥。并且，年龄歧视和刻板印象也会在无形之中给那些愿意使用互联网的老人施加一种压力，抑制他们学习信息技术技能和知识的主观能动性，削弱老年群体对学习信息技术的自我效能感，使得老年人与年轻人在信息技术获取和技能上的差距不断扩大。

社会缺乏鼓励老年人学习互联网技能的支持和引导。尤其是在社区层面，老年人的活动范围往往相对有限，因此社区被认为是联系老年人与社会的重要纽带[2]，绝大多数社区较少提供有关系统开展互联网知识学习、辨别网络信息真伪等活动，一些诸如鉴别网络诈骗这类的讲座也是偶尔开展，相关鼓励老年

1　NEVES B B, AMARO F. Too old for technology? How the elderly of Lisbon use and perceive ICT[J]. The Journal of Community Informatics, 2012, 8(01): 1-12.
2　周裕琼. 数字弱势群体的崛起：老年人微信采纳与使用影响因素研究 [J]. 新闻与传播研究，2018,25(07):66-86+127-128.

人学习使用互联网的宣传也是微乎其微。由此可以看出,社会上几乎很少有引导和鼓励老年人学习数字技能的相关举措,限制了老年人学习数字技能的渠道,导致许多老年人难以跨出学习互联网相关技能的第一步。

社会针对互联网的监管不够完善。在如今信息化快速发展的时代,自媒体逐步取代了传统媒体在信息传播领域的主导地位。然而,由于监管的不完善,互联网上存在着大量良莠不齐的信息,一些自媒体也以传播虚假信息及负面报道来吸引流量,此外,专门针对老年人群体的电信诈骗犯罪也是时有发生,而老年人普遍缺乏辨别这些信息的能力,不少老年人因此上当受骗,加上媒体对这类事件的大量报道,导致许多老年人为了保护自己,对数字技术采取极其保守的态度,甚至是选择避而远之,不愿接触互联网,这也引发了数字鸿沟的形成。

3. 家庭层面——反哺性欠缺

老年人在退休之后,最主要的活动场所就是家庭和社区,老年人在社区中通常是与同辈的邻里或朋友交往,然而同辈间的交流往往难以帮助老人学到互联网的相关知识,因此老年人更多的是通过子女或是家中其他的年轻人来学习互联网相关技能和知识。这种子代向亲代传授数字技能、知识以及与之相关的文化和价值观的现象,被称为"数字反哺"[1]。《中国互联网络发展状况统计报告》中指出,非网民上网促进因素中的首要因素就是方便与家人沟通联系。许多老人最初接触互联网或是手机等电子设备就是为了与家人或朋友保持联系,之后在年轻人的指导下进一步学习更多的互联网知识和技能。这种通过子辈学习数字技术的方式灵活性强、效率高,更容易被老人接受。因此,有学者认为数字反哺是弥合数字鸿沟的有效方式之一[2]。

然而,由于时代的发展,现代的家庭结构发生重大变化,我国老人基于财产和知识的传统优势逐渐丧失,而年轻一代开始成为家庭里强势的一方,处于主导地位[3]。有研究显示,在没有使用互联网的老年人中,约30%的老年人是由于家庭成员不支持而最终放弃[4],这表明老年人在互联网使用上缺乏话语权,往往受制于家中的年轻一代。同时,这种家庭结构的转型,也导致了家庭代际矛盾的增加。代际矛盾的加剧导致子辈不愿与老人过多相处,这也意味着以人

---

1 周裕琼. 当老龄化社会遭遇新媒体挑战数字代沟与反哺之学术思考 [J]. 新闻与写作,2015(12):53-56.
2 张谦. 新媒体时代老年人代际数字鸿沟初探 [J]. 传播与版权,2022(01):63-66.
3 易鹏,梁春晓. 老龄社会研究报告 [M]. 北京:社会科学文献出版社,2019.
4 韦大伟. 数字鸿沟视角下的中国老年人互联网使用障碍研究 [D]. 武汉:武汉纺织大学,2012.

际传播的形式进行数字反哺行为的频率降低，老人无法通过子辈学习到数字技术的知识而故步自封，与社会发展脱节。[1] 除此之外，当下年轻人普遍面临巨大的工作和生活压力，加上突如其来的疫情，更是进一步加剧了这种形势，许多年轻人迫于工作压力，没有太多时间陪伴家中的老人，这表明家庭养老功能正逐步弱化，同时老人对数字产品的需要和学习的热情也往往会被家人漠视，进一步降低了数字反哺行为发生的概率。由于老年人的人际关系网络相对狭窄，缺少最初支持他们使用互联网的人[2]，数字反哺的缺失更进一步减少了老年人接触和学习互联网等数字技术的渠道，一定程度上也引发了老年数字鸿沟的形成。

4．个体层面——数字素养薄弱

个体层面的因素是老年数字鸿沟形成的关键，主要可以分为生理因素、心理因素和人口学因素三个层面。

老年人的身体健康状况很大程度上限制了其使用互联网等数字技术。健康是老年人与年轻人差异最明显的可行能力，有研究表明，日益变差的健康状况是导致老年人互联网使用率低的主要原因[3]。在感知层面，老年人感官的退化，如视力模糊、听觉不灵敏、触觉敏感度降低等，不仅会使老年群体减少手机等电子设备的使用时长，还会限制老年人使用各种技术功能[4]。如因视觉模糊而无法看清手机屏幕的字、因触觉敏感度降低而无法很好地使用触屏手机。在认知层面，注意力和记忆力下降将导致老年人使用网络的能力和意愿下降[5]。由于手机等智能设备更新换代很快，功能和界面的频繁变化，使得老年人难以适应，这直接导致了老年人难以融入信息社会。此外，生理因素的限制也导致大部分老年人经济能力和社会参与能力退化，使得他们的经济社会地位处于较低位置，而经济社会地位的不平等也导致了老年群体在数字技术获取和使用上的不平等。

1　何可欣. 数字反哺：社会学习理论视角下银发群体的学习困境 [J]. 东南传播，2021(10):127-130.
2　LEE B, CHEN Y, HEWITT L. Age differences in constraints encountered by seniors in their use of computers and the internet[J]. Computers in Human Behavior, 2011, 27(03): 1231-1237.
3　MATTHEWS K, NAZROO J, MARSHALL A. Digital inclusion in later life: Cohort changes in internet use over a ten-year period in England[J]. Ageing & Society, 2019, 39(09): 1914-1932.
4　ZHANG S, CHEN G. The factors affecting the old people's use of new medias in China's urban areas: A survey in Chaoyang District of Beijing[J]. South China Population, 2013, 35(07): 51-61.
5　SHEN Z. Mobile smart phone era elderly functional design[J]. Computer Knowledge and Technology, 2013, 9(35): 7985-7986.

老年人自身的心理因素也是老年数字鸿沟形成的重要原因。一方面是对于使用互联网的恐惧心理，前文提到，针对互联网的监管不完善，导致部分老年人由于害怕因使用互联网而遭到诈骗，选择远离互联网或是手机等电子设备。另一方面是由老年人长期的生活方式和对信息技术的不了解所产生的路径依赖，这使得老年人在面对信息技术对传统生活的冲击时，仍然倾向于维持原有的传统生活模式。除此之外，老年人对学习和使用信息技术的内生动力缺乏也是重要的影响因素。导致内生动力缺乏的原因，一是社会层面对老年人在使用信息技术上的年龄歧视和刻板印象对老年人产生了无形的心理压力；二是信息技术对老年人的排斥加强了老年人认为自己没能力学习和使用信息技术的心理暗示；三是对互联网使用需求的不足。由于工作和社交原因，互联网对年轻人不可或缺，但对老年人来说却是非必需。随着年龄的增长，老年人的社会关系和社会角色逐步退化甚至丧失，使其社会经济参与活力大幅下降，导致其对互联网等信息技术的需求也随之降低。

老年人的性别、年龄、受教育程度、收入水平等人口学因素也被认为是影响老年人使用互联网意愿的重要因素[1]。《中国互联网络发展状况统计报告》表明，有 1/4 的非网民不上网的原因是受不懂拼音等文化水平限制，因此，老年人的受教育程度往往限制了其使用互联网。此外，一些老年人的经济条件有限，导致其无法负担购买手机或电脑等设备的成本。老人曾经从事的职业也是一项重要的影响因素，如果老人曾经从事的职业与信息技术毫不相关，那么可能导致其对互联网等信息技术不了解，从而削弱了其使用互联网的意愿。

2.2.2 老年数字鸿沟的成因模型

根据数字鸿沟的定义及相关研究对老年数字鸿沟的形成原因分析，可以从老年人与年轻人之间的接入沟、知识沟和使用沟三个层次对老年数字鸿沟的形成机理进行分析。马琪等学者认为接入沟、知识沟、使用沟这三道鸿沟构成了一种递进式的结构[2]，接入沟所导致的技术接入困境限制了老年人信息获取的渠道，进而导致其对数字技术等新事物的学习产生困难，形成知识沟，而知识沟的存在使得老年人与年轻人在数字技术使用效果上存在巨大的差距，进而产

---

1 陈绍军,周双磊,江天河.数字时代老年人互联网使用的影响因素研究[J].兰州学刊,2022(05):142-149.
2 马琪,杨薇,廖舫仪.数字治理时代老年人数字融入困境形成机理研究[J].北大政治学评论,2021(01):153-177.

生使用沟。而徐越等学者则利用解释结构模型对老年数字鸿沟的主要影响因素进行分析,研究结果显示,老年数字鸿沟的直接影响因素为技术获得途径、是否参加过相关培训课程及智能手机使用困难,并且前两个因素都会对智能手机使用困难产生影响[1]。这三个因素可以分别对应接入沟、知识沟和使用沟,即在该研究的视角下,三道鸿沟并非层层递进的关系。因此,综合不同学者对老年数字鸿沟的定义和形成原因的分析,构建老年数字鸿沟的形成机理模型,如图 2-1 所示。

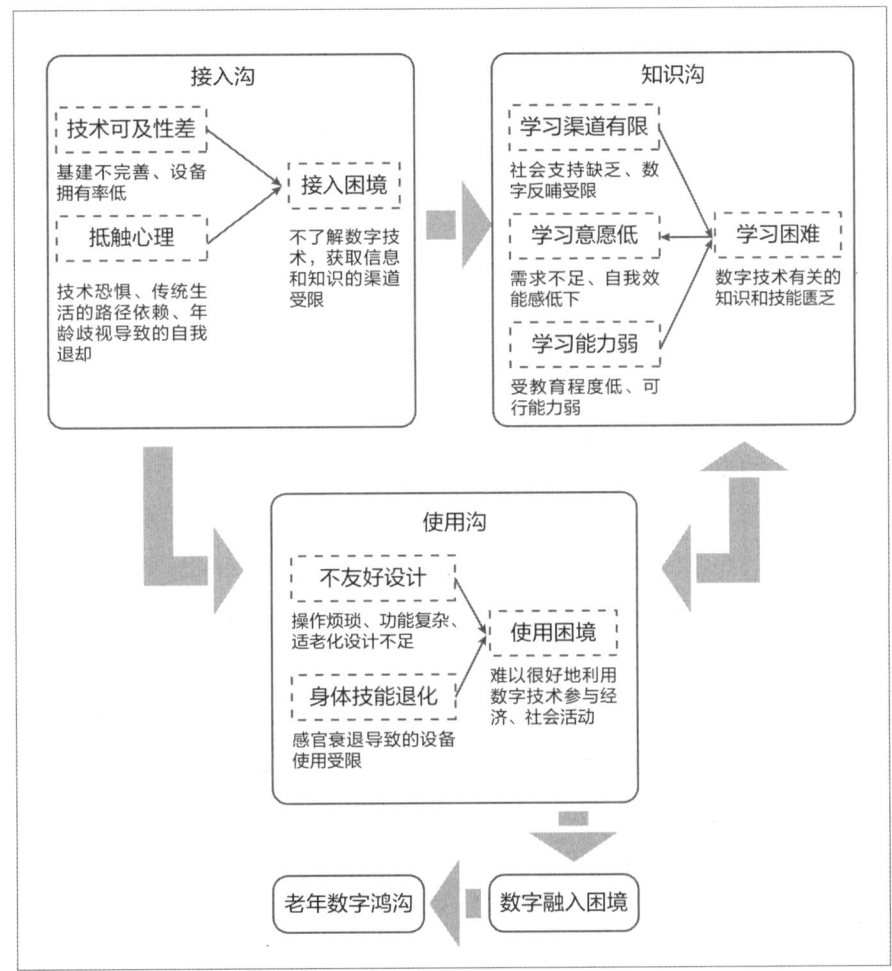

图 2-1 老年数字鸿沟成因模型
来源:周向红团队绘制

---

[1] 徐越,韵卓敏,王婧媛,等.智能化背景下,老年人数字鸿沟的影响因素及其形成过程分析[J].智能计算机与应用,2020,10(02):75-82.

该模型中，老年人与年轻人在数字领域存在的接入沟、知识沟、使用沟共同构成了老年群体的数字融入困境，进而形成老年数字鸿沟。其中，接入沟、知识沟、使用沟三者间存在着一定的影响关系。首先，由技术可及性等客观因素和老年人自身对技术的抵触心理等主观因素所导致的接入沟一方面限制了其获取信息的渠道，另一方面也使得其对数字技术缺乏足够的了解，因此接入沟会对知识沟和使用沟产生一定的影响，而知识沟和使用沟对接入沟的影响并不明显。其次，知识沟和使用沟彼此相互影响。一方面，老年人与年轻人之间的知识差异使得老年人辨识信息的能力和利用数字技术参与社会的能力明显不如年轻一代。另一方面，互联网已成为当下最主要的信息传播媒介，由于使用沟的存在，老年人无法有效利用手机等数字媒介检索和处理信息，难以将手机等数字媒介作为一种获取知识的工具，这也会扩大老年人与年轻人之间的知识沟。因此，知识沟和使用沟之间存在明显的双向影响关系。

2.3 老年数字鸿沟的影响

2.3.1 老年数字鸿沟的宏观影响

1. 社会层面

数字鸿沟可能会进一步导致贫富差距的扩大和贫困发生率的上升[1]。有研究发现，尽管技术传播不断普及，但处于弱势的群体却变得日益贫困[2]。数字鸿沟减少了老年人等弱势群体的经济机会，许多人可能被排除在劳动力市场之外，缺乏融入日益数字化的商业世界的机会[3]。这导致弱势群体难以融入数字经济、分享数字红利，难以在数字经济浪潮中利用数字化优势增加自身收入，进一步加大了内生式脱贫的难度，加剧了返贫的风险甚至导致恶性循环[4]。数字鸿沟还会对社会资源的分配和再分配产生深刻影响，在社会老龄化背景下，随着经济社会的不断发展，由技术落差、信息落差、知识落差所导致的不同群

---

1 何宗樾，张勋，万广华．数字金融、数字鸿沟与多维贫困[J]．统计研究，2020,37(10):79-89.
2 MINGO I, BRACCIALE R. The Matthew effect in the Italian digital context: The progressive marginalisation of the "poor" [J]. Social Indicators Research, 2018, 135(02): 629-659.
3 HIDALGO A, GABALY S, URUEÑA A, et al. The digital divide in light of sustainable development: An approach through advanced machine learning techniques[J]. Technological Forecasting and Social Change, 2020, 150: 119754
4 吴玲，张福磊．精准扶贫背景下农村数字化贫困及其治理[J]．当代世界社会主义问题，2018(02):28-35.

体间贫富落差和阶级分化将日益严重[1]。随着穷人变得更穷，精英阶层变得更富有，数字鸿沟将成为一种障碍，阻碍经济的发展[2]。

数字鸿沟的存在将老年人等弱势群体孤立于数字化进程之外，这不仅有违公平正义的社会发展理念，更是破坏了社会团结[3]。一方面，数字鸿沟会导致公民的权利不平等。有研究发现，互联网的信息可以帮助提高公民的信息可得性，并为他们提供更有效、更切实的手段捍卫自己的权利[4]。因此，有学者认为互联网是寻求社会提升、增强社会影响的助手，而数字鸿沟的存在会影响不同社会群体之间的权利平等[5]。数字鸿沟使这些弱势群体无法利用数字技术带来的机会参与到社会中[6]，无法享受数字政府、网络教育等新兴的在互联网上运营的公共活动和公共服务，因此容易丧失为自己争取权利和谋取利益的机会[7]。另一方面，数字鸿沟会导致机会不平等。如在就业机会方面，处于数字鸿沟"优势"一方的群体可以通过各种数字化方式为自身带来就业或创业机会，而处于数字鸿沟"劣势"一方的群体则可能无法很好地利用数字技术进行就业或创业[8]。数字鸿沟也会导致教育机会的不平等，这主要体现在线上教育方面，这一点在疫情之后尤为明显。研究表明，在新冠疫情大流行期间，全球数字教育获得了快速发展，具有数字鸿沟"优势"的学生可以通过参与线上课程等方式实现与线下教育同样的学习效果。相比之下，处于贫困、残疾等状态下的不能较好利用数字技术的学生则在数字教育中处于不利地位[9]。

数字鸿沟还会导致生活参与机会的不平等，主要体现在受教育水平较低或生理机能受限的群体。有研究显示，老年人、受教育程度低群体在数字支付、数字出行、数字医疗等方面容易遭受数字社会的排斥，由此可能造成这类群体的幸福感降低和社会福利减少[10]。

1　杨峥威,曹书丽．媒介发展中的"数字遗民"问题及其应对策略[J].社会福利（理论版），2021(02):16-20.
2　GRAY T J, GAINOUS J, WAGNER K M. Gender and the digital divide in Latin America[J]. Social Science Quarterly, 2017, 98(01): 326-340.
3　杨斌,金栋昌．老年数字鸿沟：表现形式、动因探寻及弥合路径[J].中州学刊，2021(12):74-80.
4　ROBLES J M, TORRES-ALBERO C, de MARCO S. Spanish E-government and the third digital divide: A sociological view[J]. Journal of US-China Public Administration, 2011, 8(04): 401-412.
5　陈国战．网络普及背景下的数字鸿沟问题[J].教育传媒研究，2016(02):11-15.
6　GONCALVES G, OLIVEIRA T, CRUZ-JESUS F. Understanding individual-level digital divide: Evidence of an African country[J]. Computers in Human Behavior, 2018, 87: 276-291.
7　周向红,王琳．数字贫困维度分析及基于跨越视角的减贫策略[J].中共浙江省委党校学报，2017,33(02):98-102.
8　陈梦根,周元任．数字不平等研究新进展[J].经济学动态，2022(04):123-139.
9　MARTÍNEZ E. Pandemic shakes up world's education systems[J]. Right to Education Initiative, 2020, 4: 1-12.
10　ZHENG Y, WALSHAM G. Inequality of what? An intersectional approach to digital inequality under Covid-19[J]. Information and Organization, 2021, 31(01): 100341.

值得注意的是，社会不平等在不断加剧的过程中，也会进一步扩大不同群体间的数字鸿沟。有国外的学者建立了一套循环因果理论，认为社会中的绝对不平等导致资源分配不均，进而造成数字技术获取和使用的不平等，由此导致社会参与的不平等。而社会参与的不平等又进一步加剧了社会绝对不平等和资源的不平等分配，从而形成了一种闭合关系，即数字鸿沟引致的机会和结果的不平等加剧了社会绝对不平等和资源的不平等分配，最终作为新的驱动因素再次扩大数字鸿沟，引起新的数字不平等[1]。

2. 经济层面

数字鸿沟不仅会扩大不同群体间的贫富差距，还会扩大不同区域间的贫富差距，区域发展不协调将对经济的长期发展产生负面影响。研究显示，通信技术在给经济发展较快地区带来红利的同时，不一定能给发展较慢地区带来相同程度的红利[2]。这种现象在我国尤为明显，如有学者指出，数字技术的地区差异将使得我国东南沿海等相对发达地区能够从数字红利中获益更多，进一步加剧区域经济不平衡[3]。而城乡之间的数字鸿沟也会加大城乡发展差距，城市更容易获得和享受到数字技术发展带来的有益影响，而农村地区由于信息基础设施不完善、知识和技术人才的匮乏，不一定能获得与城市同样的技术红利[4]。

数字鸿沟不利于企业创新发展，限制了落后地区产业的转型升级，削弱了经济发展的潜力。一方面，数字技术赋能企业转型升级已经成为企业发展的趋势。利用数字技术，优势企业将占据越来越大的市场份额，并逐渐进入其他领域，利用数字化逐渐获取市场垄断地位，而那些劣势企业难以接触或者运用先进的数字技术提升发展效益，导致二者之间的差距会越来越大。从长远来看，数字鸿沟会产生"小企业没能力创新，大企业没动力创新"的低效局面，不利于企业创新能力的发展，割裂大、小企业的协同发展能力[5]，限制经济发展潜力。另一方面，有研究发现，数字化技术降低了企业与上下游供应商之间、企业与消费者之间的搜寻、匹配和交流成本以及物流运输成本等，从而增强了企业之

---

1 VAN DIJK J. Digital divide: Impact of access[J]. The International Encyclopedia of Media Effects, 2017: 1-11.
2 SCHEERDER A, VAN DEURSEN A, VAN DIJK J. Determinants of Internet skills, uses and outcomes: A systematic review of the second-and third-level digital divide[J]. Telematics and Informatics, 2017, 34(08): 1607-1624.
3 邱泽奇, 张树沁, 刘世定, 等. 从数字鸿沟到红利差异：互联网资本的视角 [J]. 中国社会科学, 2016(10):93-115+203-204.
4 张正平, 杨舒菡. 信息技术发展对中国农户贷款规模的影响：基于中介效应模型的实证检验 [J]. 河北大学学报（哲学社会科学版）, 2018,43(02):83-91.
5 王春英, 李金培, 黄亦炫. 数字鸿沟的分类、影响及应对 [J]. 财政科学, 2022(04):75-81.

间的协同与合作[1]。数字化也会激励更多供应商选择产品构架创新,进而加剧产业链内部创新分工的竞争程度[2]。然而,企业间的数字鸿沟可能导致部分企业自身数字化程度较低,这时其在整个产业链中的地位、作用可能会下降,与消费者之间的搜寻、匹配和交流成本则会上升,这会对整个产业链的效率产生不利影响[3]。除此之外,信息技术产业发展为产业结构优化升级提供了技术支持,数字经济发展也能够提升劳动力素质,进而实现产业结构的优化升级[4]。数字技术也有助于提升区域产业的专业化水平[5]。数字鸿沟所导致的区域发展不平衡可能会使得许多产业在数字技术发达的地区高度集聚,而落后地区的产业转型升级将面临困境,这会使得经济发展的地区差异持续扩大,不利于资源有效配置及人才和劳动力正常流动,最终限制经济发展的潜力。

2.3.2 老年数字鸿沟的微观影响

1. 个体层面

数字鸿沟削弱了老年人等弱势群体学习新知识的意愿和机会。数字鸿沟限制了老年人的信息和知识获取渠道,导致其无法及时获取所需的信息,这减少了老年人接触和学习新知识的机会。同时数字鸿沟也削弱了老年人保持长期学习的自我效能感[6],降低了老年人学习新事物的动力,这将导致老年人与社会发展脱节,使其与年轻群体间的差距越来越大,进一步扩大其在社会中的不利地位。

数字鸿沟限制了老年人获取各类公共服务和社会资源,削弱了其社会参与能力。由于数字鸿沟的存在,老年人的一些生活需求将难以得到满足[7]。《中国互联网络发展状况统计报告》指出,不上网给非网民生活上带来的不便主要包括线下服务网点减少所带来的办事难的问题,以及买不到票、挂不上号的困

1　MOURTZIS D. Internet based collaboration in the manufacturing supply chain[J]. CIRP Journal of Manufacturing Science and Technology, 2011, 4(03): 296-304.
2　杨勇.数字技术影响产业链内部创新分工的机制研究[J/OL].[2022-07-15].科学学研究:1-14.DOI:10.16192/j.cnki.1003-2053.20220614.002.
3　SUSANTY A, SARI D P, BUDIAWAN W, et al. Improving green supply chain management in furniture industry through internet based geographical information system for connecting the producer of wood waste with buyer[J]. Procedia Computer Science, 2016, 83: 734-741.
4　廉永生."十四五"时期数字经济推进我国产业结构升级的路径与政策研究[J].商业经济,2022(08):1-3.
5　SMIRNOVA O P, AVERINA L M, PONOMAREVA A O. Transformation of regional specialization industries in the conditions of new technological challenges[J]. Advances in Systems Science and Applications, 2020, 20(03): 36-49.
6　杨一帆,潘君豪.老年数字鸿沟治理的一个分析框架[J].老龄科学研究,2019,7(10):58-67.
7　张帆,陈长文,韩永辉.数字经济发展中的人口老龄化:如何跨越数字鸿沟[J].赣南师范大学学报,2021,42(04):118-122.

难。在新冠疫情的背景下，数字鸿沟给老年人生活上带来的不便更加明显。研究显示，疫情期间，老年人通过互联网求助存在困难[1]，如一些老人在隔离期间不会使用小程序抢菜等。相关研究表明，老年人若不使用数字技术，将难以获得各种类型的社会支持和其他资源[2]。随着数字信息技术与社会生产生活的高度融合，许多公共服务也开始了数字化转型，一些老年人由于不会使用智能手机，将无法使用这些线上公共服务，削弱了老年人口的数字经济与政治参与能力。

数字鸿沟可能会危害老年人的身心健康。互联网的使用能够使老年人的社会交往更为便利，拓宽了其社会参与渠道[3]。老年数字鸿沟会使老年人产生社会孤立感[4]，这可能对老年人的心理健康产生负面影响。有研究表明，与老年网民相比，非老年网民有抑郁经历的比重更高[5]。此外，随着线上医疗服务的普及，互联网能够帮助老年人获取医疗健康信息，有研究发现数字鸿沟与老年人自评健康存在显著关联[6]。老年群体如果能获得更多健康信息和知识，甚至能够对自身的健康状况作出评价，就更容易得到充分的医疗服务，因此老年网民的健康状况普遍良好[7]。相反，患有严重疾病的老年人，由于视觉、听觉、认知、技能等方面的障碍，通常会被在线医疗所排斥，这可能会扩大医疗健康不平等程度[8]。

2．家庭层面

老年数字鸿沟会扩大代际间的隔阂，对家庭关系产生负面影响。一方面，我国互联网在快速发展过程中，产生了丰富的网络圈层文化和价值观。而这些网络圈层文化大部分是由年轻的网络原住民建构而成，所谓"网络原住民"是

---

1 WANG J, KATZ I, LI J, et al. Mobile digital divide and older people's access to "Internet plus social work": Implications from the COVID-19 help-seeking cases[J]. Asia Pacific Journal of Social Work and Development, 2021, 31(1-2): 52-58.
2 FRANCIS J, BALL C, KADYLAK T, et al. Aging in the digital age: Conceptualizing technology adoption and digital inequalities[M]//Ageing and Digital Technology. Singapore: Springer, 2019: 35-49.
3 BRAUN M T. Obstacles to social networking website use among older adults[J]. Computers in Human Behavior, 2013, 29(03): 673-680.
4 BALL C, FRANCIS J, HUANG K T, et al. The physical–digital divide: Exploring the social gap between digital natives and physical natives[J]. Journal of Applied Gerontology, 2019, 38(08): 1167-1184.
5 COTTEN S R, FORD G, FORD S, et al. Internet use and depression among older adults[J]. Computers in Human Behavior, 2012, 28(02): 496-499.
6 程云飞，李姝，熊晓晓，等．"数字鸿沟"与老年人自评健康：以北京市为例 [J]. 老龄科学研究，2018,6(03):14-25.
7 CHOI N G, DINITTO D M. Internet use among older adults: Association with health needs, psychological capital, and social capital[J]. Journal of Medical Internet Research, 2013, 15(05): 97.
8 FRYDMAN J L, GELFMAN L P, GOLDSTEIN N E, et al. The digital divide: Do older adults with serious illness access telemedicine?[J]. Journal of General Internal Medicine, 2022, 37(04): 984-986.

指那些伴随网络时代发展而成长的人[1]。这些圈层文化在年轻人群体中广泛传播，并形成了一种新的交流语境，而老年人往往对这些亚文化不了解，并且难以接受并吸收快速更新迭代的网络文化，导致其与年轻人之间难以建立共同的沟通语境[2]。老年群体对互联网文化的解码障碍将现实代沟迁移到数字平台，无形之中扩大了代际隔阂，由于交流语境的差异，一些年轻人除了一些必要的问候可能不会主动与老人进行过多的交流，代际间的沟通受到阻碍，这也会导致老年人产生疏离感，破坏家庭关系的和谐。另一方面，老年人为了防止遭受诈骗给家庭带来损失，一些涉及线上支付的消费行为往往高度依赖年轻人，这也在一定程度上增加了年轻人的压力，年轻人由于工作等原因可能会无视老年人的一些消费需求，可能诱发潜在的家庭矛盾，威胁家庭关系的稳定。

此外，数字鸿沟还会对家庭收入水平产生影响。有研究发现，数字鸿沟显著降低了家庭的总收入，对家庭工资性收入、工商业收入、财产性收入、转移性收入和其他收入均有负向影响，并且家庭数字鸿沟对低收入家庭的收入负面影响更大。具体影响机制为：数字鸿沟通过削弱社会网络、抑制自雇用创业和降低信贷可得性，对家庭收入产生显著的负向影响[3]。

2.4 跨越老年数字鸿沟的挑战

科技的不断进步，不仅没能让"没赶上趟"的老年人享受到便捷服务，反而瓦解了他们熟悉的日常操作，造成更多的不便，进一步强化了边缘群体格局，导致了他们与外部社会脱节。如当老年人参与社会生活时，手机没绑定银行卡；出门不会使用打车软件；看不懂就医时网上预约复杂的挂号流程；医院检查、就诊单据需要机器打印、扫码、刷卡等，都给老年人的生活带来较大困扰。这背后都蕴含着跨越数字鸿沟所面临的挑战，包括个体、社会和政府治理等。

2.4.1 个体层面挑战

数字鸿沟持续且深刻地影响社会资源的分配和再分配，重塑社会的政治、经济、文化和代际格局，由技术落差、信息落差、知识落差导致的贫富落差和

---

1 PRENSKY M. Digital natives, digital immigrants part 1[J]. On the Horizon, 2021, 9(05):1-6.
2 朱燕. 家庭传播场域下数字代沟的问题与弥合研究 [J]. 科技传播，2021,13(16):129-132.
3 尹志超，蒋佳伶，严雨. 数字鸿沟影响家庭收入吗 [J]. 财贸经济，2021,42(09):66-82.

阶级分化将随着经济社会发展和社会整体老龄化程度的加深而日益深化,形成新的结构性不平等问题。

以人工智能为代表的新兴数字技术,其精密性、复杂性与排他性决定了其产生的数字红利在权能缺失情况下非均衡的利益分配与层级分化。这就有可能使得远离数字技术的老年人处于不利地位,成为无法共享数字红利的"边缘群体"。老年人群体由于其数字素养相较于年轻一代普遍偏低,使其在融入数字生活过程中面临更多困境和挑战,数字技术的排他性和相关配套政策与行动的滞后,也加剧了老年人的数字焦虑。

对老年人自身而言,数字融入困境,可能会导致他们的自信心下降,进一步阻碍老年人积极使用互联网技术。一些老年人可能会贬低充分利用互联网的好处。此外,由于部分老年人无法适应技术创新,他们认为使用数字技术的努力是徒劳的或令人尴尬的。相较于年轻人,老年人通常缺乏兴趣或无法熟练使用数字技术,这可能会导致老年人低估互联网的有用性,并引发焦虑。

2.4.2 社会层面挑战

皮埃尔·布尔迪厄(Pierre Bourdieu)的社会再生产理论[1]表明,技术创新和变革在不知不觉中强化现有的权力关系和使这些关系合法化的意识模式。基于社会再生产理论,数字鸿沟被认为营造了一种使拥有和没有计算技能和访问权的社会主体之间的权力关系合法化的环境。数字化、智能化进程从某种程度上加重了来自家庭、同龄人的社会支持缺位以及年长世代与年轻世代的代际矛盾,使得老年人更难以掌握数字技能,跨越数字鸿沟。

1. 年龄歧视

事实上,造成数字鸿沟的深层次原因不是年龄本身,而是全球社会普遍存在的对老年人的年龄歧视和老年人的内化(自我)年龄歧视,以及制度性歧视。年龄歧视(Ageism)是因为年龄而对人产生的成见(思考方式)、偏见(感受)和歧视(行动方式)[2]。有一种刻板印象认为,老年人是一群"衰弱""无能"且在技术方面需要年轻人指导的同质人群,这一看法可能会导致老年人的细微

---

1 BOURDIEU P. Distinction: A social critique of the judgement of taste[M]. Cambridge: Harvard University Press, 1984.
2 WHO. Global report on ageism[R/OL].[2022-09-29]. Geneva: WHO, 2021. https://www.who.int/publications/i/item/9789240016866.

需求无法被识别，助长有害的年龄歧视，并被老年人强化和内化。关于老年数字技术使用的研究和政策往往认为老年和老龄化是一个"问题"，对医疗保健系统和社会构成重大负担。大多数"老年技术"和"老年技术"市场集中于护理和医疗保健相关技术，忽视老年人更广泛的休闲、个人发展、社交、移动等需求。这种现象的基本假设是老年人不健康，管理健康状况是他们可能寻求使用技术并从中受益的唯一原因。老年人被称为"隐形用户"，他们在技术设计过程中被排斥在外。通过这种方式，新系统加剧了不平等，"线下"的老年人与"在线人群"的数字鸿沟进一步扩大。内化的负面刻板印象还会导致老年人的认知（如记忆）和心理表现下降。

据联合国统计，在全球范围内，每两个人中就有一人对老年人持年龄歧视的态度[1]。年龄歧视渗透到许多机构和社会部门中，包括提供保健和社会照护的机构、工作场所、媒体和法律系统。与老年人使用数字技术有关的年龄刻板印象不仅反映在政策和研究中，而且在数字技术的设计以及个人采用数字技术的选择中也变得明显。老年人通常被刻板地描述为恐惧技术、能力低下和不愿意使用新的数字技术。年龄歧视是老年人跨越数字鸿沟的关键障碍，可能发生在宏观（政策层）、中观（社会面）和微观（自我）层面，而这些层面也相互作用和影响[2]。

2. 数字反哺挑战

数字鸿沟也是代际鸿沟，年轻一代在互联网和信息获取与使用方面的相对话语权与日俱增，且不认为老龄化是他们必须处理的问题，并回避可能帮助他们更好地了解情况的老年人。最早提出"年龄歧视"的学者罗伯特·巴特勒（Robert Butler）认为年龄歧视反映了青年和中年人的一种根深蒂固的不安——"一种对变老、疾病、残疾的个人厌恶，以及对无力、无用和死亡的恐惧"[3]。数字化社会生活方式似乎成了年轻人的"专利"，使老年人颇有被时代所抛弃之感。数字反哺与家庭互动程度、家庭亲密程度有关，极易因代际矛盾受到阻碍。据中国互联网络信息中心发布的《中国互联网络发展状况统计报告》，非网民

1　WHO. Global report on ageism[R/OL].[2022-09-29]. Geneva: WHO, 2021. https://www.who.int/publications/i/item/9789240016866.
2　KÖTTL H, MANNHEIM I. Ageism & digital technology: Policy measures to address ageism as a barrier to adoption and use of digital technology[R/OL]. [2022-09-29]. https://www.researchgate.net/publication/350557495_AGEISM_DIGITAL_TECHNOLOGY_Policy_Measures_to_Address_Ageism_as_a_Barrier_to_Adoption_and_Use_of_Digital_Technology.
3　BUTLER R N. Age-ism: Another form of bigotry[J]. The Gerontologist, 1969, 9: 243-246.

上网的首要驱动因素是方便与家人亲属沟通联系，占所有驱动因素的30.7%[1]。老年人的确有学习新媒介的热情，对家庭等原来的社会支持网络有着强烈的归属意愿和需求，但子女数字反哺的缺位或自身因缺乏数字技能无法通过网络与同龄人联系，严重阻碍老年人跨越数字鸿沟。

3. 社会支持挑战

社会支持系统，如企业、公共机构的支持可以极大地帮助老年人参与数字社会，而社会互动匮乏和社会参与缺失使老年人陷入孤独、排斥的感知隔离困境。新冠疫情时期，人们越来越依赖互联网获取服务和健康信息，家庭互动模式也转移至线上，数字能力不足的老年人在建立社会关系上面临重重阻碍，逐渐产生被抛弃感、无用感、孤独感和社会支持匮乏感。此外，相关企业对老年人需求和特性把握不足，适老化产品并未适老，结果导致智能科技产品越来越多，但为老年人开发设计、真正适合老年人使用的却很少。这进一步拉大了技术使用难度，弱化了技术体验感，加剧了老年数字接入的畏惧感和不适感。公共机构对老年人等数字素养不足群体的关注缺位，公益性培训和讲座缺失，也并未支持老年人群体参与数字生活。技能的不足、信息的缺失不仅导致他们面临社会角色剥离和社会功能弱化，而且使他们与内部及外部社会生活脱节，这强化了老年人的孤独感，弱化了其社会支持感，从而使老年人产生感知和物理两个层面的隔离。

2.4.3 政府治理挑战

近年来，"弥合数字鸿沟"逐渐成为各国政府与国际组织关注的重点议题。如世界卫生组织"老龄化与健康全球战略"的第二个行动计划"健康老龄化行动十年（2021—2030年）"于2020年12月的联合国大会通过。该计划是实现和支持改善老年人、他们的家庭和社区的生活。该行动计划以联合国《2002马德里老龄问题国际行动计划》[2]为基础，并与联合国"2030年可持续发展议程"和可持续发展目标的时间安排达成一致。2021年国际老人日的主题被联合国定

---

1 中国互联网络信息中心. 第49次中国互联网络发展状况统计报告[R]. 北京：中国互联网络信息中心，2022.
2 Madrid Plan of Action and its Implementation[R/OL]. [2022-10-08]. https://www.un.org/development/desa/ageing/madrid-plan-of-action-and-its-implementation.html.

为"不分年龄人人共享数字平等",呼吁各方付诸行动弥合数字鸿沟。国际电信联盟为 2022 年信息社会世界峰会（WSIS）专门设计"ICT 和老年人专题",探讨数字化与老龄化的交织问题。

实践发现,数字鸿沟使很多老年人无法获得更多更精准的信息化服务,游离在数字福祉之外。数字治理的适老化理应是增进老年人福祉,让老年人在信息化发展中有更多获得感、幸福感、安全感的路径,其不仅涉及政府自身技术理念的转型和变革,更是政府与市场、政府与社会、政府与公民之间的权益、资源等的再调整和再整合,也是从意识到实践创新的系统性工程。但地方政府在推进解决数字鸿沟问题时如果过于注重技术端的供给,忽视供给对象的需求,就会造成技术的强势介入挤压数字弱势群体生存空间的问题。在衔接机制、沟通机制、责任机制等深层次问题尚未厘清的前提下,单向技术赋能无法从根本上破解老年数字鸿沟困境,反而容易导致资源浪费、效果不彰及公众不满意等问题。

2.5 弥合老年数字鸿沟的探索

社会的数字化、老龄化、空巢化正在迅速扩大老年人与年轻人之间在数字领域的差距,老年数字鸿沟已成为一项重要的社会问题。国内外的学者和有关组织都对如何弥合老年数字鸿沟进行了多方面的探索,开展了大量实践,提出了多种解决方案。这些解决方案可以大致归纳为技术、政府、社会、家庭和个人五个层面。

2.5.1 技术层面——适老

应使数字技术更多地与老年人的日常生活相融合,这能很好地推动数字技术在老年群体中的进一步普及,增加老年人接触和了解数字技术的机会。有研究表明,老年人学习和使用数字技术很大程度上还是受利益驱动,如果数字技术不能为老年人的生活提供足够的便利,使其生活产生明显的改善,那么老年人不太可能牺牲宝贵的时间和消耗大量的精力来学习数字技术[1]。因此,针对老年人平常可能遭遇不方便的生活场景,运用数字技术给出解决方案,能够极

---

[1] CHOUDRIE J, ZAMANI E, OBUEKWE C. Bridging the digital divide in ethnic minority older adults: An organisational qualitative study[J]. Information Systems Frontiers, 2021: 1-21.

大增强数字技术的可及性以及老年人对数字技术有用性的感知，激发老年人学习数字技术的动力。

数字技术应增加适老化设计，仅仅寄希望于老年人提升自身数字素养来消除老年人和年轻人之间的数字鸿沟显然是不够的[1]，降低老年人学习和使用数字技术的门槛也是弥合老年数字鸿沟的关键所在。相关企业在研发设计数字技术及有关产品或应用时，应当深入研究老年人的需求特点和使用习惯，根据老年人的实际需求增强产品各方面的适老性。对此，国际电信联盟（ITU）就曾发表了《老年人和残障人士的电信接入能力指南》，该指南强调以人为中心的设计理念，既要有经济方面的考虑，也要有人道主义方面的考虑，倡导根据用户需求对产品设计进行评估，并对产品设计进行完善，以满足老年人、残障人士等弱势群体的使用需求。此外，世界卫生组织于2021年在北京举办的题为"老年人的数字包容：利用数字技术推动西太平洋区域的健康老龄化"的会议中强调，仅仅"为老年人"设计是不够的，未来还需要让老年人参与到设计之中。因为老年人是用户、客户、创新者和社会推动者，他们有着不同的需求和偏好。因此，在开发和应用的过程中，每一步都应征求他们的意见，同时政府和私营部门应倡导包容性技术，并为技术的开发和应用创造有利环境。

可以针对不同的老年群体提供差异化技术服务[2]。如可以根据老年人对数字技术的掌握程度进行分类，对完全不了解数字技术的老年人要保留线下服务窗口，并一步步引导其了解和学习数字技术；对数字技术掌握程度一般的老人则要尽可能简化技术应用的操作流程，方便其掌握更多数字应用；对熟练掌握的老人则可以进一步普及人机交互思维。此外，也可以针对不同老年人的需求提供个性化数字服务，推出更丰富的线上适老化服务，如可以构建老年人网络平台，为老年人提供信息公开、意见反馈、健康指导、社交娱乐等个性化针对性服务，拓宽老年人通过网络进行社会参与的渠道。美国退休者协会就曾创立了一个关于健康、金融、休闲、社交、公共政策和教育课程分享的网站[3]，该网站通过为老年会员提供在线社区论坛和交流平台，能够给予老年群体社交、情感、信息等支持，也能帮助老年人更好地学习和掌握数字技术。

---

[1] 陈晨. 探析代际数字鸿沟的形成路径与弥合之道 [J]. 新闻传播，2022(09):24-25+28.
[2] 纪竞垚. 着力消除老年群体数字鸿沟的对策建议 [J]. 中国经贸导刊，2022(03):79-80.
[3] 详见：https://www.aarp.org/。

2.5.2 政府层面——引导

政府应在弥合数字鸿沟问题上发挥主导和引领作用，构建老年数字鸿沟治理的顶层架构。如欧盟通过陆续制定欧洲技能议程、数字教育行动计划等多种战略规划，营造了引领与支撑全民数字素养与技能培育的政策环境。中共中央网络安全和信息化委员会办公室也于 2021 年印发了《提升全民数字素养与技能行动纲要》（以下简称《行动纲要》），也完成了面向全民数字素养与技能培育的顶层架构与全面部署。然而，国内仍然缺乏地方有关全民数字素养与技能培育的战略引领。因此，省级政府可以积极响应《行动纲要》，制定适合本省社会与经济发展的战略规划[1]。此外，在完善顶层架构的过程中，政府应不断创新老年数字鸿沟治理理念，以相关法律法规和监管工作的完善以及数字信息技术教育体系的构建为消弥老年数字鸿沟提供必要的政策支持和制度保障。如可以修改和妥善调整现行《老年人权益保障法》，在其中补充和完善关于老年人数字平等、反歧视、数字救济、终身教育等内容[2]。

政府要进一步加大信息基础设施建设的投入力度，尤其要重点加强农村等薄弱地区的信息基础设施建设，努力缩小城乡间的数字鸿沟，强化互联网公共资源配置，提高全社会信息化水平和互联网普及率[3]。同时要推进电信服务设施的普及提速降费工作，或是对老年人购买智能设备进行补贴，这样能够有效减少老年人所面临的数字接入困境，提升老年人的设备保有率，使其更方便地获取和享受数字生活服务。有学者提出可以通过完善养老保险制度或促进老年人再就业来提高老年人的可支配收入[4]，这也能很好地缓解老年人面临的数字接入困境。

政府应加大老年人学习数字技能的资源供给，克服其对技术的恐惧，提升老年人的数字素养。现有研究表明，技术恐惧症和对技术的不信任可以通过相关技能培训来解决[5]。技能培训同样能提升老年人的数字素养，这对弥合老年数字鸿沟至关重要，政府应在这一举措上起到引领作用，如韩国政府为了满足

---

1 商宪丽, 张俊. 欧盟全民数字素养与技能培育实践要素及启示[J]. 图书馆学研究, 2022(05):67-76.
2 陆杰华, 韦晓丹. 老年数字鸿沟治理的分析框架、理念及其路径选择：基于数字鸿沟与知沟理论视角[J]. 人口研究, 2021,45(03):17-30.
3 徐越. 智能化时代对提升我国老年人数字素养水平的思考[J]. 中国集体经济, 2019(14):165-166.
4 马琪, 杨薇, 廖舫仪. 数字治理时代老年人数字融入困境形成机理研究[J]. 北大政治学评论, 2021(01):153-177.
5 HILL R, BETTS L R, GARDNER S E. Older adults' experiences and perceptions of digital technology:(Dis) empowerment, wellbeing, and inclusion[J]. Computers in Human Behavior, 2015, 48: 415-423.

日益增长的数字素养学习需求并鼓励社会融合,开发了免费在线教育系统或培训平台[1];西班牙政府执行了媒体扫盲和电子学习项目,以帮助老年公民融入数字时代[2]。因此,有学者建议,我国可以针对信息技术和数字应用的发展趋势以及老年人的学习需求,借助老年教育体系和专项培训,联合企业和大学等社会机构,采用一对一面授或远程辅导等方式对老年人进行数字技能的培训,帮助老年人更好地学习数字技能,提升老年人的数字素养,消除数字应用障碍[3]。

政府应加大对互联网的监管力度,加强网络规范建设。一方面,政府可以牵头联合行业和企业共同制定老年人数字权益保护公约和集体行动准则,扫除针对老年人群体显性或隐性的数字偏见和算法歧视[4],同时完善相应的法律法规,严厉打击电信网络诈骗行为,切实保障老年群体参与数字生活的合法权利和安全便利。另一方面,要积极引导媒体舆论和网络文化,尽可能消除互联网媒介对年轻群体的偏倚,避免过多针对老年人的负面新闻炒作,构建对老年人友好的网络生态环境,这也有助于消除社会对老年人的刻板影响,提高老年人的自我效能感,提升老年人使用互联网的意愿[5]。

2.5.3 社会层面——支持

社会应消除对老年人的年龄歧视和刻板印象,形成"年龄友好"的社会氛围。为了消除对老年人的社会排斥,世界卫生组织推出了一份"老年友善城市"的指南,该指南所定义的"老年友善城市"包含8个要素(图2-2),可以看出这些要素中既有政府层面的基础设施建设、服务供给,也有社会层面的包容与支持,因此,只有社会不同主体的共同努力才能营造对老年人包容的社会环境。其中,政策制定者要明确价值取向,充分考虑老年人在数字时代中遇到的切实困难,在日常生活工作的不同维度为其提供便利服务[6],完善基础设施。

社区也是构建老年人友好社会的重要一环。社区作为老年人日常生活的主

---

1 JUN W. A study on the current status and improvement of the digital divide among older people in Korea[J]. International Journal of Environmental Research and Public Health, 2020, 17(11): 3917.
2 ALCALÁ L A. Media literacy for older people facing the digital divide: The e-inclusion programmes design[J]. Comunicar, 2014, XXI(42): 173-180.
3 林宝. 老年群体数字贫困治理的难点与重点 [J]. 人民论坛,2020(29):129-131.
4 何哲. 国家数字治理的宏观架构 [J]. 电子政务,2019(01): 32-38.
5 陈际华,武豪. 后疫情时代老年人数字鸿沟弥合路径探究:基于社会支持的理论视角 [J]. 湖北农业科学,2022,61(02):203-208.
6 张乐. 助力"银发族"乐享数字生活 构建共建共融共享的老年友好型社会 [J]. 中国社会工作,2020(29):33.

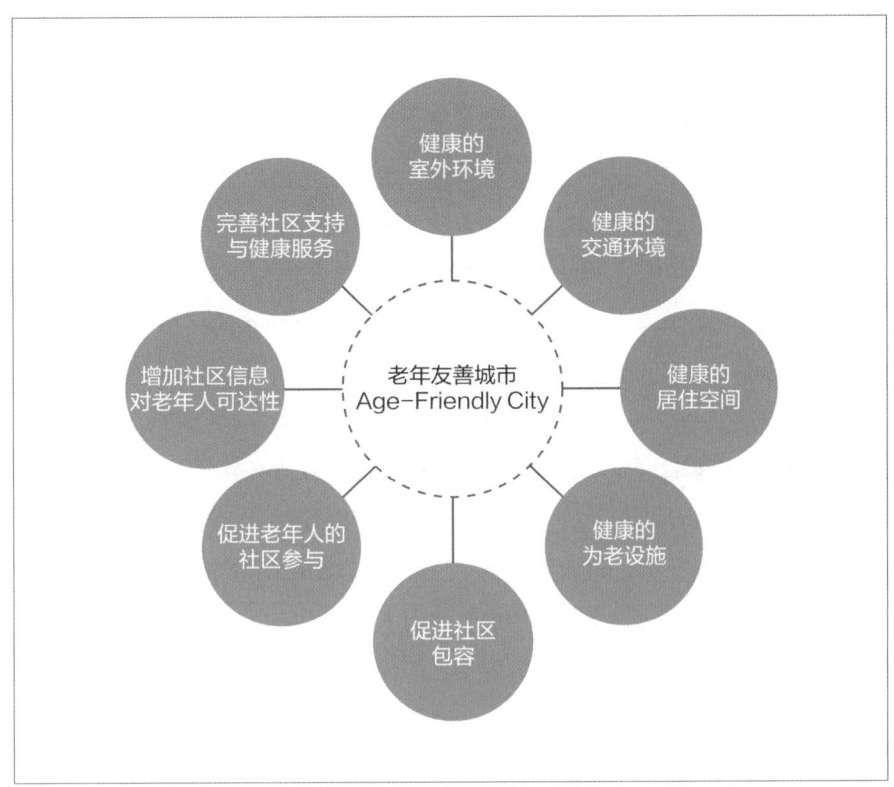

图 2-2　老年友善城市模型
来源：WHO. Global Age-Friendly Cities: A Guide[R]. Geneva: WHO, 2007.

要活动场所，应为老年人学习数字技术提供更多的机会和途径。要大力整合社区资源，在社区内成立电脑、网络培训室，让老年人有机会接触和学习到网络知识与技能。同时，社区工作人员应充分了解老年人对社区服务的需求，开展老年人数字素养提升的宣传推广系列活动，吸纳志愿者、高校大学生，建立老年人数字素养提升的志愿服务团队，倡导科技助老的服务理念，对社区内的老年人传播数字产品的功能，积极引导老年人正确认识数字产品，采用社区参与式点播老年人，加强互动，提升社区老年人的数字素养[1]。如 2019 年 7 月，天津市开设社区"手机课堂"，为 1187 个社区的老人提供上门送学服务，在 962 个社区开展了结对帮学活动，在 1435 个社区设立了咨询服务点，极大程度上帮助老年人掌握当下必备数字产品的操作与使用。

1　沈冠辰，王东宝．社会治理视角下老年人数字素养的提升 [J]．科技智囊，2022(07):43-47．

2.5.4 家庭层面——反哺

加强培育社会中年轻一代的数字反哺意识，倡导年轻人向老年人传授数字技能和相关知识。家庭支持是老年群体退休后的主要社会支持来源之一，而数字反哺作为老年人信息能力与素养建设的关键环节，是一种内生性、可持续的辅助力量[1]。有研究显示，代际互动能有效降低老年群体对数字技术的恐惧和社会孤立感，提升其数字素养、自我效能感和对数字技术的兴趣[2]。尤其是老年人与孙辈在一起时，更容易产生上网的动机，无论他们的教育程度或认知水平如何[3]。因此，有学者在中国农村小学开展了一项名为家庭代际学习的项目[4]，该项目鼓励学生参与者使用数字设备向他们的祖父母传授数字知识并进行相关实践，项目进行3个月后，研究人员进行回访，发现参与项目的农村老人的数字素养有了明显的提升。该研究提供了一种弥合老年数字鸿沟的新思路，即学校方面可以鼓励和倡导青少年学生向家中老人进行数字反哺，这不仅有助于提升老年人的数字素养，也与我国尊老爱老的传统文化观念相契合。此外，有研究指出，数字反哺可以从微观家庭层面逐渐扩散到社会层面，通过"子代"带动整个"亲代"群体更好地适应数字化生活[5]。因此，家庭内的数字反哺是弥合老年数字鸿沟重要途径。鼓励社会中的年轻一代更加关注老年人对数字技术的需求，加强与老年人的沟通交流，及时了解老年人在数字应用方面的障碍，将对老年数字鸿沟的弥合产生极大的帮助。

2.5.5 个人层面——赋能

对于老年人自身，主要是应积极转变自身对待数字技术的观念，尽可能摆脱对传统生活方式的路径依赖，克服对数字技术的恐惧心理，主动拥抱数字技

---

1 杨峥威,曹书丽.媒介发展中的"数字遗民"问题及其应对策略[J].社会福利（理论版），2021(02):16-20.
2 LEE O E K, KIM D H. Bridging the digital divide for older adults via intergenerational mentor-up[J]. Research on Social Work Practice, 2019, 29(07): 786-795.
3 HUXHOLD O, HEES E, WEBSTER N J. Towards bridging the grey digital divide: changes in internet access and its predictors from 2002 to 2014 in Germany[J]. European Journal of Ageing, 2020, 17(03): 271-280.
4 CHENG H, LYU K, LI J, et al. Bridging the digital divide for rural older adults by family intergenerational learning: A classroom case in a rural primary school in China[J]. International Journal of Environmental Research and Public Health, 2021, 19(01): 371.
5 FERLANDER S, TIMMS D. Bridging the dual digital divide: A local net and an IT-café in Sweden[J]. Information, Communication & Society, 2006, 9(02): 137-159.
6 潘曙雅,邱月玲."银色数字鸿沟"的形成及弥合：基于2001—2019年的文献梳理和理论透视[J].新闻春秋，2021,1:27-33.

术。在这个过程中,老年人还应积极参与有关部门、社区、志愿者组织、媒体平台举办的数字技术教育与培训,主动进行相应的技能学习[6],充分发挥自身的主观能动性,拥抱数字技术,提升自身的数字素养,融入数字社会。以数字素养终身培育体系为根基,以老年人数字素养为牵引,全面提升老年群体面向数字生活的各项数字胜任力。

当然,在这个过程中,政府和社会的宣传和引导还是发挥着极其重要的作用,毕竟老年人几十年形成的观念和生活习惯仅靠自身是很难快速转变的,更多的还是需要外部的干预和影响,一个对老年人充满包容的社会环境能很好地帮助老年人转变其对技术的旧有观念,让其有学习和使用数字技术的内生动力。

策略篇
STRATEGY

第 3 章

透析数字化转型，构建跨越老年数字鸿沟的理论模型

3.1 数字化转型发展的核心关切及其相互关系

3.1.1 数字化转型发展的核心关切

数字革命是当今世界"百年未有之大变局"的关键变量之一，随着5G、人工智能、大数据、云计算、区块链等技术的日益成熟和普及，数字化以不可逆转之势深刻改变着人类社会，人类迎来了数字化转型发展新时代。如今，数字化转型无处不在，是当下最为时髦的热词，在百度搜索"数字化转型"能够看到超1亿条结果。各种数字化转型会议和活动在全球各地举办，数字化转型已成为大众话题，企业界、政府领域和学术界高度关注。以我国政府领域为例，从中央到地方积极出台数字化发展政策，数字化转型已经成为推动经济社会发展的核心驱动力，成为推动城市治理体系和治理能力现代化的关键力量。

2020年10月，中国共产党第十九届中央委员会第五次全体会议通过《中共中央关于制定国民经济和社会发展第十四个五年规划和二〇三五年远景目标的建议》（以下简称《建议》），提出要加快数字化发展，建设数字中国，将发展数字经济、加强数字社会和数字政府建设作为重要内容。《建议》发布以来，全国多个城市积极响应，自觉站位新发展阶段，坚定贯彻新发展理念，主动融入新发展格局，以城市数字化转型为抓手，贯彻落实国家数字化发展重要举措。如上海提出全面推进城市数字化转型，浙江启动数字化改革，广东加快数字化发展，山东实施数字强省等，以满足人民群众不断增长的美好生活需要为落脚点，都在着力推动以数字化转型整体驱动生产方式、生活方式和治理方式变革，

均强调要把数据资源作为数字化转型关键驱动要素，发挥好数字技术和制度创新驱动数字化转型的动力作用。从表3-1可以看出，数字化转型涉及数字经济、数字生活、数字治理等诸多领域，由政府、企业、公众等多方主体共同参与，与数据、技术、制度、场景、素养等要素关系密切。

表3-1　从中央到地方数字化转型政策梳理

文件名称	属性	发布时间	关键要点
《中共中央关于制定国民经济和社会发展第十四个五年规划和二〇三五年远景目标的建议》	国家文件	2020.10	坚定不移建设网络强国、数字中国。加快数字化发展。发展数字经济、加强数字社会、数字政府建设，提升公共服务、社会治理等数字化智能化水平。推动数据资源开发利用，扩大基础公共信息数据有序开放。提升全民数字技能，实现信息服务全覆盖
《关于全面推进上海城市数字化转型的意见公布》	上海市文件	2021.1	坚持全方位赋能，构建数据驱动的数字城市基本框架；以数据要素为核心，形成新治理力和生产力。以新技术广泛应用为重点，大力提升城市创新能级。引导市民重塑数字时代的认知能力与思维模式。重构数字时代的社会管理规则，为千行百业的数字化转型提供制度保障
《浙江省数字化改革总体方案》	浙江省文件	2021.3	数字化改革是围绕建设数字浙江目标，统筹运用数字化技术、数字化思维、数字化认知，把数字化、一体化、现代化贯穿到党的领导和经济、政治、文化、社会、生态文明建设全过程各方面，对省域治理的体制机制、组织架构、方式流程、手段工具进行全方位、系统性重塑的过程
《广东省人民政府关于加快数字化发展的意见》	广东省文件	2021.11	围绕数字经济、数字社会、数字政府等数字化发展重点领域，聚焦数字技术创新、新型基础设施体系构建、数据要素高效配置、核心产业发展、产业数字化转型等关键环节，系统谋划推进、统筹资源要素、创新体制机制，着力提升数字化发展能力，全方位赋能经济社会转型升级
《山东省"十四五"数字强省建设规划》	山东省文件	2021.7	以数字化转型整体驱动生产方式、生活方式和治理方式变革取得显著成效；充分发挥科技创新对经济社会数字化转型发展的支撑带动作用；建成全生命周期数字化惠民服务体系，提升全民数字素养，增强群众的获得感幸福感安全感

来源：刘朝青整理

3.1.2 数字化转型的概念特征与相互关系

1. 数字化转型的概念特征

数字化转型（Digital Transformation）是在制度创新激励下，充分运用数字技术和数据资源持续推动经济高质量发展、实现城市高效能治理、构建高品质生活的优化提升过程，是技术创新和制度创新双重叠加的结果，是数字时代城市生命体、有机体和智慧体与时俱进生长，构建竞争新优势、生活新方式、治理新模式、发展新范式的必然选择[1]。数字化转型本质是新一代信息技术与传统经济社会固有秩序和利益的博弈，通过数据资源畅通流动、开放共享，倒逼和颠覆传统的管理体制，使得产业发展、服务模式、治理结构更加合理优化、透明高效的过程，也是数字时代生产力和生产关系重构的更高级别发展形态。

2. 数字化转型关切要点之间的相互关系

从参与主体看，政府、企业、民众是城市数字化转型的参与者、推动者，更是利益关联者。城市数字化转型是政府、企业、民众的共同责任，并非政府大包大揽即可解决的事情，只有同时发挥有效市场、有为政府的作用，构建政府引导、政企合作、全民参与、合作共赢的城市数字化转型共同体，才能保障持续的数字化转型投入，推动城市数字化转型健康可持续发展，真正满足人民群众不断增长的美好生活需要，让人民群众有更多获得感。

从关键要素看，数据、技术、制度创新驱动是数字化转型稳定持续的动力来源，场景是数字化转型的重要牵引。数据资源成为数字化转型关键驱动要素，基于数据的信息透明和对称，倒逼不合理的治理结构、管理制度、服务模式革新优化，形成适应数字时代发展的新模式。数字技术创新为数字化转型提供了"源动力"，但决定转型成败的关键却不仅仅在于技术，只有当相应的制度、模式和理念都实现了革命性重塑，才能实现真正意义上的数字化转型。制度创新为新技术、新业态发展提供与之相适应的管理制度和发展规范保障，也就是要有良好的数字化转型发展生态，能够起到既鼓励和支持社会力量参与数字化转型建设、又防止形成垄断和利益失衡的效果，成为技术创新的"放大器"和"稳定器"，推动数字化转型持续发展。优质的数字化应用场景是数字化转型牵一发动全身的重要抓手。数字化应用场景的重要性体现在四个方面：一是应用场景是数字化转型的落脚点。数字化转型不是单纯的信息化，其最终要实现数字、物理、社会三元空间的融合，这就需要在现实世界中，针对特定空间、特定对象，打造具有特定功能的数字化应用场景。二是应用场景是数字化转型的切口。政府部门数据"烟囱林立"，条线壁垒难以攻破，互联网平台公司也是"挟数据而自重"。此种境地下，无目的、无边界地追求数据共享而共享，必然阻力重重。只有预设特定的应用场景，且该应用场景必须依靠多个部门、多源数据的共享

---

[1] 国家信息中心. 上海城市数字化转型发展报告 [R] 上海：上海市经济和信息化委员会，2022.

才能实现，方能以此为支点，聚焦小切口，开出数据清单，稳步推进数据共享和开放。三是应用场景使得数字化转型可体验。应用场景是数字化转型看得见、摸得着、可体验的成果，直击实际问题，提高百姓获得感。四是应用场景促进数字化转型持续迭代发展。数字化转型是系统性工程，任务落地需要分解为一个个快速推进的应用场景，再通过这些应用场景各自的优化迭代升级，形成一个个成熟适用的功能模块，最后把这些功能模块组装起来，才能构成数字化转型的理想蓝图。

从转型领域看，数字化转型涉及经济、生活、治理等广泛领域，将助力于经济高质量发展、生活高品质畅享、城市高效能治理等目标实现。在经济产业发展方面，新冠疫情发生以来，经济发展面临较大压力，使得数字经济成为经济发展的客观需求，也加快了经济领域数字化转型。经济数字化转型是经济发展的稳定剂，也是企业发展的推动器。经济领域数字化转型体现为数字技术在电子信息、高端制造、生物医药以及传统行业等各产业领域渗透融合，引发多领域系统化、多元化的突破发展，形成丰富的数字经济应用场景，不断催生出新的业态和模式，壮大经济发展新引擎，形成新供给。在社会发展方面，生活领域数字化转型体现为将数字技术全面融入医疗、教育、交通、养老等社会日常生活，促进公共服务和社会运行方式创新，实现城市生活品质提升、包容发展，构筑美好数字生活新图景，满足新需求；加快生活数字化转型，需要进一步深入基层了解人民群众"急难愁盼"问题，针对生活各领域的需求，建设数字化应用场景，如打造数字医院、数字校园、数字交通、数字养老等。治理领域数字化转型主要体现为以治理数字化推动治理现代化，将数字技术广泛应用于政府管理服务，建设数字政府，推动政府治理流程再造和模式优化，优化政府组织结构，推进政府职能转变，打造城市治理新范式，优化新环境。

3.2 跨越老年数字鸿沟的 TSEL 理论模型

3.2.1 TSEL 理论模型建构

党的十九届五中全会正式将积极应对人口老龄化上升为国家战略。2021年11月，《中共中央、国务院关于加强新时代老龄工作的意见》明确强调要积极应对人口老龄化国家战略，要把积极老龄观、健康老龄化理念融入经济社会发展的全过程[1]。随着我国人口寿命的进一步延长和健康状况的进一步改善，我们应当将老年人视为经济社会的参与者、贡献者与共享者，而非仅仅是社会的供养对象[2]。而在数字时代，以互联网为基本特征的信息技术拥有赋权、促进社会参与和延展社会网络等功能，是实现积极老龄化和健康老龄化的重要手段。[3]在这样的背景下，跨越老年数字鸿沟逐步成为全社会的重要关切。

弥合老年人数字鸿沟是城市数字化转型中的重要一环，如何发挥数字老龄化的中国优势，需要融合城市数字化转型进行整体考虑。上海《城市数字化转型白皮书（2021）》中提出"业务-技术-环境"（Business-Technology-Environment，BTE）三位一体的BTE城市数字化转型模型，表示在城市化转型中，要将业务置于核心位置，着眼于业务效率提升和资源的优化配置；技术是城市转型发展的工具，围绕数据核心要素，对5G、人工智能、大数据、区块链、物联网等新一代信息技术综合应用；环境是城市转型发展的沃土，涵盖区域体制机制改革、投融资模式、商业与运营模式等。城市数字化转型不是业务、技术、环境的简单叠加，"业务-技术-环境"三个维度的因素相互协同、互为促进，推动城市数字化转型全面发展。

从城市数字化进一步聚焦到数字老龄化，在城市数字化转型BTE模型的基础上，结合数字化转型作用机理，由数字化转型全量视角聚焦到弥合老年鸿沟对象视角，构架跨越老年数字鸿沟的TSEL（Technology-Scene-Environment-Literacy）理论模型（图3-1）。模型以人本主义理念为指导，锚定数字鸿沟的接入沟、使用沟、知识沟和空间环境，以老年人的生活情境服务为中心，利用信息技术对场景服务进行基础服务低门槛建设，个性服务适老化改造，同时通过数字反哺、数字互助和数字教育开展对老年群体的数字素养培育，既要"授之以鱼"又要"授之以渔"。跨越老年数字鸿沟，技术支撑是降低老年人数字使用门槛，无障碍参与数字服务的前提；场景导向是贴合老年群体实际生活场景需求，激发学习数字技术内生动力的关键；素养赋能是培育老年人数字素养，使老年人数字能力可持续发展的内在要求；环境普惠是构建年龄友好技术普惠社会，发展积极老龄化的保障。

---

1 中共中央 国务院关于加强新时代老龄工作的意见 [EB/OL].[2021-11-24].http://www.gov.cn/zhengce/2021-11/24/content_5653181.htm.
2 杨菊华,刘轶锋.数字时代的长寿红利：老年人数字生活中的可行能力与内生动力 [J].行政管理改革,2022(01):26-36.
3 TIRADO-MORUETA R, AGUADED-GÓMEZ J I, GÓMEZ H. The socio-demographic divide in Internet usage moderated by digital literacy support[J]. Technology in Society, 2018, 55: 47-55.

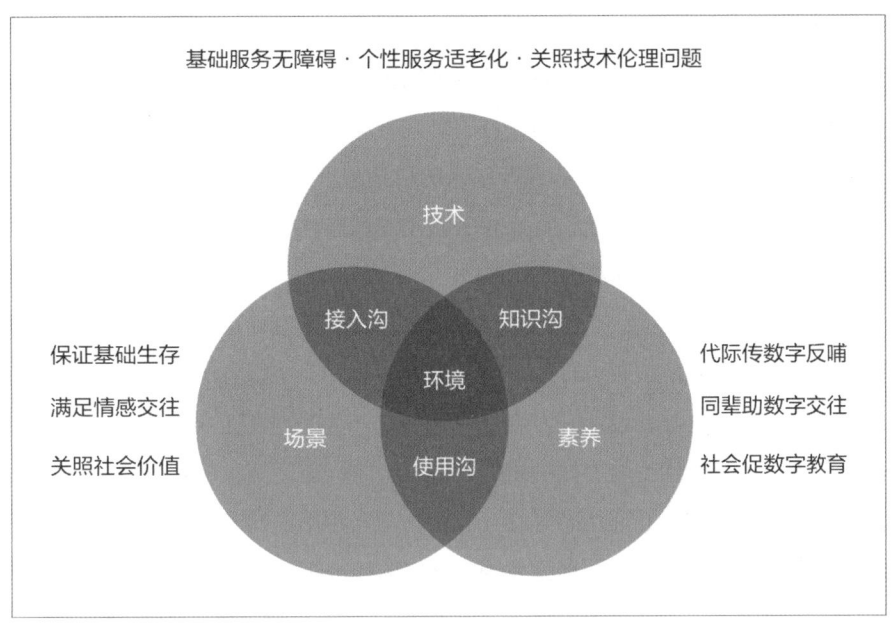

图 3-1 TSEL 理论模型
来源：李宝敏团队绘制

3.2.2 TSEL 理论模型要素

1. 技术支撑

基础服务无障碍。老年人接受并使用数字技术的第一道门槛即为接入门槛。技术作为数字时代的一种权威，参与到当代生活的方方面面。但信息通信技术的存在"并没有平等地改变每一个个体的生活"[1]，技术发展缩短了电子设备和网络技术更新换代的时间，设备的智能化程度和网络连接速度不断提高。但电脑或移动设备的购买价格、上网的经济成本却成为许多老年人拒绝数字化接入的技术因素[2]。同时，数字设备也应考虑老年群体的使用习惯。美国科技公司思科（Cisco Systems）的一份报告提出，手机等电子设备上的"小按钮、精细控制和不必要的复杂界面"，让老年人望而生畏。所以使老年人接受新技术，要提升数字产品和服务的包容性。设计对老年群体无障碍、友好、包容的数字产品和服务。

---

1 CARROLL J M, BACH P, ROSSON M B, et al. Community IT work shops asa strategy for community learning[J/OL]. [2022-11-17]. http://www.uic.edu/htbin/cgiwrap/bin/ojs/index.php/fm/article/view/2052/1955.
2 刘海明，马晓晴. 断裂与弥合："银发数字鸿沟"与人本主义伦理建构 [J]. 新闻爱好者，2021(03):18-22.

个性服务适老化。跨越数字鸿沟要贴近于老年人生产生活的实际需求，设身处地地理解老年人如何适应赖以栖身的新技术社会。老年群体数字技术接纳行为研究中，技术的功能性和可用性将影响老年人使用技术的信念。而对技术原理与使用方法的不理解会造成老年人的科技恐惧情绪[1]。探索并理解影响老年群体技术设备使用的因素，提高相关应用的适老性，将帮助老年使用者逾越障碍，达到技术福祉的利益最大化[2]。

关照技术伦理问题。长期以来，老年产品或设备设计存在难以克服的"拉图尔分歧"（Latourian Divide）[3]，这一分歧是指产品或设备的设计者和老年使用群体间的视角分歧。设计开发者往往聚焦于产品的物理性变量（如耗电量或空间位置）、生理性变量（如被试的视线或大脑兴奋度等），但较少关注到生活习惯、社交情境与心理状态等交互因素，与老年用户的实际体验脱节。如一项关于远程护理设备使用的观察发现，这些监控或报警设备被视为干预私人世界的"入侵者"，老年人对其安装与使用往往并不符合技术要求[4]。数字技术应只在老年群体需要的时候出现以解决问题，不能被当作引领他们生活变革的工具[5]。老年群体在信息科技全面介入生活时既应使需求得到满足，又理应受到技术的尊重[6]。

2. 场景导向

老年人使用数字技术的内生动力与他们的实际生活使用场景息息相关。从认知学习的角度，美国认知心理学家布鲁纳（Jerome Bruner）在1966年提出，学习的最好刺激是对所学内容的兴趣，而使人产生兴趣的最好方式是认为这些知识值得学习。在现实生活中，许多公共政策在瞄准老年人的能力建设后，并未取得相应的预期成效。政府经常举办提升老年人数字素养的活动，但老年人却对此并不感兴趣，许多老年人也用"老了不行了""不想动脑筋"等话语来

1　王恩豪. 农村老年群体的智能手机使用及其影响研究[D]. 郑州：郑州大学，2019.
2　CHEN K. Why do older people love and hate assistive technology? An emotional experience perspective[J]. Ergonomics, 2020, 63(12):1463-1474.
3　ALEXANDER P, LOUIS N. From intervention to co-constitution: New directions in theorizing about aging and technology[J]. The Gerontologist, 2019, 59(01):15-21.
4　MORT M, ROBERTS C, POLS J, et al. Ethical implications of home telecare for older people: A framework derived from a multisited participative study[J]. Health Expectations, 2015, 18(03): 438-449.
5　HERNANDEZ-ENCUENTRA E, POUSADA M, GOMEZ-ZUNIGA B. ICT and older people: Beyond usability[J]. Educational Gerontology, 2009, 35(03):226-245.
6　王永梅，刘建兵. 信息科技介入我国老年人生活的现状及问题研究[J]. 老龄科学研究，2014,2(10):42-51.

解释自己数字技术利用上的劣势。所以激发老年群体学习数字技术的内生动力，要针对老年群体的实际生活场景需求。

根据老年人内生动力和需求层次的不同，将老年人的数字生活场景分为基础生存场景、情感交往场景和社会价值场景。基础生存场景包括老年人的衣食住行等生活必要条件；情感交往场景主要指满足老年人沟通分享、休闲娱乐需求的数字场景；社会价值场景主要指满足老年人参与社会公共事务、学习发展的需求场景。不同的场景中，人们扮演不同的社会角色，拥有着不同的社会关系，所以场景与服务的匹配就更为关键。对于差异化场景，要保证老年人基础生存、满足老年人情感交往、关照老年人的社会价值，用不同的技术支持策略来帮助老年人融入数字生活，共享数字红利。

我们同样要考虑到，部分老年人在特定的场景下，数字技术未必会使生活更加便捷。刘海明和马晓晴在弗洛姆人本主义社会伦理思想的基础上，提出要警惕信息垄断。他们指出，数字化转型就像高速旋转的离心器，被甩出去的人可能是年龄大的人，也可能是低收入群体，这些人群是动态变化的。因此，需要考虑如何用数字化支撑服务便利化，而不能将数字化等同于便利化。[1] 互联网在飞速发展过程中，我们既要耐心等待适应能力差、学习速度慢的老年人，也要考虑到部分不愿因互联网而改变原有生活方式的老年人；尊重并让他们维持自己熟悉的生活方式，也是数字友好型社会环境的体现。

3．素养赋能

跨越老年人数字鸿沟，为老年人架起通向数字化的桥梁，还需要弥合知识沟，也就是培育其数字素养。数字素养（Digital Literacy）在学界并不是一个新的概念，从20世纪90年代中期就有学者开始关注数字素养[2]。此后，其内涵不断丰富和发展。在此过程中，其话语体系也经历媒体素养、计算机素养、信息素养的迭代和演变。数字素养并不等同于信息素养、计算机素养、网络素养和媒体素养等概念，其是信息素养在数字时代的升华与拓展。[3] 任友群教授将数字素养定义为：在工作、就业、学习、休闲以及社会参与中，自信、批判和创新性使用信息技术的能力[4]。

---

1 刘海明，马晓晴. 断裂与弥合："银发数字鸿沟"与人本主义伦理建构[J]. 新闻爱好者，2021(03):18-22.
2 LANKSHEA C J, KNOBEL M. Digital literacies: Concepts, policies and practices[M]. New York: Peter Lang Publishing, 2008.
3 朱红艳，蒋鑫. 国内数字素养研究综述[J]. 图书馆工作与研究，2019(08):52-59.
4 任友群，随晓筱，刘新阳. 欧盟数字素养框架研究[J]. 现代远程教育研究，2014(05):3-12.

在城市与农村建设数字化转型的背景下，老年群体所面临的数字融入困境是现实存在的，越来越多基于生活场景的数字需求，成为推动老年群体数字化学习的现实动力，提升老年数字素养的需求迫在眉睫。老年人数字素养的教育模式应该基于他们不同的需求和困境，考虑他们典型生物学、心理和社会特征，在个性化、合作、协作和有意义的学习框架下发展其数字素养。从提供数字教育者的社会身份划分，数字素养培育路径可分为数字反哺、数字互助和数字教育。

老年人的数字素养需从家庭这一最小社会单位为起点进行数字反哺，在日常生活中，子女不应只是新媒体设备的提供者，还应向父母传授更多新媒体技术知识，帮助父母通过新技术增强与社会的联系和交流；整合社区资源，用好 15 分钟生活圈，依托社区文化活动中心、社区服务站开展丰富多样的数字能力与素养教育活动，发挥基层党员、社区工作者、志愿者和朋辈群体主动帮扶和协助身边老年人学习互联网智能技术，积极开展老年人数字互助；联合社会各方力量，整合非政府组织、社会服务机构，以及高校、互联网企业等其他社会力量，共同构建老年人数字教育体系，整合公益资源、教育资源和技术资源，丰富培训内容，提升培训质量，为老年人提供终身化的数字教育，实现全社会老年人口数字素养的提升。

4．环境保障

保障数字化生活的权益既是社会对作为弱势群体的老年人应尽的道德义务，也是全社会应共同遵循的底线伦理原则。数字老龄化在发展积极老龄化行动方案的基础上，必须重视老龄社会新形态下的老年数字健康、老年数字参与和老年数字保障。如果缺乏行动支撑的塑形，数字老龄化就容易走向偏离，要么局限于狭隘的数字技术应用，要么丧失老龄化的公共性内涵[1]。优化社会环境，构建年龄友好技术普惠社会，需要政策上加强顶层设计引领数字普惠发展；机制上完善多主体多领域协同普惠机制；技术上运用数字技术手段加快普惠发展；平台上推动数字资源供给侧结构性改革；氛围上筑牢数字安全友好普惠社会环境。

尽管随着全球人口老龄化步伐的加快和社会对数字技术的依赖不断加强，信息和知识逐渐成为社会发展的主要力量，鼓励老年人参与数字生活成为主流

1　朱荟. 数字老龄化的中国优势：释放数字红利[J]. 中国特色社会主义研究，2022(02):79-88.

共识。但我们仍需警惕技术威权主义,明确跨越老年人数字鸿沟的出发点在于使老年人在数字时代享受幸福生活,对干涉数字时代老年人的生活选择进行道德纠偏。一切技术的发展都应以人的自由为中心。只有坚持"以人为本"的理念,才能破解技术发展的二律背反这一现代性困境[1]。

---

[1] 刘海明,马晓晴.断裂与弥合:"银发数字鸿沟"与人本主义伦理建构[J].新闻爱好者,2021(03):18-22.

第 4 章

优化设备设施，促进技术友好向善发展

4.1 数字基础设施建设

丰富数字资源供给，优化完善数字资源获取渠道。加快千兆光网、5G 网络、互联网协议第六版（IPv6）等新型基础设施建设部署，不断拓展网络覆盖范围、提升网络质量，提高数字设施和智能产品服务能力。加大适老化智能终端供给，推进互联网应用适老化改造，加快推动信息无障碍建设，打造服务无障碍，运用数字技术为老年群体生活、就业、学习等增加便利[1]，通过政府、企业、市场三方共建、共治、共享创造一个积极的老龄化友好社会。

4.1.1 数字基础设施内涵

1. 基本特征

基础设施建设过程中最显著的特点是高投资。数字技术作为数字基础设施建设的支撑和驱动力，具有较强的成长性和高的迭代速度，因技术不断创新，标准不断提升，先进的数字基础设施建设通常需要投入更多资金以应对高额的管理费用和相关成本，更倾向于在人口密集、经济密集，且能实现高收益的地区。

2. 主要目标

数字基础设施建设激活并推动了日常生活场景和众多公共服务的"数字化"

---

[1] 国务院办公厅印发关于切实解决老年人运用智能技术困难实施方案的通知[EB/OL].(2020-11-24)[2022-07-15]. http://www.beijing.gov.cn/zhengce/zhengcefagui/202011/t20201124_2144381.html.

设置。但与之不匹配的是，高昂的数字接入成本往往是阻碍边缘群体快速融入数字化社会的门槛，导致老年人群成为非数字用户而面临被边缘化的风险。化解这一问题，需要使数字基础设施达到物理上可获得、技术上可连接以及经济上可负担。

数字硬件基础设施通常定义为千兆光网、5G网络、IPv6等城市新型基础设施建设部署，在数字鸿沟中通常定义为可接入网络的数字设备、宽带等。

数字基础设施物理上的可获得是在经济欠发达地区或落后地区低收入群体及其他弱势群体能够融入数字化社会的门槛；技术上的可连接是对数字基础设施建设来说，依靠技术在宽带覆盖、网络等资源要素和硬件，为农村或偏远地区的非数字用户提供实现"数字化融入"的可能性；经济上的可负担是指相对于收入和互联网市场竞争水平的接入成本。联合国宽带促进可持续发展委员会的目标是到2025年使发展中国家负担得起宽带价格，并将可负担性定义为宽带价格低于人均每月国民总收入（GNI）的2%[1]。

4.1.2 数字基础设施问题

数字基础设施可获得、可连接又称为数字访问的可及性，通常定义为数字访问所需的硬件设施质量、宽带覆盖广度以及网络传播速度。数字访问的可及性作为信息获取工具是迈入数字世界的第一道门槛，基础设施接入的差距会对弥合数字鸿沟带来根本性的影响。第50次《中国互联网络发展状况统计报告》指出，截至2022年6月，我国的非网民规模为3.62亿，其中，因为数字设备不足而不上网的占非网民的16%，仅次于使用技能缺乏和文化程度限制[2]。

1．数字访问的可及性

1）硬件基础设施不足

由于先进的数字基础设施建设通常需要投入更多资金以应对高额的管理费用和相关成本，更倾向于在人口密集、经济密集，且能实现高收益的地区。因此，在经济发达的国家和地区，拥有数字技能的人口比例往往更高。而数字经济和平台经济的好处更多地惠及那些拥有足够数字技能人口的国家，所以低收入和

▲ 1 李婉，张国胜. 跨越"数字鸿沟"的数字基础设施建设供给政策研究[J]. 当代经济管理，2022,44(11):24-30.
2 第50次中国互联网发展状况统计报告[EB/OL].[2023-03-03].https://www.cnnic.net.cn/n4/2022/0914/c88-10226.html.

中低收入群体的国家和地区将因缺乏基本的计算机、编码和数字技能进一步落后。

2）宽带普及覆盖率低

城乡发展差距较大，以城带乡难度大。数字乡村建设本身基础薄弱，缺乏大量专业人才及建设资金。截至 2022 年 6 月，我国城镇网民规模达 7.58

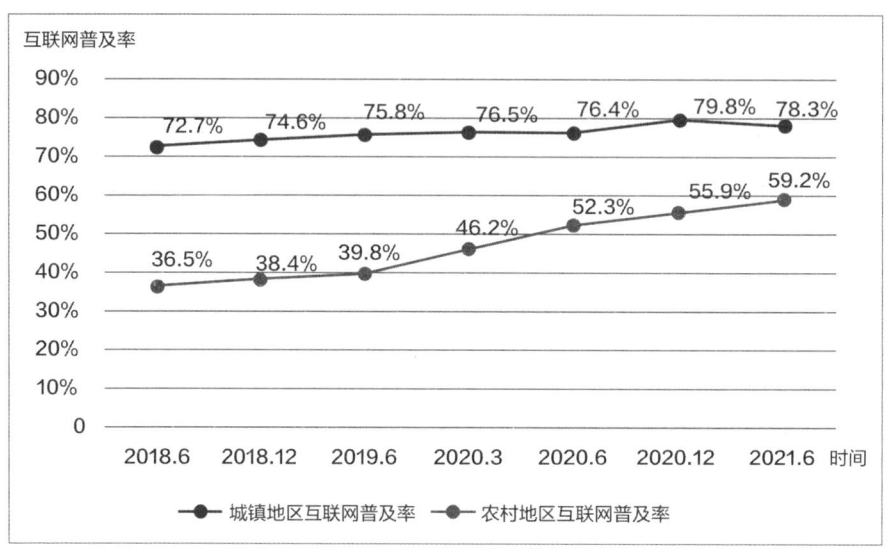

图 4-1　城乡地区互联网普及率
来源：作者改绘自第 50 次中国互联网发展状况统计报告 [EB/OL].[2023-03-03].https://www.cnnic.net.cn/n4/2022/0914/c88-10226.html.

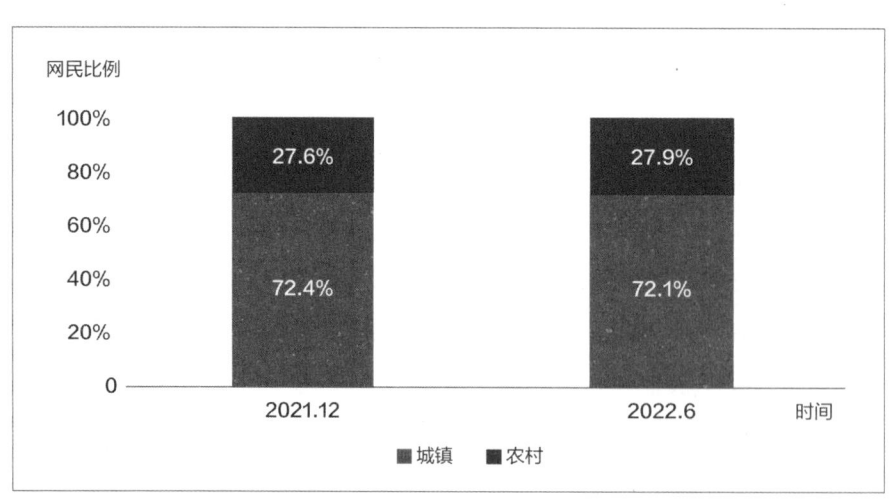

图 4-2　网民城乡结构
来源：作者改绘自第 50 次中国互联网发展状况统计报告 [EB/OL].[2023-03-03].https://www.cnnic.net.cn/n4/2022/0914/c88-10226.html.

亿，城镇地区互联网普及率为 82.9%；农村网民规模达 2.93 亿，占整体网民的 27.9%，农村地区互联网普及率为 58.8%（图 4-1、图 4-2）。数字乡村建设与智慧城市建设相比发展相对缓慢，导致智慧城市与数字乡村建设协同发展面临诸多挑战。

数字乡村发展后力不足，整体建设缺乏规划。截至 2021 年 6 月，我国行政村通光纤和 4G 的比例均超过了 99%，城乡差异有所减小；在新技术的应用普及方面，新的数字鸿沟仍在不断产生，截至 2022 年 11 月，全国所有地级市和县城城区均已实现 5G 网络覆盖，实现了"市市通千兆""县县通 5G""村村通宽带"，城乡数字鸿沟在新技术的应用普及方面短期内难以有效消除[1]。

3）数字资源不均衡

网络传播速度不一致。无论是实际上网人数，还是上网人数所占人口比例，东部地区都大大超过中西部地区。《2022 年第一季度全国移动网络质量监测报告》显示，2022 年第一季度，全国 5G 网络平均下行接入速率为 334.98Mbps，东部地区下载速率集中在 350—462Mbps，而中部地区和西部地区低于平均值，集中在 280—330Mbps，表现出了比较明显的差距[2]。

数据要素资源整体分布不平衡。从区域分布看，我国数据中心计算资源分布总体呈现明显的"东部不足、西部过剩"的不平衡局面。东部地区创新能力强，但算力基础设施资源紧张；中西部地区能源和算力资源丰富，但产业过于低端化。北上广深等一线城市数据中心已经处于饱和状态，但西部地区很多省份数据中心上架率还在 15%—30% 之间。近年来我国在内蒙古、宁夏、新疆等高寒地区建设了很多超大型数据中心，但受限于网络带宽和产业配套等因素，实际效果并不理想，网络布局、运营商竞争、结算和定价标准等问题导致网络延时问题频发。

2. 数字经济可负担性

高昂的通信成本同样是阻碍边缘群体快速融入数字化的门槛。我国经济发展实施"梯次推进"战略。西部地区由于经济基础、发展条件和政策环境的差异，数字基础设施建设欠发达地区往往对应着当地经济发展水平滞后的现实，使得该地区的消费偏好更倾向于需求弹性较小的生活必需品而非需求较低的数字基

---

1 第 50 次中国互联网发展状况统计报告 [EB/OL].[2023-03-03].https://www.cnnic.net.cn/n4/2022/0914/c88-10226.html.
2 全国移动网络质量监测报 [EB/OL].[2022-06-23].https://pdf.dfcfw.com/pdf/H3_AP202206071570627843_1.pdf?1654634036000.pdf.

础设施建设，在消费观念和经济收入的双重约束下，对数字服务的需求难以突破负担能力阈值，逐步形成东、中、西的梯次格局，中西部地区数字化程度相对较低。

4.1.3 包容的数字基础设施对策

1．普及的数字基础设施

1）政府引领干预

（1）鼓励利用共享基础设施，加快关键基础设施建设

政府应该积极探索数字电信领域共享基础设施的潜力，加快关键基础设施的可用性，增加数字获取能力，使全国各地区所有群众能更好地利用互联网和数字通信技术。如通过管道或电杆部署光纤电缆，可以与道路、铁路、输电网、污水处理、管道等基础设施工程同时进行。

（2）通过政策与资金支持，确保数字基础设施全面接入

政府通过立法及资金支持全国宽带网络的部署，提供超高速宽带有线网络。推动数字普惠，加大对欠发达地区数字政府建设的支持力度优化数字公共产品供给，加快消除区域间"数字鸿沟"[1]。积极落实困难家庭免费升级百兆宽带实事工程，让老年等困难群体受到实实在在的提速降费政策红利，为老年群体深度融入数字社会，提供有力科技支撑。

2）政企合作机制

（1）政府政策推动

弥合基础设施数字鸿沟的企政合作机制不能只在局部地区运行，它的运行范围需要一个覆盖广泛的有机网络。政府强劲的推动力带来了数字基础设施建设的高峰，密集的政策倾斜从多维度缩小了数字鸿沟，通过税收刺激方案和财政拨款鼓励、引导和撬动各类资本与政府合作参与基础设施建设。同时，制定全国发展数字基础设施建设一系列技术、财政政策，目的是降低门槛，在资本投入、市场准入方面创造一个快速发展的环境。

（2）企业合作建设

在企业能够有效帮助政府节省财政资金的前提下，提升数字基础设施建设的供给效率和质量。需要充分调动企业在经济方面持续参与数字基础设施建设

---

[1] 国务院关于加强数字政府建设的指导意见 [EB/OL].(2022-06-23)[2022-07-15].http://www.beijing.gov.cn/zhengce/zhengcefagui/202206/t20220624_2750353.html.

的积极性，一方面，企业与政府开展密切合作，在基础建设方面发挥重要作用；另一方面，企业在承担合作责任的同时，也能获得政府在新技术应用、制造业再发展、新商业模式形成等方面的政策支持，满足了自身发展的利益需求。

3）"三轮驱动"模式

引入"政府+市场+社会"模式，形成政府兜底、有效市场发力、社会力量补充的"三轮驱动"模式。通过有技术和资金优势的企业与普惠价值取向的社会力量的合作模式，政府通过授权企业进行项目的投资建设和运营并辅以财政支持和政策优待，引导社会力量进入，向弱势地区或群体提供资源和服务，形成一个包含政府、市场和社会力量的"三轮驱动"模式，消解数字基础设施建设的高投资性质和需求方普惠性要求之间的矛盾和冲突，填平数字基础设施建设引发的数字鸿沟问题。

2．安全普惠的数字接入

推动安全普惠的数字接入需政府、企业和社会合力。政府部门充分发挥带头引领和监管作用，提供"普遍、可及"的电信服务，让老年人群体一样享受到先进的电信服务，帮助老年人跨入信息时代的大门。

政府应持续开展电信普遍服务试点，推进行政村移动网络深度覆盖，加强偏远地区养老服务机构、老年活动中心等宽带网络覆盖。通过立法等政策引导基础电信企业为面向老年群体，开展精准降费，推出专属优惠资费，合理降低手机、宽带等通信费用，减轻弱势群体的数字负担，营造数字负担能力的公平环境[1]。另外，政府应该出台相关规范文件，监管企业等市场主体行为确保数字接入的安全。

企业深入老年人生活场景、汇聚服务能力、依托先进的网络能力及产业能力，不断提升老年人通信服务便捷性和智能化服务水平，向老年人群体推出针对性产品资费及服务，充分满足银发客户通信上网需求，促进互联网在老年人群体中的使用率。针对近年来高发的网络通信诈骗，利用先进的数字技术，提供骚扰电话、诈骗电话智能拦截服务，规避潜在风险，为老年人营造安全可靠的数字环境。

引入市场与社会力量。应倡导老年人融入社区，整合多元社会力量为老年人提供上网设施和使用指导，并推动社区、图书馆、文化馆、博物馆等社会公

---

[1] "双千兆"网络协同发展行动计划（2021-2023年）[EB/OL].(2021-03-24)[2022-07-15].http://invest.beijing.gov.cn/xxpt/tzzc/gjzc/gjcggl/202103/t20210326_2330232.html.

共机构的数字公共基础设施的接入,并鼓励承接"老年人信息化项目",更好地发挥数字时代信息传播和提升信息公平的职能。

4.2 适老化设备改造

4.2.1 适老化的数字设备内涵

弥合老年数字鸿沟,既要着眼于线上适老化,不断发展年龄友好智能技术,也要关注线下适老化,完善非数字公共配套服务机制建设。线上适老化建设应突出"科技向善"理念,倡导企业将经济效益与社会效益相统一,主动承担更多社会责任。中国互联网络信息中心(CNNIC)发布的第49次《中国互联网络发展状况统计报告》数据显示,促进非网民接入互联网的主要因素依次是方便与家人亲属沟通联系(30.7%)、方便获取专业信息如医疗健康信息等(29.4%)、提供无障碍使用的上网设备(29.3%)和免费提供上网培训指导(28.5%),适老化为老年人的数字接入提供了更简单易用的"老年模式"或"大字模式"[1]。老年群体在接入、使用互联网的过程中受到了来自政府、市场、家庭和社会的大量介入,帮助他们实现数字基础设施的接入。适老化设备的改造应该着眼于老年数字鸿沟的接入沟、使用沟、知识沟三个方面,让老年人真正便捷地使用数字设备。

1. 适老化降低数字设备的使用门槛,提高使用的便利性

随着年龄增长,视力、听力、记忆力、手指关节灵活性、腿脚行动能力等生理机能衰退限制了老年群体的媒介选择范围,通过对于数字设备的适老化改造,利用使用成本更低、使用更便利、体验感更好的适老化设备及适老化的网络音频和图文媒介,作为满足日常信息获取、休闲娱乐、社交等需求的重要工具,能够降低老年群体跨越接入沟的难度。

2. 适老化改造重塑用户的使用行为与想象

通过适老化网络音频和图文使数字设备变成一种技术友好的媒介,不利用复杂性和信息差为难甚至欺瞒老年用户,更多地将使用权和掌控权让渡给使用

---

[1] 第49次中国互联网发展状况统计报告[EB/OL].[2022-05-29].https://www.cnnic.net.cn/hlwfzyj/hlwxzbg/hlwtjbg/202202/P020220407403488048001.pdf.

者。界面设计采用大字体和宫格布局；内容呈现按主题分类，强调简洁明了；削弱转发、评论等社交功能；无广告、弹窗、浮窗及诱导类按键。大字模式作为适老化改造结果，功能减少，但强调"大字""简洁""清爽"等核心特征，能高效地引导用户使用、找到所需要的功能。媒介技术简单化、平等化，拒绝技术凌驾于人之上的需求，能够有效简化数字设备的使用，弥合数字使用的鸿沟。

3. 适老化设备为弥合老年群体的知识鸿沟提供新思路

数字媒介拓宽了人们获取知识的途径，将图文信息转化为声音信息等其他更容易被人接收的信息。将知识生产和再生产过程有机融合，不仅仅是生活娱乐工具，而是逐渐从功能性使用转向知识获取以及有形和无形的价值产出，成为一种新兴的知识消费、消费产品和消费场景创新。通过适老化设备的使用，使老年人成为数字时代的阅读者、学习者、照顾者、内容生产者等多重角色，主动参与、融入、改变数字化社会，这为解决老年群体的数字鸿沟问题提供了新的思路和新起点。

4.2.2 适老化设备改造问题

数字技术已渗透到生活的各个方面，但很多企业在数字化技术创新方面存在盲区，尤其是针对老年数字弱势群体诉求的数字应用及产品设计相对缺乏，存在市场有效供给不足、产品服务质量不高、社会普遍认知不一等问题，在数字化应用的易用、可用、有用等方面仍有较大改进空间。

1. 市场有效供给不足

技术化发展以青壮年为主要受众，求新求快，忽视了老年人、残障人士等数字弱势群体的实际需求。市场缺乏与数字弱势群体特性相匹配，与生活紧密关联的电子产品和网络服务软件，导致数字弱势群体被拒绝在数字化门槛之外。

2. 产品服务质量不高

当前，尤其是疫情过后，出行、支付、购物等生活场景都与数字化应用息息相关，但我国公共服务类网站及移动互联网应用无障碍化普及率较低，多数存在界面交互复杂、操作不友好等问题，普遍存在图片缺乏文本描述、验证码操作困难、相关功能与设备不兼容等问题，使得数字弱势群体不敢用、不会用、不能用，给数字弱势群体共享数字生活带来了困难。

3．社会普遍认知不一

2021年年初，工业和信息化部印发了《互联网应用适老化及无障碍改造专项行动方案》，企业随之展开了网站及APP的"适老化及无障碍改造"。但从上线老年版的模式来看，没有统一的标准，没有统一的命名，有的叫大字版，有的叫关怀版，有的叫长辈版，基本都是浮于表面，没有满足老年人的真正需求，可能仅是为了应付政府相关部门的要求，并没有真正把工作落到实处。

4.2.3 提升智能设备的适老化程度对策

1．适老化改造"多点开花"

弥合老年数字鸿沟，既要着眼于线上适老化，不断发展年龄友好智能技术，突出"科技向善"理念，也要关注线下适老化，完善非数字公共配套服务机制建设。数字融入呈现出单向、被动的特点，在数字设备的设计上出现了不少初衷善意，但从使用效果及社会影响上反而将老年人进一步推落至数字鸿沟的产品或情况。

1）政府政策指引

顶层设计规范适老化改造。中央和各地政府应该高度重视适老化改造，助力老年人等重点受益群体平等便捷地获取、使用互联网应用信息。国家出台了一系列政策规范互联网应用适老化及无障碍改造行动，明确互联网应用改造的标准规范及评测要求等，为互联网企业开展相关工作提供指引[1]。同时，鼓励企业围绕老年人生活场景，加强无障碍信息通用产品、技术的研发与推广应用。

推进基础设施适老化改造。由政府牵头，积极推动对公共场所进行适老化改造，完善老年人出行、就医、就餐、购物等高频使用场景中的通信系统、语音导航、导览和导盲系统建设；加强慢行交通、无障碍和适老化设施建设；构建老年人友好型社区，营造老年友好的生活环境。

政府带头引领适老化改造。应当规范政府网站和政务新媒体平台适老化改造，由各市政务服务数据管理局统一开发或采购的适老化组件，提供给政府网站使用，确保按照统一标准及规范对各政府网站进行改造，保证老年人在浏览

---

[1] 第49次中国互联网发展状况统计报告[EB/OL].[2022-05-29].https://www.cnnic.net.cn/hlwfzyj/hlwxzbg/hlwtjbg/202202/P020220407403488048001.pdf.

政府网站的所有页面时，各项功能均发挥作用。同时，监管市场、企业等机构的适老化改造工作。

2）市场合作响应

市场与社会主体逐渐成为弥合数字鸿沟的生力军。强化政府和市场之间的纵深合作，形成长效机制和可持续发展模式。在适老化改造方面，政府强劲的推动力和密集的政策倾斜从多维度缩小了数字鸿沟，市场则可缓解庞大的资金需求以及技术上的限制，来提升适老化产品的供给效率和质量。通过政府顶层设计的规范指引，围绕手机、彩电等智能终端产品的屏幕显示、音频控制、远程辅助等适老化功能，明确具体技术要求，为终端企业设计和生产提供了规范指引，解决市场有效供给不足的问题。

2. 全方位优化使用体验

1）政府顶层设计，提供政策指引

提高信息无障碍水平。政府部门应该规范、督促各场景的适老化改造工作，在"健康码"使用、就医服务、金融服务、政务服务等115个公共服务类网站和43个手机APP完成适老化及无障碍改造，围绕老年人获取信息的需求，优化界面交互、内容朗读、操作提示、语音辅助等功能，切实改善老年用户在生活中各场景使用互联网时的体验，推广应用微信、微博、微信小程序、便民热线预约服务等创新方式，为老年人、残障人士等提供多样化、便利化的无障碍信息服务[1]。

服务无障碍。聚焦医疗、出行、消费、办事、文娱等老年人日常生活涉及的高频事项、服务场景，开通线上、线下多种服务渠道，在留住传统服务、简化办事流程、升级智能系统、普及技术应用等方面，及时制定落实举措，打通各部门数据，紧贴老年人需求特点，提供更多智能化适老政务服务，促进智能技术有效推广应用，让老年人能用、会用、敢用、想用[2]。

2）企业网络媒体产品适老化改造

产品设计以老年用户为中心。采用多种方法充分挖掘老年人日常生活中面临的适老化问题，注重改造的科学性，提高针对性。充分吸收和采纳老年人对适老化改造的意见和建议，形成初步的适老化改造方案。通过虚拟现实技术，

▲ 1 北京市人民政府关于印发《北京市"十四五"时期交通发展建设规划》的通知 [EB/OL].(2022-05-07)[2022-07-15].http://www.beijing.gov.cn/zhengce/zhengcefagui/202205/t20220507_2704320.html.
2 我市多举措帮助老年人跨越"数字鸿沟"涵盖日常生活中的高频事项、服务场景 [EB/OL].(2021-02-02)[2022-07-15].http://www.tj.gov.cn/sy/tjxw/202102/t20210202_5344858.html.

老年用户充分感受适老化改造后的效果,并观察他们体验过程中的动作、表情以及在体验过程中的问题与抱怨,推动对改造方案的再次完善,完善产品服务治理,实现真正意义上的适老化改造。

改善网络媒体产品内容和表现方式。充分发挥数字技术的优势,通过适老化网络音频和图文使数字设备变成一种技术友好的媒介。不利用复杂性和信息差为难甚至欺瞒老年用户,更多地将使用权和掌控权让渡给了使用者,界面设计采用大字体和宫格布局;内容呈现按主题分类,强调简洁明了;削弱转发、评论等社交功能;无广告、弹窗、浮窗及诱导类按键,通过数字技术,高效地、正向引导用户使用、找到所需要的功能。

3. 创新适老化产品,鼓励发展银发经济

扩展老年产品的应用深度,努力满足老年人多层次、多样化的需求。政府部门应该持续扩大适老化产品供给,引导企业积极利用互联网、大数据、人工智能、5G等先进数字技术和智能硬件在老年用品领域的深度应用,围绕老年人生活中的出行、就医、就餐、购物等高频使用场景,进行老年用品关键技术和产品的研发、成果转化、服务创新及应用推广。

制定标准引导银发经济有序发展。政府应加快有关标准制修订,指导电商平台利用网络连接线上线下的优势,持续开展老年用品购物活动[1];不断优化"老年友好型"数字化场景应用,真正让"老年友好型"数字产品成为"银发经济"的新兴力量,让老年人能用、会用、敢用、想用[2]。

4. 提升全社会的适老化意识

提升政府、企业、家庭认知,并形成完整的适老化观念,在适老化改造的必要性、全面性、紧迫性上形成社会共识,需要政府部门建立有效协同创新机制,探索完善适老化产业化推进的机制;企业需要提升内在驱动力,全方位整合资源力量,充分调动各方积极性,推动兜底性、普惠性、多样化三种路径协同发展。

1)政府层面

加强思想引领,坚持以人为本。政府应当强调数字科技的发展必须以人为本,以人权保障作为最高价值和评价科技进步性的根本标尺,鼓励市场研发注

---

1 关于促进老年用品产业发展的指导意见 [EB/OL].(2019-12-31)[2022-07-15].http://www.gov.cn/zhengce/2020/01/22/content_5471545.htm.
2 国务院办公厅印发关于切实解决老年人运用智能技术困难实施方案的通知 [EB/OL].(2020-11-24)[2022-07-15].http://www.beijing.gov.cn/zhengce/zhengcefagui/202011/t20201124_2144381.html.

重提高智能养老产品的适老性，加快研发针对老年人隐私泄露的升级保护技术，以技术的受益群体为目标发展技术，坚持智能化和人性化并进，实现以人为本的数字包容。数字政府和电子政务的推广向行政服务转变，真正落实行政服务以人为本。

搭建科技创新平台。支持市场、企业等社会力量创新产品形态，探索服务模式；以需求为牵引，围绕老年人的生活场景，开展产学研用协同创新，推动关键技术、核心器件、重点产品研发创新，引导社会资本参与产业发展，助推产业升级，为企业灌输真正有意义的适老化产品意识。

加快行业推广应用。组织开展智慧养老产品系列会议、产业发展高峰论坛等活动，促进行业交流，扩大智慧健康养老产业影响力，吸引企业及社会力量参与。搭建线上线下示范场景，建设智慧健康养老体验馆，开展智慧健康养老产品及服务体验活动，增强老年群体对于适老化产品的体验和认知，培养使用习惯，加速相关产品服务渗透。

2）市场层面

推行社会适老化改造，需要全社会共同努力，加大投入力度，扩大适老化改造能够触及的领域和覆盖的人群。采用独立开发应用的形式提供用户使用，并且设置老年版本的快速链接，方便用户认知和下载安装适老版应用。

强化专业人才培养，逐步构建人才激励政策制度，扩大老年产品的社会影响力和认知水平。企业应该积极制定人才的激励措施，针对智慧养老服务行业出台岗位补贴、人才奖励等政策，建立合理的薪酬待遇上升机制以及职称晋升机制。

4.3 技术伦理适老关照

4.3.1 技术伦理适老关照内涵

1. 技术伦理的定义

温克勒（Winkler）和库姆斯（Coombs）区分了伦理学的三个子领域：生命伦理学、商业伦理学和环境伦理学；随后，《赫尔辛基宣言》和《贝尔蒙报告》确立了生命伦理的四条原则：不伤害、有利、尊重、公正[1]。人们提出伦理学

---

[1] 樊春良. 科技伦理治理的理论与实践 [J]. 科学与社会，2021,11(04):33-50.

的第四个领域——计算机伦理学,为信息技术开发人员和用户提供行为标准。

随着城市数字化转型的推进,5G、物联网和云计算技术不断融合,开始真正进入数字化时代。数字时代的技术伦理发生范围也更加广泛,一方面,数字技术是人类理性有意识、有目的的活动,不断地实现着人类的理想;另一方面,数字技术又成为一种自主的力量并按自己的积累方式演化发展着,成为某种试图将其自身规律强加于人类之上的外在控制力量[1]。虽然一些行为只是在虚拟的数字空间中对虚体发生的,但是同样能给人以某种真切的感受,进而在情感体验层面带来现实的影响。当我们将这些现象纳入伦理范畴考量时,数字技术创新和发展应该在遵循生命伦理的四条原则的前提下,朝着社会期望和社会所有个体接受的目标而努力,以使科学和技术的进步不断嵌入社会。

2. 技术伦理适老关照的概念和特征

1)技术伦理适老关照概念

在数字时代,数字化技术成为辅助老年群体提升其独立性和自主性,缩小弱势群体个体能力和其生活环境之间的间隔的重要工具。但是,对技术的担忧和恐惧很大程度上降低了老年群体的数字接触,这让他们在面对数字生活时产生消极心理,同时也在信息获取能力上和子代拉开了一道鸿沟。

数字技术伦理适老关照是指,技术上要尊重老年人使用数字技术的主体意愿,技术服务要从老年人使用的视角进行设计;数字技术应在老年群体需要的时候出现以解决问题,当老年人的生活为数字技术全面介入时,他们的需求应得到满足,他们亦理应受到技术的尊重。以科学的理念引领、以科技创新支撑养老服务的高质量发展,全民运用数字技能实现智慧共享、和睦共治的数字生活,数字安全保障更加有力,数字道德伦理水平大幅提升[2]。

2)技术伦理适老关照的特征

数字技术伦理适老关照要求站在利用数字技术服务老年人的基本立场,探析老年群体多元化、个性化的数字技术需求。通常从数字技术的技术层级、使用主体层级与监管层级三个层级剖析数字技术伦理适老关照特征。

(1)技术层级

一是数字技术在提升老年人的生活品质方面具有重要的效用,由于老年人

▲ 1 王荣江. 技术发展的二律背反与现代性的困境及出路:对现代技术的解构与重建[J]. 苏州大学学报(哲学社会科学版),2012,33(02):49-54.
2 详见:http://vocy.cn/vocy/vocyArticle/5853。

在某种意义上和残障人士都属于能力受限者，老年群体对数字技术的使用和适用处于弱势地位，他们的需求表达受市场利益影响而被忽视。二是以满足老年群体多元化、个性化的数字技术需求为目标，数字技术的创新主体需要坚持传统社会服务与数字技术创新并行，任何技术的产生和发展都应服务于人类社会，帮助人类获取利益，信息技术和大数据同样应为人类服务，不能成为限制人类自由和疏远人性的手段，坚持以科学的理念引领、以科技创新支撑老年人融入数字社会，促进数字社会的高质量发展。

（2）使用主体层级

站在老年人的立场，需要充分考虑老年群体的身体素质，对老年群体关爱与尊重，这些依靠单纯的智能技术无法实现。"技术"不能直接与"智慧"画等号，"智慧"不仅仅包含提高数字化设备的资源配置效率，更应该考虑老年人的身体因素，应在老年群体需要的时候出现以解决问题。对老年主体的爱与关心是确立他们自信的前提，使其在数字社会中获得爱（亲情、友情、社会情感）、归属感和认同感。这也是促进其积极融入数字社会的催化剂。同时，老年数字技术的设计、使用和分发必须遵循知情同意原则、伦理原则和尊重保护的原则。这些原则强调了我们每个社会个人所拥有的数据信息所有权，数据采集者必须尊重数据信息所有者的自主权利、知情同意和知情选择权利。通过科学实践与以人为本的原则有机结合，将以人为本的思想贯穿于整个发展过程，使信息技术和大数据更好地服务于人类社会。

（3）监管层级

社会监管对数字技术的伦理适老关照有着推动和保障作用。一是打造技术宽容的社会环境，充分联合各级政府、科研院所、行业组织、企业、线上社区等各方的合作力量。二是通过社会监管和伦理法规的制定保障数字技术的老年友好性，如通过伦理规制等形式，对各智能产品的开发者及设计者、人工智能产品进行道德伦理层面的自我监督与约束。在人工智能技术的应用和发展上进行技术伦理和社会伦理的双重规约，将伦理规范制度化，才能真正将伦理风险减少到最低。打造共治、共建、共享的老年友好型社会，保障老年群体"参与社会发展和共享发展成果"。

4.3.2 技术伦理适老关照面临的困境

对于技术层级和使用主体——老年群体而言，技术服务应该站在老年人的基本立场。技术接受上要尊重老年人使用数字技术的主体意愿，而目前的数字技术并未考虑到老年人综合素质。由于老年群体缺乏融入数字社会的机会、能力和素养，在与现代科技的互动过程中处于弱势地位，受到自身、家庭、社会和科技等诸多因素的共同影响，导致老年群体对于数字技术"不能用""不会用""不想用"和"不敢用"，给数字弱势群体共享数字生活带来了困难，而伦理规制缺乏与政策法规滞后的制约，成为数字技术伦理产生的重要因素。

1. 受制于技术的"不能用"

老年群体受到社会市场因素和自身生理因素的制约，导致数字技术"不能用"。技术的"智慧"内涵理解偏差，使得产品或设备的设计者和老年使用群体间的视角存在分歧。数字技术在设计初期并未被按照用户分类进行预期性建构，技术接受上没有充分考虑、尊重老年人使用数字技术的主体意愿，从老年人使用的视角进行设计。设计开发者往往聚焦于产品的物理性变量（如耗电量或空间位置）、生理性变量（如被试的观线或大脑兴奋度等），但较少关注到生活习惯、社交情境与心理状态等交互因素，与老年用户的实际体验脱节。市面上大部分智能产品与老年人适配时，并没有产生所预期的效果，老年人或者弃之不用，或者降低使用频率。如一项关于远程护理设备使用的观察发现，这些监控或报警设备被视为干预私人世界的"入侵者"，老年人对其安装与使用往往并不符合技术要求。当设备发生故障时，老年群体往往难以进行应对处理。

2. 缺乏学习能力导致"不会用"

受制于成长环境和教育环境的影响导致对于新技术的"不会用"。老年群体常使用报纸、广播、电视等形式单一、操作简单的传统媒介。而数字媒体复杂的设计等同于各种单一媒体的集合，在一个界面上堆放着显示、发声、上网、拍照、录像等功能，要使用任何一项功能都需通过相对复杂和烦琐的操作来激活。老年人自主学习适应能力不足，对于网络信息经常处于一种被动的、无意识的接收状态。老年群体大都缺少丰富的数字文化知识以及数字学习经验，使得很多年长者在接触新事物时感到迷茫和不知所措。如英文是互联网和移动应用中的重要的符号，网站域名、应用名称、输入法等常用的互联网工具里含有大量英文字母；在数字技术赋能新冠疫情防控时期，"健康码""行程码"等数字应用发挥了重要作用，但部分老年群体却因不会使用相应功能而"寸步难行"。

3. 社会影响导致"不想用"

新技术将老年群体排除在数字文化之外。由于年龄的差距，老年群体与网络青少年的网络亚文化几乎没有交集，健康养生、时事政策、国际政治、市场财经等是老年人群常谈论的内容，但很少成为年轻一代的网络热点和主流。老年群体的兴趣爱好能提供的"回报"较少，因此社会不太倾向于"投资"他们，所以网络商业化媒体便会选择数量更多的年轻群体作为目标市场，忽略生产适合老年人阅读的内容，使老年人在互联网的生成空间更加狭窄。同时，老年群体缺乏对互联网和在线学习的感知有用性。大多数网民认为互联网的主要好处是"有用"，然而很多 65 岁以上的非网民表示互联网对他们毫无用处。在大趋势上，互联网使用随着年龄的增长而下降，但对于互联网用户而言，电子邮件的普及实际上随着年龄的增长而增加，表明老年网民只对最简单和最实用的数字技能感兴趣。但是，现在大多数软件和网页使用流程烦琐、易用性不足，使得老年网民更倾向于使用其他简易的方式，如使用固定电话进行沟通，通过电视、报纸获取时事新闻，通过纸质书籍丰富精神文化等。

4. 对新技术的惧怕导致"不敢用"

一是对互联网的风险感知能力较弱。由于自身的数字素养较低，许多老年学习者害怕上网，对网络信息缺乏判断能力的老年用户很容易成为网上诈骗、阴谋、恶作剧和虚假新闻故事的牺牲品。普林斯顿大学和纽约大学研究发现，65 岁以上的成年人相信假新闻的可能性是 29 岁以下的人的 7 倍。[1] 由于对于互联网的风险感知能力较弱，加之在媒体上听说的网络诈骗事件，会使得老年群体对互联网缺乏信任，因此对互联网的学习和使用产生抗拒。二是恐惧个人隐私泄露和信息安全问题。安全问题是国内外老年人不愿在互联网提供信息继而拒绝使用新媒体的重要因素。老年群体与年轻一代相比，缺乏足够的数字素养，恐惧网络世界的隐私披露和信息安全，这会使得他们学习利用新媒体技术的难度加大。

5. 伦理规制缺乏与政策法规滞后的制约

国家制度缺位是伦理风险产生的重要原因。由于数字技术在实际应用过程中遵循了"先应用后治理"的传统发展模式，老年群体对数字技术的使用和适

---

[1] 详见：https://www.poynter.org/mediawise/programs/seniors/。

用处于弱势地位，他们的需求表达受市场利益影响而被忽视，逐渐成为数字时代的信息弱势群体。虽然，我国早在2017年就开启了有关科技伦理的建设工作，由中国科协发布的《科技工作者道德行为自律规范》已经成为科技工作者普遍遵守的重要伦理规范。但是无论是从适用性还是科学性上看，适用于智慧养老场景的伦理规范标准仍极为缺乏。同时，在数字化技术的发展过程中，社会各界更多关注成本收益、技术条件以及实践方案等方面的因素，对涉及价值与原则、"善"与"应当"等伦理层面的因素关注不够，这导致数字化技术对于老年人服务效能较弱，伦理规范相对缺乏。

在伦理制度执行方面仍有较大难度。尽管发达国家对伦理审查制度作出了较为详细的规定，但在实际执行过程中，从相关规范、政策的解释到具体操作同样存在执行鸿沟，导致伦理审查制度在技术层面和操作层面都面临较大的执行困境。因此，对数字技术的伦理关切应该要前置到科学技术的设计与研发过程，尽可能将数字技术和产品对伦理秩序的影响降到最低。

4.3.3 技术伦理适老关照提升策略

统筹各级政府、科研院所、行业组织、企业、线上社区等各方的合作力量，打造技术宽容的社会环境，提高全民数字获取、制作、使用、交互、分享、创新等过程中的道德伦理意识，引导全民遵守数字社会规则，形成良好行为规范，打造共治、共建、共享的老年友好型社会，保障老年群体"参与社会发展和共享发展成果"。

1．技术向善策略

1）以人为本，负责任创新

避免"只见技术不见人"。技术接受上要尊重老年人使用数字技术的主体意愿，技术服务要从老年人使用的视角进行设计。数字化供给和服务也应充分体现人文关怀，关注老年群体本身的诉求和发展。信息哲学的基石是"自然"和"人工"之间、人类和机器之间没有任何本质区别。因此，应该坚持以人为中心的价值定位，在信息传播当中，通过信息的主动触及实现最高效的传播。根据老年群体每个个体的特征满足他们对信息的不同类型、不同内容的需求，以老年群体在数字应用中"真正需要什么"为特定视角，精准地将完全不同的信息分发至每位老年人。

在科学界提倡负责任地研究与创新。考虑到科学技术及其人工制品对伦理秩序的影响，对科学技术的伦理关切必须前置到科学技术的设计与研发过程。技术创新主体应重视数字技术对老年群体的服务效能，降低接入障碍的阈值，为其创造良好的数字环境。鼓励老年群体与数字环境互动，实现自主建构的途径，在人机交互的实践中显现其主体性地位，进而使数字技术成为老年群体自主能力的一部分。

2）提高科学共同体的伦理意识

科学共同体是科技活动的主体，也是科技伦理治理的主体。营造科研伦理环境，帮助科研人员正确认识科学技术发展与伦理价值之间的关系，提高伦理意识，增强社会责任感。同时，各主体应该加强对于科技人员伦理思想和知识的宣传普及，促进科技伦理自律，引导其自觉遵守科技伦理要求，预见性地规避和防范技术开发走向增进人类福祉的反面道路。

3）加强数字技术伦理治理的制度建设

加强新兴技术研发和应用的指导和监管。需要制定和完善新兴技术研发的伦理指导原则和规范，凝聚共识，指导新技术沿着符合伦理价值和规则的方向发展。当涉及弱势群体时，伦理审查制度承担着伦理关切的重要任务。需要科技政策、伦理学、法学等领域工作者的参与，加强研究机构及相关基层单位的伦理监管责任，加强人工智能、大数据、数字经济以及新兴生物技术等新技术应用涉及的相关立法工作，强化对新兴技术研发和应用所带来的风险性和安全性的监管。

2．使用者层级策略

1）摆脱"技术至上"的思维模式

数字技术应在老年群体需要的时候出现以解决问题。在设计老年人使用的相关数字技术产品时，除了要考虑功能性之外，还必须从人机交互的角度充分考虑老年人的年龄弱势特征和认知局限，从而设计出用户界面友好的技术和产品，老年人更容易操作和使用的产品才能更为老年人所接受。要将老年人的需求和伦理关怀融入数字技术的工程设计。数字技术的功能性和老年人的日常生活需求是辅助技术工程设计首先要考虑的，数字技术工程设计除了通用设计之外，还应该针对不同的老年弱势群体进行个性化的设计和服务。

2）坚持尊重与保护的原则

老年数字技术的设计、使用和分发还必须遵循知情同意原则、伦理原则。

当数字技术全面介入老年群体的生活时应受到技术的尊重，数据信息的收集必须得到数据信息当事人的同意和授权，尊重当事人拥有和决定自己的数据信息的权利。政府、企业等信息技术和大数据领域从业人员应尽最大努力防止个人数据信息被泄露。

3）打造技术宽容的社会环境

推动社会公众认知和了解辅助技术，创造对弱势群体技术宽容的社会文化环境，大力弘扬和构建以"负责任"为价值内核的智能养老服务技术创新发展战略。从数字技术服务老年人的基本立场出发，以家庭这一最小社会单位为起点，在日常生活中，子女帮助父母运用新技术增强与社会的联系和交流。整合社区资源，联合非政府组织、社会服务机构，以及高校、互联网企业等其他社会力量，加强普及全民的数字技术伦理知识。

3．社会监管策略

1）强化社会监管

监管主体应该在社会伦理监管层面加入人本主义考量。在数字技术应用模式"适老化"标准体系的设立过程中，监管主体需要通过监管模式规范技术创新过程，要求数字技术的创新主体坚持传统社会服务与数字技术创新并行，在产业升级的智能化道路上，兼顾以老年人为代表数字弱势群体的需求，使创新主体重视老年群体在数字技术应用中的获得感、满足感、实用感。[1] 鼓励公众参与科技伦理问题的讨论以及科技伦理敏感领域研究和技术应用的监管。

2）培育人才，积极参与全球治理

对国际普遍关心和共同面对的科技伦理问题，在国际合作开展伦理教育和伦理研究。同时，不断培育数字素养方面的专业人才，加强对科技管理人员和科技人员伦理知识的培训，在加强对数字技术的指导协调能力和伦理审查能力的同时，参与全球性科技伦理问题的治理，就重要的和急需解决的科技伦理问题开展全球对话和商议，贡献中国自己的智慧和方案。

---

1 关于加强科技伦理治理的指导意见 [EB/OL].(2022-03-20)[2022-09-14].http://www.gov.cn/xinwen/2022-03/20/content_5680105.htm.

第 5 章

需求牵引，打造差异化适老场景

5.1 科学梳理和挖掘老人需求

伴随着移动互联网快速兴起，互联网如同阳光、空气和水一样，已经走进千家万户，成为老年人社会交往和日常生活的重要工具，重塑老年人的交往和生活方式。但在数字时代背景下，各大媒体对于老年群体融入智能化社会屡遭困难的报道层出不穷。在超市，老年群体不会使用便携式电子移动支付，使用现金消费遭受拒绝；在公交车上，老年群体无法出示乘车码；在医院，老年群体因为不会网上预约，导致看病难；在大雨、大雪等天气，老年群体因不会使用打车软件，在路边苦苦等待。数字化背景下对于老年群体的日常生活提出巨大挑战。

科学合理地挖掘老年人的实际应用需求，有的放矢地帮助老年人提升应对数字化背景下生活需求的能力，从感知有用、年龄、城乡差异化等维度挖掘老年人需求，为有效制定差异化应用场景设置提供现实基础和路径实现引擎。

5.1.1 从感知有用维度挖掘老人需求[1]

基于美国心理学家克雷顿·奥尔德弗（Clayton Alderfer）所提出的 ERG 理论，将根据老年人对新兴媒介的感知有用的维度将需求分为生存需求（Existence Needs）、相互关系需求（Relatedness Needs）、发展需求（Growth Needs）（表5-1）。

---

[1] 杨凤娇, 邱犇. 跨越数字鸿沟的老年群体：从感知有用到感知易用 [J]. 中国新闻传播研究，2021(04):178-191.

表 5-1　老年人新兴媒介感知有用的需求类型及具体维度

需求类型	具体维度
生存需求	健康码出示
	扫码付款 / 点单需求
	出行需求（扫码乘车、打车）
	健康需求（获取健康知识、线上问诊）
相互关系需求	亲情关系（与家人联系）
	社会交往需求（与其他老年人交流、通过社交媒体认识更多老人等）
发展需求	爱好需求（线上麻将、学广场舞、听戏等）
	求知需求（上网课、听讲座等）
	退休后的事业发展需求（通过新媒介寻求新的人生价值，如微信卖货、抖音直播等）

来源：杨凤娇, 邱犇. 跨越数字鸿沟的老年群体：从感知有用到感知易用[J]. 中国新闻传播研究, 2021(04):178-191.

1. 生存需求："数字便利"下的社会融入

通过调查研究和现实应用场景发现，使用新媒介的主导需求是生存需求。生存需求主要是指生存、安全保障等。生存的需要与人们基本的物质生存需要有关，体现在衣、食、住、行以及健康需求等满足个人生存的层面。老年群体媒介使用的生存需求主要包括"微信、支付宝扫码付款""使用电子公交卡""线上问诊""出示健康码"等。其中，自 2020 年疫情暴发以来，健康码的应用涵盖了社区管理、交通出行、超市菜场等生活中的各个生活场景，因此，健康码出示也应纳入生存需求清单。

老年人的生存需求可以理解为"数字便利下的社会融入"，即在数字化技术不断发展的当下，某一特定社会群体对新的生产、生活的节奏适应的过程。老年群体认为使用新媒介给自己生活的多方面带来了便利，如支付宝在购物过程提供的便利性，有效规避了找错钱的风险；疫情管控期间出入各个场所都需要出示电子健康码，不用定期去打印、登记填报疫情，显著提升生活质量和效率。在城市居住的老年人对于这种数字便利感受程度更深，农村的老年人基本上应用最多的是健康码服务，依然有赖于传统的支付方式，很少使用手机支付。

随着各种媒介技术在日常生活中的驱动和发展，现代社会已然成为数字社会，人们生活中的各项事务越来越依靠媒介来完成。而基于老年群体的文化背景和学习障碍，他们会和数字化社会产生"社会距离"。因此，老年人的互联网接入行为是一种积极融入社会的表现，能够避免成为孤立、落后的个体。老年用户在这一过程中有主观能动性和主动选择性，有关部门和子女应做好心理建设服务以及相关的培训服务。

2．相互关系需求：追求情感联结

相互关系需求是指人们对于维持重要的人际关系的需求。对老年群体来说，需要维持的重要人际关系为亲情关系和社会交往关系。亲情关系主要指的是老年群体基于血缘与婚姻关系所产生的、相互支持的家族内部关系，而社会交往关系则是老年人通过人际交流而构建的社会网络关系，如邻居、朋友等。随着新媒介技术的智能性和互动性不断提高，它能够成为人与人之间情感交流的重要介质。使用社交媒体分享信息可以帮助老人和亲人保持联络，在外部交友中也能够缓解老年人的社会疏离感、孤独感，提升其生活满意度，这是一种追求情感联结的体现。

微信等社交媒体可以帮助老人打破空间的限制，通过视频的方式见到自己的亲人，弥补亲情需求上的空缺。如在国家现代化进程中，大量农村青壮年外流城市，迫于现实经济压力与传统生活观念差异，父母被迫留守农村。这样的亲子居住分离现象使得老年人和家人见面的次数减少，亲情需求也愈加强烈。而对于与子女同住的城市老人，尤其是流动老人而言，借助新兴媒介实现社会交往需求的想法往往更强。《中国流动人口发展报告》显示，跟随子女迁移到城市或者富裕地区的"漂族"的老年群体在逐年增加，他们之中大多是被动流动的，或是为了帮子女照看孩子，或是投亲养老。当迁移到城市后，老年群体会面临一个全新的社会网络，有研究指出，社会网络是老年人心理健康的重要影响因素，而人口流动对老年人的社会网络产生深刻影响。借助新兴媒介的社交功能可以帮助他们建构新的外部社会交往网络，如加入社区或邻里微信群，以认识更多身边的人。同时，微信等社交软件也给他们提供了一条将疏远关系变为亲密关系，并维持这种亲密关系的社交通道。

3．发展需求：价值实现成为新趋势

发展需求指老年人通过扮演一定的社会角色，继续参与社会发展，以实现自我价值和人格尊严的需求。研究发现，老年群体新兴媒介使用的发展需求主要为：爱好需求、求知需求和退休后的事业发展需求。其中爱好需求是老年人通过新媒介强化或发掘自己的爱好，以实现"老有所乐"；求知需求是其通过

新媒介寻求知识获取和技能提升,以实现"老有所学";而事业发展需求则是老年人在退休后希望通过线上的方式再度发展自己的事业,以实现"老有所为"。

老年群体的爱好需求在发展需求中占较大比重。许多老年群体往往会通过打麻将、下棋、跳广场舞等爱好来消磨时间,而如今这些爱好的满足和技能的提升不再局限于线下现实生活中,通过新媒介技术也可以达成,如可以通过短视频平台看博主跳广场舞,可以边学边看,提升自己的跳舞水平和技巧;在其他老人没有时间相聚打牌或者搓麻将时,可以通过微信等线上平台娱乐,老人可以消磨业余时间,增加生活乐趣。

同样的,老年用户在新兴媒介使用中呈现出一定的求知需求和职业发展需求,在求知需求层面,部分年轻时候由于家庭条件、社会发展情况等被迫中止学习的老年人,晚年出于对学习的渴望,会自主学习新知识。职业发展需求主要体现在老年人在退休后不甘于仅依靠子女的赡养或收取养老金生活。此时,部分老人会借助新媒介技术开启新的职业,其主要途径包括微信卖货、抖音直播、支付宝炒基金等。这也体现了如今老年群体与不少人所认为的边缘化、弱势等形象已不尽相同,他们希望能够通过进一步的发展来让自己的价值得到实现。

5.1.2 基于马斯洛需求层次理论挖掘老人需求 [1]

基于马斯洛(Abraham Harold Maslow)提出的"需求层次理论",将人类的需求由低到高分为生理需求、安全需求、社交需求、尊重需求和自我实现需求五个层次。以马斯洛需求层次理论为切入点,分析老年人的真实需求(表5-2)。

表5-2 智慧养老需求分析的基本要素

智慧养老内涵	需求层次	养老需求	智慧产品或服务
智慧助老(基本层面)	生理需求	衣食住行等	助餐、助洁、助行、代购等
	安全需求	身体健康、生活稳定	智能穿戴、智能监护、智能救助等
智慧孝老(精神层面)	社交需求	精神慰藉、娱乐活动等	智能陪聊、电影电视等
	尊重需求	自尊、他尊	智能陪护、养老咨询
智慧用老(自我实现)	自我实现需求	教学活动、志愿服务等	在线课堂、云志愿等

来源:胡琼方整理

---

[1] 刘庆.智慧赋能:"互联网+养老"的现实经验和未来向度[J].决策与信息,2022(04):69-80.

在纵向维度上，智慧养老包含智慧助老（基本层面）、智慧孝老（精神层面）和智慧用老（自我实现）三个层面。其中智慧助老对应着生理需求和安全需求，智慧孝老对应着社交需求和尊重需求，智慧用老对应着自我实现需求。

1．生理需求和安全需求：智慧助老

老年人的生理需求主要包括饮食、水源、住所、睡眠、空气等方面，也就是常说的衣食住行，智慧养老可以提供助餐、助洁、助行、代购、生活护理等服务。老年人的安全需求主要包括身心健康、人身安全、生活稳定等，老年人可以通过智能穿戴（智能手表、智能轮椅、血压仪等）、智能监护（远程监控、SOS 报警系统、门禁安全等）、智能救助（助医、健康监测与建议、紧急救助等）满足自身的安全需求。

2．社交需求和尊重需求：智慧孝老

老年人社交方面的养老需求体现在精神慰藉、娱乐社交，基于移动端、PC 端和 TV 端开发的智能产品和服务可以有效帮助老年人进行社会交流，丰富老年人的日常生活。老年人也希望实现自尊和得到他人尊重，我们应该塑造"智慧孝老"的环境，向老人提供养老咨询，推动智能陪护、智能交流的应用服务。

3．自我实现需求：智慧用老

自我实现是老年人的最高需求层次，老年人渴望发挥余热，为家庭和社会作出贡献，通过读书学习丰富自身的知识，在志愿活动等实践中得到运用知识和展示才能的机会。

5.2 差异化场景打造：围绕场景本身，挖掘需求，构建场景

互联网的发展和应用给传统养老模式带来了冲击和挑战，老年人如何跨越"数字鸿沟"、养老如何面对和适应"互联网+"引人深思。通过探索智慧养老的新模式，弥合养老服务和资源供给的"碎片化"和"断裂化"，深入实施健康中国战略和积极应对人口老龄化国家战略，坚持以人民为中心，坚持供给侧结构性改革和需求侧管理相结合，强化科技支撑，优化产业生态，协同推进技术融合、产业融合、数据融合、标准融合，推动产业数字化发展，打造智慧健康养老新产品、新业态、新模式，为满足人民群众日益增长的健康及养老需

求提供有力支撑。通过差异化场景打造，提升智慧养老服务水平，推动现代信息技术与养老服务的融合发展，推动智慧养老产品和服务落地应用，为老年人提供多层次、多样化的优质养老服务，推进养老服务总量和质量的提升，是养老领域深化变革的现实课题，是积极应对人口老龄化的战略抉择。

5.2.1 现有场景改造：传统服务供给结合数字技术提供更好服务，智能化+线下的方式

在国家的大力支持和推动下，各地开始积极探索"智能养老"服务体系建设及实践，运用互联网技术整合、改造和重塑传统的养老思维，逐步形成了"智慧居家养老""智慧社区养老"和"智慧机构养老"三种主要的养老模式。为进一步增强广大老年人的获得感、满足感，从应用场景出发，根据老年人、养老服务机构和街镇社区等多方面的需求，梳理形成首批智慧养老应用场景需求，涵盖安全防护、照护服务、健康服务、情感关爱、生活服务等应用场景。

1．三种主要的养老模式

1）居家养老

（1）定义

居家养老服务涵盖生活照料、家政服务、康复护理、医疗保健、精神慰藉等，以上门服务为主要形式，主要服务于身体状况较好、生活基本能自理的老年人，提供的是到家服务。居家养老管理是指以家庭为核心、以社区为依托、以专业化服务为依靠，为居住在家的老年人提供以解决日常生活困难为主要内容的社会化服务。

居家养老中老人的需求分析、服务的派送、服务的监督是居家养老信息化管理的重点工作，建立老人的需求对接体系、实时的服务监督管理机制，实现实时监管服务时间、服务项目、服务评价是居家养老信息化管理的业务目标。

（2）智慧居家养老

智慧居家养老是将互联网嵌入居家养老领域中，利用人工智能、大数据、物联网等技术提供全方位、灵活性、高效的居家养老服务。一是建立虚拟养老院，设计和开发养老硬件和软件，将社区、机构养老服务植入居家养老服务中，为居家老年人提供生活照料、医疗护理、学习娱乐、精神慰藉等个性化服务。2018年1月开始，武汉市部署实施社区嵌入、中心辐射、统分结合"三位一

体"的"互联网+居家养老"模式,形成以"三助一护"(助餐、助洁、助医、远程照护)为主体的养老服务网络。2019年9月开始,杭州市江干区正式启动"互联网+养老"试点工作,服务下单方式由电话"单线"下单转为电话、手机APP"双线"下单,居家养老服务补贴以"重阳分"的形式充入市民卡养老专户,老年人使用市民卡刷"重阳分"完成服务的支付和结算。

二是实现智能穿戴和智能监护,依靠智能设备创新养老服务方式,提供健康监测、安全报警、紧急救助等服务,如智能手表可以实时监测老年人的心率、血压和脉搏,并提供一键报警和定位功能。2015年12月,浙江乌镇打造智慧养老综合服务平台,推进线上和线下相结合,线上基于老年服务交互服务系统,通过安装"SOS呼叫跌倒与报警定位装置""智能居家照护设备""远程健康照护设备"完成对老年人实时监控和管理,线下利用居家养老服务中心为每位老人提供定制服务。2020年4月,上海市推出"智能相伴"服务,推进虚拟和实体相结合,利用智能化、信息化设备向老年人提供养老咨询、视频相伴、学养结合等服务。

2)社区养老

(1)定义

社区养老服务是居家养老服务的重要支撑,具有社区日间照料和居家养老支持两类功能,主要服务于家庭日间暂时无人或者无力照护的社区老年人,提供的是定点定时服务。社区养老需实现对社区日间托养、社区送餐等信息化服务管理,包括日托的申请、审批、服务、管理以及送餐的配送,评价管理。

社区养老管理系统立足于云端,服务于社区,结合移动互联等科技手段,实现对养老服务工作者、养老服务设施等资源的管理,提供全方位、多层次、一体化的智慧养老,解决老年人社区需求。在老年人口密度高的社区内因地制宜地对老年群体的照料中心、活动中心、助餐服务进行管理。

(2)智慧社区养老

智慧社区养老将互联网融入社区养老服务中,整合社区内的养老资源,充分运用互联网技术提升社区养老的运行效率和服务质量。很多城市推行的智慧养老社区和云养老社区是"互联网+社区养老"的示范区,搭建社区智慧养老服务平台,汇总老年人基本信息,了解老年人养老服务需求,共享社区养老服务资源,提供照料看护、健康管理、文体娱乐等多维度服务。2019年,广东省中山市印发《关于开展社区智慧养老综合服务管理平台试点工作的通知》,在中山市西区积极推进社区智慧养老综合服务管理平台建设,集中管理养老机构、老年人信息档案、义工社工服务等，根据老年人服务需求统一调度养老资源，联合家政公司、送餐公司、医疗机构等第三方机构为老年人提供精准化、个性化、智能化的一站式服务。

相似模式的还有，2020年上海市虹桥街道探索"一网统管＋嵌入式养老"的社区养老模式，基于区民政局智慧养老平台融入对接三个端口（PC端、手机端和大屏端界面），实现一网统管社区养老应用，重点提供养老设施嵌入、老年送餐监管处置、独居长者关心关爱、失能长者居家医养、失智长者管理服务、机构长者智能监测六大服务。

3）机构养老

（1）定义

机构养老服务为老年人提供饮食起居、清洁卫生、生活护理、健康管理和文体娱乐活动等综合性服务，以设施建设为重点，通过设施建设，实现其基本养老服务功能，主要服务于失能、半失能的老年人，提供的是定点全时服务。机构养老以标准化建设为基础，建立机构养老的以下标准：标准的服务培训体系、标准的评估体系、标准的服务管理体系、标准的评价体系。

（2）智慧机构养老

智慧机构养老是运用互联网技术对传统的养老机构升级改造，为养老机构赋能增效，根据不同的场景匹配PC端、手机端、TV端设备，实现养老机构的信息化运作、养老设备的适老化改造和养老服务的智能化供给，最终实现老年人智慧化养老。

2017年，合肥市积极推进互联网＋机构养老服务落地，以瑶海区静安养亲苑为试点单位，建成全国首个社区嵌入式智慧养老机构，打造了"1+3+5+N"服务体系，即以一个"颐养超脑"为中心，搭建评估、服务、设备三大智能管理系统，向老年人提供生活照料、健康管理、营养膳食、文化娱乐、心理咨询五大服务。入住前，养老机构根据医生、护工、营养师的综合动态评估为每位老人建立信息档案，精准掌握老人身体的基本状况。入住后，养老机构为老年人制定专属服务计划，通过智能手环监测老年人睡眠质量，通过健康监测一体机获取心率、血压等20多项健康指标，通过护理APP提供精准化护理服务，有效提高养老机构服务水平和质量。未来，合肥市将建成"医、养、护"一体化的养老服务体系，重点推进大数据养老和医养结合，借助智能产品、服务和平台为老年人提供优质的生活场所、设备和服务，逐步实现"老有所依""老有所养"和"老有所学"的美好愿景。

2. 十七个具体应用场景

1）综合应用场景

综合应用场景是指整合线上线下资源和服务体系，根据不同失能失智、照护和生活状态老年人的情况，提升养老服务资源集成度，满足老年人多层次、精细化的养老服务需求。

（1）高龄独居老年人智慧照护场景

【背景情况】随着城镇化、现代化的发展，人口流动或迁徙成为普遍现象，农村和城市的老年人大多面临着与子女分离。据相关抽样调查显示，从老年人婚姻和居住情况来看，与配偶同居的占36.72%，与子女/孙辈同居的占22.49%，与配偶及子女/孙辈同居的占20.52%，独居的占19.39%。

【现状描述】大部分高龄独居老年人独自在家的时候担心出现突发意外。

【场景需求】重点包括针对高龄独居老年人的安全、健康风险预警技术及社会参与技术应用等，如独居老年人生活行为监测和安全服务，高可靠性跌倒监测技术，高可靠性低成本燃气泄漏、烟雾报警产品、溢水报警器等。难点是在不改变生活行为和习惯情况下的居家基本生活行为及人员身份识别的技术应用。

【场景适用】高龄独居老年人智慧照护主要适用于居家养老和社区养老场景，场景适用用户、场所和人群详见表5-3。

表5-3 高龄独居老年人智慧照护场景适用

主要用户	√C端（老年人）	B端（机构）	G端（政府）
主要场所	√居家	√社区	养老机构
主要人群	所有老年人		

来源：胡琼方整理

（2）养老服务商城应用场景

【背景情况】一方面随着老年人及其家属养老服务消费理念的转变以及支付能力的增强，对于养老服务和产品需求逐步增加；另一方面市场上现有的养老服务供给与匹配错位，服务供应商仍需通过传统的推介方式让老年人知晓，而真正有养老服务需求的老年人并不知道服务供应商可以提供相应的养老服务，老年人及其家属对服务供应商提供的服务也没有相应的评价机制和参考意见。如何鼓励和支持社会力量参与到养老服务领域，并基于老年人的身体状况和个人经历、爱好等的差异，提供满足老年人多层次、多样化的养老产品和服务需求，实现养老服务和需求精准匹配是当前亟须解决的问题。

【现状描述】养老服务市场处于培育发展阶段，供需双方主要通过政府宣传、门店广告以及口口相传的方式进行信息传递，以达成相应的供需对接，信息不对称且效率低下。

【场景需求】建设或者在已有的电商平台搭建养老服务供需对接专区，借助"互联网+"技术为养老服务提供者以及需求方提供供需对接以及交易平台，提升养老服务的易及性。同时，降低社会力量参与养老服务门槛，鼓励和引导养老服务产业的良性竞争，最终为老年人提供更加个性化、性价比高的养老服务。

【场景适用】养老服务商城应用主要适用于居家养老、社区养老以及养老机构场景，场景适用用户、场所和人群详见表5-4。

表5-4　养老服务商城应用场景适用

主要用户	√C端（老年人）	√B端（机构）	G端（政府）
主要场所	√居家	√社区	√养老机构
主要人群	所有老年人		

来源：胡琼方整理

2）技术应用场景

（1）老年人防跌倒场景

【背景情况】跌倒是我国65岁以上老年人因伤害死亡的主要原因，据统计，老年人发生创伤性骨折的主要原因是跌倒，年龄越大，发生跌倒及因跌倒而受伤或死亡的风险越高。在老年人居家生活、外出活动和机构养老中，需要综合采取适老化改造、自我锻炼、加强巡视、使用辅具等多种措施防范老年人跌倒，降低老人跌倒的概率、减缓伤害程度。

【现状描述】市场上已有部分智慧养老产品用于老人防跌倒，如能预防跌倒和减轻伤害程度的智能防摔气囊、智能鞋、智能服装，但部分设备还停留在实验室阶段，大部分产品价格较为昂贵，功能设置复杂不易掌握。穿戴舒适性有待提高，应用效果也还有待检验。

【场景需求】针对有轻度行动障碍或发生跌倒事故风险较大的老人，通过使用可穿戴设备、助行机器人等各类跌倒防护产品，帮助老人居家或外出时独立行动，当老人发生跌倒事故时能够大幅降低身体伤害。产品应轻便易用，保护效果好，价格可承受。产品方或服务方应为老年人或家属提供相应的使用培训服务。

【场景适用】老年人防跌倒主要针对失能老人、认知障碍老人、高龄老人等人群，适用于居家养老、社区养老以及养老机构场景，场景适用用户、场所和人群详见表 5-5。

表 5-5　老年人防跌倒场景适用

主要用户	√C 端（老年人）	√B 端（机构）	G 端（政府）
主要场所	√居家	√社区	√养老机构
主要人群	失能老人、认知障碍老人、高龄老人等		

来源：胡琼方整理

（2）老年人紧急救援场景

【背景情况】老人独自在家时如身体出现异常情况，可能无法行动或拨打手机，需要能快速、便捷地发出呼叫信息，与医院或家属紧急联系。此外，对于发生意外失去知觉的老年人，要能够第一时间监测到意外情况，及时向监护人或其他指定人员发出报警信息。

【现状描述】市场上的"一键通"类应急呼叫报警的产品种类较多，包括"一键通"电话机、智能手环、智能手表、蓝牙终端等，但由于产品和服务不够标准化、规范化，老人自费购买的覆盖率不高。此外"一键通"等设备需要老年人主动发出报警信息，对于发生意外失去知觉或者无法行动的老人，需要有一种被动式的监测和报警设备。监测和报警设备要能够统筹解决老人隐私问题、监测准确性和稳定性、设备价格等问题，如能否在卫生间安装，准确识别老人跌倒的各种情况，降低设备的误报率、漏报率等。

【场景需求】自主救援场景：提供一种老人使用方便、操作简单、服务精准、收费不高的老人紧急救助整体解决方案。重点解决老人不愿意安装或佩戴设备、设备使用过于复杂、设备功能单一、紧急呼叫后续服务不完善（如怎样对接 120）等问题，随身佩戴的手环、手表类设备应具备较长的电池续航时间，"一键通"电话机等固定安装设备宜具备语音唤醒和呼救语音识别等功能。

无感监测报警场景：主要针对老人无人看护时的监测报警需求，老人发生中风、跌倒、心肌梗死等意外情况时，能及时监测、发出报警信息并通知到监护人或其他指定人员，便于第一时间发现并实施救助。要求设备监测率高，误报率低，便于安装，能保护老人隐私，价格适中，并能解决供电、通信等问题。

【场景适用】老年人紧急救援主要针对高龄老人、独居老人、纯老家庭等人群，适用于居家养老和养老机构场景，场景适用用户、场所和人群详见表5-6。

表5-6　老年人紧急救援场景适用

主要用户	√C端（老年人）	B端（机构）	G端（政府）
主要场所	√居家	社区	√养老机构
主要人群	高龄老人、独居老人、纯老家庭等		

来源：胡琼方整理

（3）认知障碍老人防走失场景

【背景情况】无论是居家还是在养老机构，部分失智老人容易走失，失智老人自身安全受到很大威胁，给机构工作人员和家属也带来很大困扰。

【现状描述】现有的智能手环、智能腕表存在老人不愿意携带、需要充电等不足，采取配饰、服装、二维码等方式也可能侵犯老人隐私，以及长期使用不便利等问题。

【场景需求】急需提出一种方便易用、老人接受度高、成本低、定位准确、后台支持成本低的防走失解决方案。

居家场景：主要针对轻度认知障碍老人，解决老人出门后忘记回家或忘记家庭地址问题。主要解决定位设备充电和设置麻烦、老人不愿意佩戴等问题。

机构场景：主要针对中度和重度认知障碍老人，解决老人抗拒佩戴设备、故意损坏设备等问题。

【场景适用】认知障碍老人防走失主要针对认知障碍老人，适用于居家养老、社区养老以及养老机构场景，场景适用用户、场所和人群详见表5-7。

表5-7　认知障碍老人防走失场景适用

主要用户	√C端（老年人）	√B端（机构）	G端（政府）
主要场所	√居家	√社区	√养老机构
主要人群	认知障碍老人等		

来源：胡琼方整理

（4）机构出入管控场景

【背景情况】养老机构从日常管理、保障机构内部安全、防止传染病等需要出发，有必要建立科学完善的人员出入管控制度。

【现状描述】养老机构每日进出人员包括探视家属，机构内部工作人员（管理人员、护理人员和后勤保障等人员，进出频次不同），出入院老人（如外出看病），送货及维修人员，志愿者以及其他机构外部人员。大型养老机构如收住 500 人以上的机构，每日进出人员有可能达到上千人次，以上人员需要详细登记和管理，确定进入路线和区域。部分机构采用了人脸识别系统，但还难以满足养老机构人员精确管理、快速进入的需要。在一些特殊时段，如新冠疫情期间，出入精确管理更为重要，对健康码、核酸检测报告都有相关要求。

【场景需求】提供大型养老机构人员进出管控的解决方案。综合采取人脸识别、红外监测、门禁管理等技术，可满足人员进出方便、审核快速、指定进入区域和路线、同步测量人员体温和监测随申码等要求，预约方便、不需办证，可充分利用现有的基础设施，成本较低，管理人员少。

【场景适用】机构出入管控适用于社区养老和养老机构场景，场景适用用户和场所详见表 5-8。

表 5-8　机构出入管控场景适用

主要用户	C 端（老年人）	√B 端（机构）	G 端（政府）
主要场所	居家	√社区	√养老机构

来源：胡琼方整理

（5）机构智能查房场景

【背景情况】根据养老机构管理要求，为避免夜间老人出现危险，机构应建立定时查房制度，定时巡视老人状态是否正常。按照《养老机构服务安全基本规范》强制性国家标准要求，要防止出现噎食、食品药品误食、压疮、烫伤、坠床、跌倒、他伤和自伤、走失、文娱活动意外等风险。按照 2 小时查房一次计算，机构需配备一定数量的护理员夜间不间断值班。

【现状描述】绝大多数养老机构采取护理员值班的方式开展夜间巡查，一方面，护理员夜间巡查是否及时和按照要求，难以准确监管，老人如出现跌倒、坠床、他伤、自伤等人身伤害意外时，可能难以及时发现。另一方面，夜间巡查需要大量的人力，护理员如夜间开展不间断巡查，影响白天继续开展护理工作。部分机构采用给老人配置智能床垫，自动监测老人生命体征和离床数据，但尚未形成标准化、规范化的产品和流程。

【场景需求】提出能保障老年人夜间看护安全、降低各类突发事件风险、弥补护理员夜间巡查人力不足的智能查房解决方案。通过应用智能床垫、人体雷达、生命体征探测等设备，实时搜集并传输分析各种状态数据，可供夜间值班人员大范围监控养老机构房间及入住老人状态。可实现老人跌倒、生病、人员冲突、违反安全规定等多场景监控，需重点解决状态采集准确性、老人居室隐私保护、智能报警等问题。

【场景适用】机构智能查房适用于养老机构，场景适用用户和场所详见表5-9。

表5-9　机构智能查房场景适用

主要用户	C端（老年人）	√B端（机构）	G端（政府）
主要场所	居家	社区	√养老机构

来源：胡琼方整理

（6）老年慢性病用药场景

【背景情况】老年慢性病造成老年人身体功能受限，影响了老年人的日常生活能力，需要长期服用药物。高龄老人的活动能力、反应能力、健康状况在普遍下降，部分老人视力不好或失明，部分老年人记忆力差，导致经常有老年人忘记定时吃药和吃药的量，特别是高龄独居老人没有家属提醒，容易发生危险。

【现状描述】老年人大部分患有冠心病、高血压等各种慢性病，在服药方面面临各种难题，一是用药复杂容易混淆，如有的老人服用药物品种多，一天有七八种药要吃，而且用药量、服用时间、次数都不同；二是记忆力下降忘记服药，有些药是一天吃两次，有些药是一天吃三次，容易忘记吃药或者吃错药；三是开药和买药对部分行动不便的老人也是一种困难，需要借助家属或社区帮助取药。市场上有一些智能药盒产品，基本都是有分隔的塑料箱或者药箱，仅限一人使用，功能或局限性大，或过于复杂。此外，对于行动不便的老年人，定期开药和拿药也是较大负担。

【场景需求】应用互联网技术，提供老人每日开药、取药和服药的一站式解决方案，如可在老人家庭、养老机构或家门口服务点配备智能药箱，采用人脸识别等技术供多个老人取药、用药，具备界面友好、简单易用的自动分药、用药提醒功能。此外，在具备条件的场所（如养老机构），缺少药物时能够报警并远程对接内设医疗机构或社区医疗机构，实现远程开药、远程刷医保卡买药、对接医药企业送药上门。

【场景适用】老年慢性病用药主要针对高龄老人、独居老人、失能老人、认知障碍老人等人群，适用于居家养老、社区养老以及养老机构场景，场景适用用户、场所和人群详见表 5-10。

表 5-10　老年慢性病用药场景适用

主要用户	√C 端（老年人）	√B 端（机构）	G 端（政府）
主要场所	√居家	√社区	√养老机构
主要人群	高龄老人、独居老人、失能老人、认知障碍老人等		

来源：胡琼方整理

（7）老年人卧床护理场景

【背景情况】入住养老机构的大部分是中度或重度失能老人，专用护理床既可以提高老人的生活质量，促进老人康复，避免褥疮等疾病，又可以减轻护理员的负担。

【现状描述】养老机构广泛使用多种类型的护理床，存在的主要问题包括：一是多功能护理床价格较高，一般需要数万元甚至十万元以上，养老机构难以大规模使用；二是并未真正解决护理员负担，如老人的二便处理，还需要护理员人工收集和协助处理；三是部分护理床使用复杂，维修保障要求和费用较高。

【场景需求】提供智能化多功能护理床解决方案，要求具备二便处理、辅助翻身、体位调整、生命体征监测及报警、预防褥疮等功能，购买价格适中，年综合成本较低（支持租赁服务）。

表 5-11　老年人卧床护理场景适用

主要用户	√C 端（老年人）	√B 端（机构）	G 端（政府）
主要场所	√居家	社区	√养老机构
主要人群	失能老人、认知障碍老人、高龄老人等		

来源：胡琼方整理

【场景适用】老年人卧床护理主要针对失能老人、认知障碍老人、高龄老人等人群，适用于居家养老和养老机构场景，场景适用用户、场所和人群详见表 5-11。

（8）社区居家康复训练场景

【背景情况】社区和居家型康复理念越来越得到认可，这种新兴服务模式对精神障碍患者、残障人士、失能老年人、帕金森病人、骨折病人、脑瘫病人、颈椎病病人、人工髋关节置换术后病人、骨髓损伤病人、手外伤术后病人等特殊老年群体及其家庭具有不可或缺的重要性。

【现状描述】居家和社区康复训练主要存在以下问题：一是服务机构少，能承接相关康复服务的机构和设施数量少、专业人员不足，社区卫生服务中心、社区养老站点的参与度和辐射度不高；二是缺乏社区和居家型康复设备。

【场景需求】提供社区和居家型康复设备，体积小巧、安装简便、价格适中、年综合成本较低（支持租赁服务）。鼓励场景互动康复训练系统，提高康复训练的趣味性。鼓励康复管理专家系统应用，通过分工，有效解决专业人员不足问题。

【场景适用】社区居家康复训练主要针对精神障碍患者、残障人士、失能老年人、帕金森病人等人群，适用于居家养老和社区养老场景，场景适用用户、场所和人群详见表 5-12。

表 5-12 社区居家康复训练场景适用

主要用户	√C 端（老年人）	B 端（机构）	G 端（政府）
主要场所	√居家	√社区	养老机构
主要人群	精神障碍患者、残障人士、失能老年人、帕金森病人等		

来源：胡琼方整理

（9）家庭照护床位远程支持场景

【背景情况】大量居家养老的老年人，因术后康复、失能程度增加等原因，迫切需要在家中也能得到专业的照护服务，使老年人家中的床位成为具备"类机构"照护功能的床位。

【现状描述】通过对老年人家居环境进行必要的适老性改造，配置照护服务所需的护理床、康复器具、移动辅具等设施设备，安装离床感应、体征监测、紧急呼叫等基本智能设备，由服务团队定期或及时响应服务请求，上门开展专业照护服务。前期探索实践中主要遇到以下问题，一是上门护理服务的成本较高，为保障照护服务的专业性，一般应采取团队上门的方式，包括照护计划制定者、护理员、康复师、社工等，如果上门次数频繁，护理成本较高；二是体征监测、紧急呼叫等基本智能设备的准确性和稳定性问题，特别是夜间能否及时发现老年人异常情况；三是设备种类多，集成难度大，综合成本较高。

【场景需求】提供家庭照护床位的集成式智能化设备解决方案，要求设备具备卧床护理、离床感应、体征监测、紧急呼叫、数据回传、远程指导等功能，可通过视频通话等方式指导老年人家属开展日常护理和突发情况应急处理，体积小巧，安装简便，购买价格适中，年综合成本较低（支持租赁服务）。

【场景适用】家庭照护床位远程支持主要针对失能老人、认知障碍老人、高龄老人等人群，适用于居家养老、社区养老以及养老机构场景，场景适用用户、场所和人群详见表 5-13。

表 5-13 家庭照护床位远程支持场景适用

主要用户	√C 端（老年人）	√B 端（机构）	G 端（政府）
主要场所	√居家	√社区	√养老机构
主要人群	失能老人、认知障碍老人、高龄老人等		

来源：胡琼方整理

（10）机构无接触智能消毒场景

【背景情况】养老机构人员聚集，老年人自我防护能力弱，是传染病的高危易感人群，养老机构做好消毒工作尤为重要。新冠疫情期间，养老机构按照要求必须每日开展消毒工作，需要大量人力。此外，对于疑似感染对象或隔离对象，由人工开展消毒工作存在一定的安全风险。

【现状描述】新冠疫情发生时，养老机构开展消毒工作面临多重问题，一是普遍存在护理员短缺现象；二是日常消毒频次和范围加大，按照要求每日要广泛开展消毒工作；三是防护服、口罩等防护物资短缺；四是对隔离对象和疑似病人房间消杀存在安全风险。

【场景需求】提供无接触智能消毒机器人解决方案，要求价格适中，简单易用，稳定可靠，能够自动按照符合标准的消毒程序，依照设定的路线和区域开展消毒工作。此外养老院、综合为老服务中心等养老服务机构也希望能由机器人承担自动送餐送药等工作。

【场景适用】机构无接触智能消毒适用于社区养老和养老机构场景，场景适用用户、场所和人群详见表5-14。

表5-14 机构无接触智能消毒场景适用

主要用户	C端（老年人）	√B端（机构）	G端（政府）
主要场所	居家	√社区	√养老机构

来源：胡琼方整理

（11）老年人智能语音交流互动场景

【背景情况】社区内居住的高龄独居、生活困难、优抚对象等老人，需要街道、居委、养老顾问、志愿者等定期拨打关爱电话，了解老年人生活状况。

【现状描述】电话语音关爱主要采取人工方式，受限于人工操作，难以覆盖大量人群。在新冠疫情期间，部分街镇居委实验了智能群呼系统，可一次性拨打数百个甚至更多电话，自动记录居民上报的体温数据。但试用期间也发现，系统难以听懂上海话，也难以承担更复杂的交互功能（如要求购买口罩等需求）。

【场景需求】利用智能群呼系统，自动向村居委内数百名以上老人自动拨打关爱电话，并具备交互功能，可听懂老人的简单需求，或根据老人述说自动转人工席位。要求系统总成本低，可将有关关爱通知信息转换为上海话，对老人上海话的语言识别率高，并能智能识别老人的需求。

【场景适用】老年人智能语音交流互动主要针对高龄老人、独居老人、纯老家庭等人群，适用于居家养老和社区养老场景，场景适用用户、场所和人群详见表5-15。

表5-15 老年人智能语音交流互动场景适用

主要用户	√C端（老年人）	B端（机构）	√G端（政府）
主要场所	√居家	√社区	养老机构
主要人群	高龄老人、独居老人、纯老家庭等		

来源：胡琼方整理

（12）老年人智能相伴场景

【背景情况】老年人在日常生活中，普遍希望能学习、了解各类智能化产品，能灵活便捷地获取各类养老相关信息资源，排解孤单感，丰富晚年生活。

【现状描述】老年人使用现代电子产品还存在"数字鸿沟",如智能手机不会使用,复杂的智能电视不会操作,比较熟悉的还是传统的电视、广播等媒介。

【场景需求】在老年人日常生活的居家、社区、机构等各种场所和养老服务场景中,应用各类智能化、信息化手段,为老年人提供触手可及、便捷易用的养老信息资源服务和智能陪伴,提高老年人的生活质量,丰富老年人的社会参与。如在综合为老服务中心、日间照护机构等社区养老场所,利用智能电视、音频设备、触摸屏、机器人等智能化、信息化设备,为老年人提供视频、图像、音频等智能互动服务,让老年人便捷获取养老服务信息和智能相伴服务。

【场景适用】老年人智能相伴主要针对自理老人、独居老人、纯老家庭等人群,适用于居家养老、社区养老以及养老机构场景,场景适用用户、场所和人群详见表5-16。

(13)机构智能视频监控场景

表5-16 老年人智能相伴场景适用

主要用户	√C端(老年人)	√B端(机构)	G端(政府)
主要场所	√居家	√社区	√养老机构
主要人群	自理老人、独居老人、纯老家庭等		

来源:胡琼方整理

【背景情况】视频监控一直是养老机构监管的重要手段,市级、区级民政部门需要能直接采集汇聚相关养老服务机构的视频信息,用于抽查监管和调查取证。同时,家属也希望能够通过远程视频了解老年人生活状态。

【现状描述】养老机构安装了不少视频监控设备,设备种类多种多样,即使同一家养老机构,也可能根据消防安全、食品安全、内部管理等不同监管要求,在不同时间安装了多种摄像头。同时由于高清视频数据量巨大,在传输和存储空间等方面都存在较大瓶颈,市级、区级大多都只能对养老机构视频进行少量的调阅,无法实现全部视频的实时上传、集中备份和分析利用。监管手段还处于回溯排查方式,无法快速定位、排除隐患。

【场景需求】提供基于视频压缩技术的低成本智能视频监控方案,能以较低的成本实现养老机构内部多个摄像头数据的实时采集、传输、保存、分析(单个摄像头每年数据采集、存储、传输等综合费用控制在百元左右),市、区民政部门可实时查看,在疫情发生等特殊时段可具备人员是否佩戴口罩、人员进出监测、疑似病例接触人员分析等智能监测功能。同时，老年人家属可通过 APP 等方式查看老年人用餐、活动等生活状态。

【场景适用】机构智能视频监控适用于社区养老和养老机构场景，场景适用用户、场所和人群详见表 5-17。

表 5-17 机构智能视频监控场景适用

主要用户	C 端（老年人）	√B 端（机构）	√G 端（政府）
主要场所	居家	√社区	√养老机构

来源：胡琼方整理

（14）健康码智能核验场景

【背景情况】健康码是疫情防控时期个人出行的重要电子凭证，然而一些老年人因没有智能手机或不会使用智能手机，无法出示健康码，造成出行不便；不进行健康码信息登记，既不符合疫情防控要求，也不利于疫情溯源。

【现状描述】为减轻老年人出行麻烦，部分企业开发了升级版智能核验系统，在没有手机电子健康码的情况下，可通过刷身份证等方式获取个人行程与健康码。该类系统已在多地、多场合得到较好应用，但也因较高的开发成本、维护成本、相对单一的应用功能、使用场景多在企业内部进行，在推广使用上受到一定的限制。

【场景需求】针对无法出示电子健康码的群体，尤其是没有智能手机或不会使用智能手机的老年人群体，在保障个人隐私和老年人授权的前提下，通过人脸识别和数据共享，实现免卡通行。将所属老年人常用的证件（如身份证、敬老卡、医保卡等）作为智能核验系统的验证方式，省去老年人出行必须依赖智能手机的麻烦，通过直接出示居民身份证进行实时健康防疫状态核验，用于替代电子健康码、行程码，具有与电子码同等的效力，方便老年人在疫情期间在医院、机场、火车站及商场等公共场所出行。

表 5-18 健康码智能核验场景适用

主要用户	√C 端（老年人）	B 端（机构）	G 端（政府）
主要场所	√居家	√社区	养老机构
主要人群	所有老年人		

来源：胡琼方整理

【场景适用】健康码智能核验适用于居家养老和社区养老场景，场景适用用户、场所和人群详见表 5-18。

（15）老年人上下楼梯辅助场景

【背景情况】下楼散步、买药就医等是老年人日常生活中常见的情景，但部分老年人腿脚不便，上下楼梯较为困难，尤其是未安装电梯的老旧小区老年人住户，上下楼不仅费时费力，还容易出现跌倒、扭伤等危险。特别是失能老年人，下楼出门非常困难。

【现状描述】上下楼辅助器又称"爬楼机"，现有爬楼机往往操作复杂，需专人协助使用。个人购买成本较高，一般老年人难以承担，租赁使用需配备专业人员，服务价格较高，老年人难以长期支付。

【场景需求】提供成本低廉、便捷实用的老年人上下楼智能辅助方案。要求爬楼机操作步骤简单，降低使用难度，普通照料者能够快速上手，以节省使用中的人力成本。同时产品应减小体积，便于携带运输，且能灵活转弯，操作性好。充分考虑产品使用安全性，防范上下楼过程中的安全风险。在技术安全的基础上，进一步降低购买或租赁价格，同时发展有效的推广模式，探索爬楼机共享使用模式。

【场景适用】老年人上下楼梯辅助主要针对居家养老的老年人，适用于居家养老和社区养老场景，场景适用用户、场所和人群详见表 5-19。

表 5-19　老年人上下楼梯辅助场景适用

主要用户	√C 端（老年人）	B 端（机构）	G 端（政府）
主要场所	√居家	√社区	养老机构
主要人群	居家养老的老年人		

来源：胡琼方整理

5.2.2 多场景融合：加强数字化整合，增加智能数字化手段应用，为老人提供便利服务

现阶段，传统单一的智能手机等设备很难满足老年人在居家场景下跟外界的有效连接，智能手机等设备应用场景的改造和应用大多基于单一应用需求进行更新迭代，老年人必须掌握和记忆多种应用功能才能满足多样化的需求，所

以基于现有应用场景进行升级改造，加强数字化整合，采用更加智能数字化手段完成多场景的融合应用，为老人提供更加便利、便捷、高效的养老服务，必须切实从老人的角度设计场景实现，即使在慌乱情况下，老人也可方便快捷地找到应用，减少老人的学习压力和成本，最大化消除数字鸿沟和信息壁垒。

上海等一线城市拥有较丰富的养老服务资源，但依然存在资源分散、缺乏整合的问题。要充分利用数字化手段，以老人比较熟悉、应用熟练的产品作为改进的基础，融入助医、出行、生活、家政、政策、社交等多个应用场景，重塑为老服务的线上线下流程，协同汇聚多方力量共同打造新型应用场景。养老多场景的融合不仅是单个应用服务场景的叠加，更是创造出一个新的养老服务场景；不仅是一个养老服务平台，更是搭建一个数字化的服务生态，有效助力老人跨越数字鸿沟，推动养老服务的高质量高效率发展，有效推进养老数字经济的可持续应用发展，提升城市治理、经济发展能力水平，开辟数字化转型的新路径。

上海在开展互联网应用适老化和信息无障碍改造专项行动中，探索利用市场机制推广"为老服务一键通"（以下简称"一键通"），加强老年人数字技能教育和培训，助力老年人跨越数字鸿沟。通过对电视机顶盒这一传统信息终端进行智能化升级，将电视机化身成为服务老年人生活的智慧终端，不仅将字体变大，同时将操作简易化，让老年人更方便使用，为老年人拥抱数字生活构筑新桥梁、打造新场景。保留看电视功能的同时，通过远程软件升级，在盒子内搭载出一个与老人生活息息相关的生活服务平台，同时再加配一个新遥控器。拿起机顶盒遥控器，只需按一次键，就能在电视屏幕上申请叫车、助医、家政等各类高频为老服务。为方便老人，最优化方便老人操作，拿起重新设计的机顶盒遥控器，滑动滑盖，电视就会自动切换到"一键通"平台，便捷、实用、易操作的"一键通"能够助力老人在使用为老服务跨越数字鸿沟。

"一键通"平台是对现有养老服务流程的重塑，需求侧链接千家万户，供应侧则是植入政府管理体系和为老服务资源，链接为老服务的各方资源，如医疗机构、出行平台、社区服务中心等，助医模块重点对接周边医疗机构，出行模块则优先推荐区内出租车公司，家政模块则对接辖区内服务优质的家政公司，在老人呼叫应用过程中，能够及时做好应对和响应。

"一键通"平台有助医、出行、生活、家政、政策、社交6个大的模块，分别对应着遥控器上的6个按钮，位置、字体、颜色都完全一致。如果需要对应服务，用户只需要按对应的键一次，进入相应的功能模块后，剩下的操作——

不管是预约叫车，还是聘请钟点工，都能通过留言完成，等完成确定后，也有预约完成的信息提示。如助医服务，为方便不太懂电脑和手机的老人提供预约挂号服务，可以将有线电视切换到"一键通"平台，一键选择其中的"助医"模块，然后把遥控器当成麦克风，做一个语音留言，说出挂哪个医院、哪个科室、哪天的号，随后后台人员将根据留言，及时作好相应安排。当后台工作人员挂号成功后，电视屏幕上就会显示出挂号预约完成的提示，老人在规定的时间即可前往就医。

这种以电视机为入口的智能居家养老模式，依托人工智能技术多场景融合应用，通过试点的机顶盒为载体，将一台普通的电视机变为智能的机器人，老年人无需进行文字输入，只需说出自己的就医、出行、社交等需求，后台人员即可根据老人需求进行需求确认和预约服务，老人轻松与服务方精准链接，彻底解决不会使用智能设备带来的困扰。政府管理及有关部门的深入介入和支持，老人们在机顶盒上挂号或叫车时，无需输入太多个人信息，机顶盒经授权已绑定老人的相关信息，实现先打通数据壁垒、再消除数字鸿沟，显著提高老年人的体验感，让老年人不再惧怕使用智能设备。

5.2.3 重视场景全生命周期管理

党和国家高度重视老龄事业和养老服务体系发展，把积极应对人口老龄化上升为国家战略，养老服务的建设成效和满足老年人多层次、高品质健康养老需求也是目前关注的重点。为保障为老服务应用场景取得良好的成效，要结合不同的应用场景制定为老服务策略，要深度思考在场景落地前期、中期、后期不同阶段的所需匹配的服务策略和重心，加快推进政府投资的居家养老、社区养老、机构养老有关的项目建设，做好事中事后监管工作，规范项目报批报建程序，推动投资计划规范高效执行，严格项目和资金管理，提高项目建设质量和实施效果，确保如期投入使用。

1．场景建设前期：注重科学评估分析，加强区域顶层设计规划

1）加强区域养老服务规划布局

基于区域养老基础和资源现状，合理规划养老服务设施空间布局，促进服务能力提质扩容和区域均衡布局；统一规划、重塑应用场景养老服务流程，协同多部门、多平台、多资源、多公司的合作定向提供服务，保证为老服务真正做到及时响应老人需求、及时协调各方资源，配套制定养老服务体系建设规划，提升区域内和区域间服务和产品供给能力。及时将养老服务体系纳入区域国土空间规划，并对接融入国家相关重大区域战略，统筹融入省内区域发展战略以及相关片区规划，切实增强重点区域养老服务能力和产业承载力，发挥战略性区域中节点城市的示范和辐射带动作用。加大养老服务及产品、相关产业、创新业态的规划布局，推动产业发展与人口老龄化程度相匹配。

2）注重信息化一体化设计规划

加强支撑跨部门政务协同信息化建设，注重信息化一体化设计规划，促进集约化、移动化和智能化发展，全面提升协同化水平，避免"信息孤岛"的出现，实现区域信息化统一化高效管理，推进建设区域智慧健康养老服务综合信息系统平台，依托区域养老服务中心，推进养老补贴、养老服务、行业监管信息化，实现老年人信息的动态管理。统筹考虑规划老年人康养"数字画像"，从区域全局的维度设计涉及的部门、包含的信息字段，采集到更全面的信息，推动打开区域养老服务智能化、智慧化的全新路径，实现养老服务个性化、便捷化、安全化，缓和养老需求与有限服务之间的矛盾，使服务质量、水准得到提升，服务过程更加精细化。

3）健全区域养老服务评估制度

加强区域养老标准制度建设，以保障老年人养老服务需求为核心，结合当地实际情况，综合制定评估办法和实施细则，采取有力政策措施，加快建立健全养老服务评估制度，健全覆盖全民的独立的长期护理保险制度，建立统一制度标准和管理规范，提高护理服务供给能力和水平，完善不同部门涉老资金政策衔接，建立税优型商业长期护理保险，为养老服务体系应用场景建设提供制度保障。

4）制定风险防控及过程演练方案

应当制定应用场景建设过程中的各项风险防控预案，以及定期组织各项风险预案演练方案，提升风险防控应对能力，并不断完善风险应急预案；针对不同服务对象，在开展服务之前应做好各项服务安全预案，并向老年人及其家属（监护人）如实告知相关安全事项，鼓励相关人员购买第三方责任险、意外险。

2．场景建设中期：加强组织、人才、资金等方面投入管理及协调

1）加强组织管理

建立健全党委领导、政府主导、部门负责、社会参与的养老服务工作机制，发挥各级养老服务体系建设发展领导小组重要作用，强化养老服务资源统筹管理，协调解决跨部门的重点难点问题，形成推进养老服务发展合力；各部门要各司其职、各负其责，形成协同配合、齐抓共管、整体推进的良好工作格局。各地要将养老服务体系建设纳入经济社会发展整体规划，将养老服务工作纳入区域高质量发展、乡村振兴战略实绩考核、积极应对人口老龄化绩效评价、政府营商环境考核等内容。在基层特别是街道（乡镇）、社区（村）开发一批为老服务岗位，着力提升城乡养老服务经办能力。

2）强化财政资金保障

坚持积极应对人口老龄化和促进经济社会发展相结合，根据区域经济社会发展水平、人口规模、养老服务工作绩效等因素，建立稳定有效的养老服务经费投入保障机制，综合评估分析所需资金来源及确保资金有序投入，完善政府投入机制，优化各级财政支持养老服务业发展的支出结构，提升精准化投入水平。各地要将养老服务纳入政府民生工程和政府购买服务指导性目录，保障财政养老服务投入。对符合条件的养老服务基础设施建设项目统筹予以政府专项债券支持。鼓励企业和社会组织通过慈善捐赠等方式支持养老服务发展。

根据区域实际，研究制定可操作的运营补贴等激励政策，设立家庭养老服务建设及运营专项资金，制定养老服务产生的改造补贴、老年人照顾补贴、机构服务补贴政策，引导各类养老服务机构优先接收特殊困难老年人，鼓励对接收外地老年人的机构同等适用相应补贴政策。结合区域的实际情况，落实落细支持养老服务发展的税费优惠政策，落实养老服务机构电、水、气、热价格优惠等政策。

3）注重人才培养和投入

结合区域具体情况及养老服务人才的数量和服务能力，设计养老服务人才有关制度，制定养老服务人才队伍建设的指导性政策，明确相关经费投入机制，将养老服务人才培养培训、入职补贴、岗位津贴等方面的经费投入纳入财政预算，尊重养老服务从业人员的劳动，提高其报酬待遇和社会地位，并依法保护其合法权益。健全人才教育培训体系，支持通过专业的培训机构定向培养养老服务人才，营造良好的就业氛围，持续实施养老服务人才培训行动。健全从业人员激励机制，可对养老服务机构招用符合条件人员就业的，按规定给予社会保险补贴、税收优惠等政策扶持。健全"社工+志愿者"队伍，大力培养为老年人服务的社会工作者队伍，在养老服务机构中开发设置社会工作者岗位，为老年人提供多样化、专业化养老服务。

3. 场景建成后期：加强服务运维管理体系、关注养老服务长期价值

1) 加强运维体系建设

应用场景建成后，在运行过程中，根据实际应用需求和发生的问题实现应用场景的流程优化、配置改善，不断完善管理部门、资源公司、机构、社区、个体的运维能力体系建设。信息化平台在应用场景建设运行后仍进一步调试和完善，同时结合实际应用需求完成信息化功能的迭代升级，实现数据更新、服务监管、分析研判等方面质的跃升。场景运行中联合多部门形成合力，不断优化养老资源配置，让更多更优的智慧化养老服务真正惠及老年人。

2) 加强跟踪实施分析

加强对应用场景实际落地情况的指导、督促，及时检查并向管理部门报告工作进展情况。加强对规划实施情况的跟踪分析，定期开展综合评估和专项评估，及时发现和解决突出问题。通过多种形式的跟踪、检查、评估，建立健全检查机制，创新评估方式方法，引入第三方评估机制，将评估结果作为改进工作和绩效考核的重要依据。各地要强化主体责任，结合实际制定养老服务体系配套措施，细化相关指标，确保责任到位、工作到位、投入到位、见到实效。

3) 挖掘养老大数据长期价值

政务领域沉淀蕴含着海量数据资源，深入推进地理、人口、经济、文化等政务信息资源有效整合、充分共享，基于大数据技术推动部门之间相关数据的汇聚整合与关联分析，挖掘数据价值，提升政府决策和风险防范能力。配合以更好的技术规范、管理标准与监督机制深化政务数据资源共享利用将是重大课题。将资源整合，以数字经济助推养老产业做大做强，形成经济新的增长极，推进养老产业数字化、数字养老产业化，激活养老服务产业。

第 6 章

数字素养终身培育

6.1 数字素养内涵与终身培育发展体系

数字素养是适应数字化时代生活的必备素养,是一种需要持续不断的学习的关乎所有人的基本生活技能的、复合的、横跨的重要技能。数字素养教育是新技术环境下公民未来持续发展的内在要求,是媒介素养教育未来发展的新动向,能够有效弥合"数字鸿沟"[1]。本章主要就数字素养的内涵与理念、模型与框架及其终身培育发展体系进行介绍。

6.1.1 数字素养内涵与理念

国际上的部分组织和机构对数字素养有着丰富的界定。如 2017 年 8 月国际图书馆协会联合会(International Federation of Library Associations and Institutions,IFLA)发布了《国际图联数字素养宣言》。该宣言是首次关于数字素养的国际性的系统宣言,明确了数字素养对于个人及社会的重要意义,即数字素养是指合理利用数字工具并满足个人、社会和职业生活的信息需求的能力[2]。新媒体联盟(New Media Consortium,NMC)在其 2017 年 8 月出版的《NMC 数字素养战略简报》中将数字素养定义为人们在访问或是创建数字资源过程中,应该

---

[1] 李德刚. 数字素养:新数字鸿沟背景下的媒介素养教育新走向 [J]. 思想理论教育,2012(18):9-13.
[2] International Federation of Library Associations and Institutions. IFLA statement on digital literacy[EB/OL]. [2022-07-16]. https://repository.ifla.org/bitstream/123456789/1283/1/ifla_digital_literacy_statement.pdf.

具备了解、理解、诠释和使用数字资源的能力[1]。联合国教科文组织（United Nations Educationnel, Scientific and Cultural Organization，UNESCO）将数字素养描述为使用数字技术、信息处理和检索所需的一套基本技能，使人们能够参与社交网络，创造和分享信息[2]。加拿大数字与媒体素养中心也明确界定了数字素养的内涵，即学生在数字时代的行为能力，包括使用数字技术进行工作、学习、沟通、消费、获取信息和服务等[3]。中共中央网络安全和信息化委员会于2021年印发了《提升全民数字素养与技能行动纲要》，其中指出数字素养所包括的素质能力有以下几种：数字获取、制作、使用、交互、评价、创新、分享、安全保障和伦理道德等[4]。欧盟委员会则在《公民数字素养框架2.0》（DigComp 2.0）中指出数字素养是指能够自信、批判性和创造性地使用信息通信技术来实现就业、学习工作、休闲、融入社会等相关目标的能力[5]。

此外，很多学者也对数字素养的定义给出了各自观点，如凌征强在总结了国内外数字素养的基础上认为数字素养是一个综合性的概念，是人们自信地使用数字通信技术、能够批判性地检索和利用数字资源、自由地参与数字社会活动的综合能力，是经过计算机素养、数据素养、媒介素养、信息素养、网络素养等若干素养的流变所形成的[6]；王佑美等认为数字素养是一个综合性、动态、开放的概念，是经过媒介素养、计算机素养、信息素养、网络素养的流变所形成的，它指的是在工作、生活、学习以及娱乐中熟练及创新地使用数字化技术的能力[7]；梅耶斯（Meyers）等认为数字素养的内涵指对有关知识权威、数据安全与隐私、媒体技术使用与重用的道德、责任和创造性等问题的清晰认知[8]。

总的来说，中外学者均认可数字素养是一个终身学习的过程，认为数字素养是21世纪受过教育的人最核心的能力。数字素养的发展和演变也愈发强调实践性导向。

---

1 ALEXANDER B, ADAMS S, CUMMINS M. Digital literacy: An NMC Horizon project strategic brief[EB/OL].[2022-10-09]. https://www.learntechlib.org/p/182085/.
2 UNESCO. Digital literacy in education[EB/OL]. [2022-7-16]. http://unesdoc.unesco.org/images/0021/002144/214485e.pdf.
3 余慧菊,杨俊锋.数字公民与核心素养：加拿大数字素养教育综述[J].现代教育技术，2019,29(07):5-11.
4 中共中央网络安全和信息化委员会. 提升全民数字素养与技能行动纲要 [EB/OL].[2022-07-16].http://www.cac.gov.cn/2021-11/05/c_1637708867754305.htm.
5 FERRARI A. DIGCOMP: A framework for developing and understanding digital competence in Europe[EB/OL]. [2022-07-16]. https://op.europa.eu/en/publication-detail/-/publication/a410aad4-10bf-4d25-8c5a-8646fe4101f1/language-en.
6 凌征强.我国大学生数字素养现状、问题与教育路径[J].情报理论与实践，2020,43(07):43-47+53.
7 王佑镁,杨晓兰,胡玮,等.从数字素养到数字能力：概念流变、构成要素与整合模型[J].远程教育杂志，2013,31(03):24-29.
8 MEYERS E M, ERICKSON I, SMALL R V. Digital literacy and informal learning environments: An introduction[J]. Learning, Media and Technology, 2013, 38(04): 355-367.

6.1.2 数字素养模型与框架

模型和框架是指导具体实践的重要依据，现有数字素养模型和框架有 100 多种[1]，但还未有普遍认可的框架模型，大多框架制定者均考虑了自己所处的政治、经济和社会环境，数字素养框架因地而异，往往具有跨国家跨机构特征[2]。许多国际机构和组织制定了各自的数字素养框架，与此同时，还有部分学者也提出了各自的数字素养框架。下面对此分别进行阐述。

1. 欧盟委员会公民数字素养框架

2016 年，欧盟委员会颁布《公民数字素养框架 2.0》（DigComp 2.0），2017 年推出 2.1 修订版，并在 2022 年发布最新版 DigComp 2.2[3]（图 6-1）。其由 5 项一级指标构成，即信息与数据素养、交流与协作、数字内容创造、安全和问题解决。包含 21 项二级指标，每项二级指标运用 5 个不同维度进行细化描述[4]（分别为能力域；能力；熟练水平；知识、技能与态度范例；用例），明确了 8 个水平等级（从基础级到专家级），具体见表 6-1。

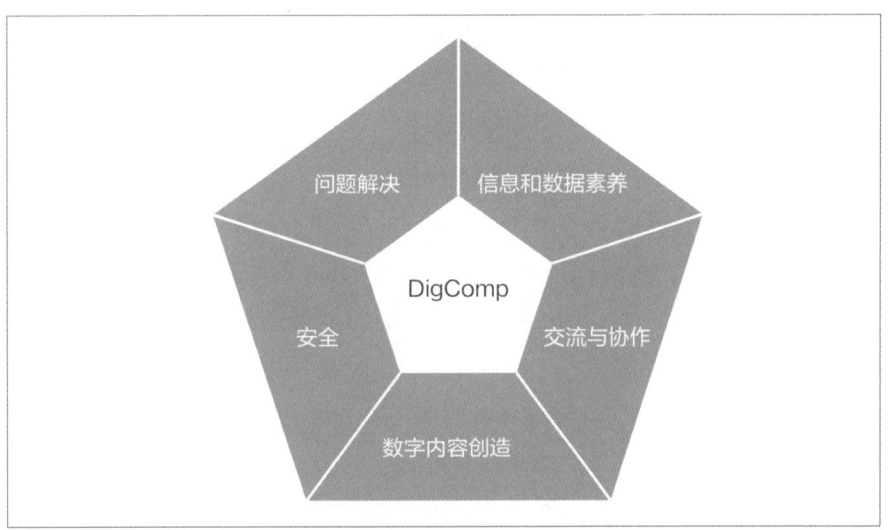

图 6-1 欧盟公民数字素养模型
来源：European Commission. The Digital Competence Framework 2.2[EB/OL]. [2022-07-15].

---

1 布朗，肖俊洪. 数字素养的挑战：从有限的技能到批判性思维方式的跨越 [J]. 中国远程教育，2018(04):42-53.
2 高山.《高等教育中的数字素养Ⅱ：新媒体联盟地平线项目战略简报》研究 [J]. 图书馆建设，2018(07):42-47+53.
3 European Commission. The Digital Competence Framework 2.2[EB/OL]. [2022-07-15]. https://publications.jrc.ec.europa.eu/repository/handle/JRC128415.
4 任友群，随晓筱，刘新阳. 欧盟数字素养框架研究 [J]. 现代远程教育研究，2014(05):3-12.

表 6-1　欧盟委员会公民数字素养框架

能力域	具体能力
1. 信息和数据素养 （Information and Data Literacy）	1.1 浏览、搜索及过滤数据信息等数字内容 阐明信息需求，在数字环境中搜索数据、信息等内容，获取数字资源并能进行定位与导航；创建和更新个人搜索策略。 1.2 评价信息数据等数字内容 分析、比较并批判性地评估数据信息等数字内容来源的可信度和可靠性。分析、解释并批判性地评估数据、信息等数字内容。 1.3 管理信息数据等数字内容 在数字环境中组织、存储和检索数据、信息等内容。在结构化的环境中进行组织和处理。
2. 交流与协作 （Communication and Collaboration）	2.1 运用数字技术进行互动 通过各种电子设备和应用软件进行互动；理解数字化通信的基本原理；理解通过数字化手段进行交流的恰当方式；了解不同的交流形式；有针对性地选用各种交流模式和交流策略。 2.2 运用数字技术进行分享 与他人分享发现信息的内容与来源；愿意并能够分享知识、内容与资源；以媒体中介人的身份行事；积极主动地传播新闻、内容与资源；了解如何引用内容；能够将新信息整合到现有知识体系中。 2.3 运用数字技术行使公民参与 通过网络参与社会活动；在技术与数字化环境中寻求发展与提升自我能力的机会；意识到技术对于公民的潜在影响。 2.4 运用数字技术进行协作 使用技术和媒体开展团队工作、进行协同合作以及对资源、知识和内容实施共同创造与建设。 2.5 网络行为规范 在使用数字技术和在数字环境中互动时了解行为规范和专业知识。使传播策略适应特定受众，并了解数字环境中的文化和代际多样性。 2.6 数字身份管理 创建、采用和管理一个或多个数字身份；能维护个人的数字信誉；能够处理不同数字工具、环境和服务下产生的个人数据。
3. 数字内容创造 （Digital Content Creation）	3.1 开发数字内容 创造和编辑不同格式的数字内容，通过数字手段表达自己。 3.2 整合并重制数字内容 通过对现有资源的修改、提炼与改进，创建新的、原创的有关联的内容和知识。 3.3 版权与许可 了解版权和许可如何适用于数据、数字信息和内容。 3.4 编程 为计算系统计划和开发一系列可理解的指令，以解决给定问题或执行特定任务。
4. 安全（Safety）	4.1 保护设备 保护设备和数字内容，并了解数字环境中的风险和威胁。了解安全和安保措施，并适当考虑可靠性和隐私。 4.2 保护个人数据与隐私 保护数字环境中的个人数据和隐私。了解如何使用和共享个人身份信息，同时能够保护自己和他人免受损害。了解数字服务使用"隐私政策"来告知如何使用个人数据。 4.3 守护个体健康与幸福 能够在使用数字技术时避免健康风险和对身心健康的威胁。能够保护自己和他人免受数字环境中可能存在的危险（如网络欺凌）。了解用于社会福祉和社会包容的数字技术。 4.4 保护环境 了解数字技术及其使用对环境的影响。

续表 6-1　欧盟委员会公民数字素养框架

能力域	具体能力
5. 问题解决（Problem Solving）	5.1 解决技术问题 在操作设备和使用数字环境时识别技术问题并解决它们（从故障排除到解决更复杂的问题）。 5.2 确定需求和技术对策 评估自己在资源、工具和能力发展方面的需求；根据需求选用可能的解决方案及适当的工具，并能够对可能的解决方案和数字化工具进行评判。根据个人需求（如可访问性）调整和定制数字环境。 5.3 创新和创造性地使用技术 使用数字工具和技术来创造知识并创新流程和产品。能独立和集体参与认知处理过程，以理解和解决数字环境中的概念问题和问题情况。 5.4 数字素养缺陷的识别 知道自身数字素养的哪些方面需要改善或更新；能够支持他人发展数字素养；寻求自我发展的机会，并与数字化发展保持同步。

来源：李宝敏团队整理

2. 联合国教科文组织全球数字素养框架

由于 DigComp 2.1 主要反映欧洲国家的数字素养情况，缺乏对中低收入等发展中国家的关注，因而联合国教科文组织于 2018 年颁布了《全球数字素养框架》[1]。该框架在体系和内容上以 DigComp 2.1 为主体，在保留原有 5 个素养域基础上，主要增加了"硬件和软件基础""职业相关能力" 2 个素养域[2]以分别用以表征数字设备操作能力和特定领域操作的数字技术能力，最终包含 7 个素养能力域和 26 个具体素养能力指标，详见表 6-2。

表 6-2　联合国教科文组织全球数字素养框架

能力域	具体能力
1. 硬件和软件基础（Fundamentals of Hardware and Software）	1.1 硬件基础知识，如开关机和充电、锁定设备 1.2 用户账号密码管理、登录、隐私设置等软件基础知识
2. 信息和数据素养（Information and Data Literacy）	2.1 浏览、搜索及过滤数据信息等数字内容 2.2 评价信息数据等数字内容 2.3 管理信息数据等数字内容
3. 交流与协作（Communication and Collaboration）	3.1 运用数字技术进行互动 3.2 运用数字技术进行分享 3.3 运用数字技术行使公民参与

1　ANTONINIS M, MONTOYA S. A global frame-work to measure digital literacy[EB/OL].(2018-03-19) [2022-07-15]. http://uis.unesco.org/en/blog/global-framework-measure-digital-literacy.
2　郑彩华. 联合国教科文组织《数字素养全球框架》：背景、内容及启示 [J]. 外国中小学教育，2019(09):1-9.

续表 6-2　联合国教科文组织全球数字素养框架

能力域	具体能力
3. 交流与协作（Communication and Collaboration）	3.4 运用数字技术进行协作 3.5 网络行为规范 3.6 数字身份管理
4. 数字内容创造（Digital Content Creation）	4.1 开发数字内容 创建不同形式的（包括多媒体）内容；编辑和完善他人创建的内容，通过数字媒体和技术进行富有创造性的表达。 4.2 整合并重制数字内容 通过对现有资源的修改、提炼与组合，创建新的内容和知识。 4.3 版权与许可 了解应用于信息内容的版权和许可的相关知识与程序。 4.4 编程 能够应用程序设置、修改程序，能够使用程序、软件与设备；理解程序设计的基本原则；理解程序背后的原理。
5. 安全（Safety）	5.1 保护设备 保护个人设备，了解来自网络的安全风险和威胁，了解安全防范措施。 5.2 保护个人数据与隐私 了解有关个人数据防护的服务与措施；具备隐私意识，能够保护自己免受来自网络的侵害。 5.3 守护个体健康与幸福 知道并防止技术对身体和心理造成的健康风险。 5.4 保护环境 了解信息技术对环境的影响。
6. 问题解决（Problem Solving）	6.1 解决技术问题 利用数字化手段甄别并解决可能存在的问题（包括从故障排除到复杂问题的解决）。 6.2 确定需求和技术对策 评估自己在资源、工具和能力发展方面的需求；根据需求选用可能的解决方案及适当的工具，并能够对可能的解决方案和数字化工具进行评判。 6.3 创新和创造性地使用技术 利用技术进行创新，积极参与数字化协作和多媒体创作，通过数字媒体和技术创造性地表达自己，在数字化工具的支持下创造知识、解决概念性问题。 6.4 数字素养缺陷的识别 知道自己数字素养的哪些方面需要改善或更新；能够帮助他人发展数字素养；保持对信息技术最新进展的及时跟进。
7. 职业相关能力（Career-related Competences）	7.1 操作特定领域的专业硬件/软件所需的知识和技能，如工程设计软件和硬件工具，或使用学习管理系统提供完全在线或混合课程。

来源：李宝敏团队整理

6.1.3 老年数字素养培育发展体系

2021年11月，中共中央网络安全和信息化委员会印发《提升全民数字素养与技能行动纲要》，指出提升全民数字素养与技能是建设网络强国、数字中国的一项基础性、战略性、先导性工作。年龄因素正在使老年群体成为这个飞速发展的智能时代的"信息贫困者"，进而使他们中的诸多人因为无法有效融入日益智能化的现实生活而逐渐被边缘化。因此，如何帮助老年等弱势边缘群体获得有效的数字教育，是各国政府和国际社会必须关注的一个普遍性社会问题[1]。

国际上发达国家的老年人数字素养培育模式主要包括：政府参与、教育机构参与、图书馆参与和社会参与等。以政府角色为例，"美国模式"下政府作为多主体中的重要一环，扮演着基础设施提供者与政策引导者的角色。在"欧盟模式"中，政府则更多表现为数字素养框架与培育规则的制定者。相较前两种模式，"日本模式"则更强调公众培育媒介素养的"自我赋能"意识，重视为公众提供自主学习的资源和平台[2]。这也给我国构建数字素养终身培育发展体系提供了有价值的借鉴。经济合作与发展组织（OECD）愈发强调数字素养的重要性，并将终身教育视为一个整体，认为教育是覆盖个体一生和囊括所有正规教育、非正规教育和非正式学习的系统[3]。满足我国老年人数字需求，提升数字素养水平对于我国的养老事业具有很重要的意义，这有助于老年人更为积极地面对人口老龄化问题，以积极乐观的态度迎接老年生活[4]。

我国老年人数字素养教育主要由图书馆、社区中心及老年大学承担。图书馆根据各地方的图书馆条例以及后来的《中华人民共和国图书馆法》对老年人开展公益性的数字素养教育。而各地的老年大学虽然也开设老年人数字素养教育，但是由于其收费的性质，令相当一部分的老年人望而却步。这样一来，图书馆、社区中心就成为老年人数字素养教育的主要阵地。研究发现，上述国内承担老年人数字素养的各机构，一般都是独立施行老年人的数字素养教育，鲜有机构互相合作或是与企业携手开展[5]。研究表明，国内数字素养培育存在一

---

1 黄传武，邓丰丰."知沟"视域下我国老年群体数字生存困境与应对[J].北京邮电大学学报（社会科学版），2022,24(01):40-46.
2 史安斌，刘长宇.全球数字素养：理念升维与实践培育[J].青年记者，2021(19):89-92.
3 李薇，范贤睿.经合组织终身教育数字化战略：要点与特色[J].世界教育信息，2022,35(06):16-20.
4 徐越.智能化时代对提升我国老年人数字素养水平的思考[J].中国集体经济，2019(14):165-166.
5 罗艺杰.中美老年人数字素养教育对比研究[J].四川图书馆学报，2018(06):75-79.

定的不足[1]，可见我国数字素养培育亟须构建起一个成体系的多方协作的有力系统。

1. 制定符合国情的数字素养框架，构建素养培育理论体系

总的来说，我国尚未形成有效的数字素养教育体系，亟待制定数字素养教育框架、标准与长远的行动计划[2]。政策与框架是指导工作的标准与准则，而我国还未颁布类似的文件，政府应联合教育界、图书馆界的专家、学者们，共同起草符合我国国情的数字素养框架，并细化为不同群体的版本，以指导我国各个年龄段的数字素养教育的开展。这有助于后续政府政策的制定，也为相应的培训课程设计提供了指导和标准，从而规范化数字素养培育行为。如新加坡通信与信息部于 2018 年 6 月发布了《数字化准备蓝图》[3]，基于该基本数字技能框架，蓝图提出了基本数字技能课程，以用于培训。

2. 政府发挥引领、协调作用，完善政策保障，兜底体系发展

首先，政府要在创造良好的数字素养发展环境中扮演引领者角色。其次，政府应支持各利益相关方创新合作模式，针对不同的学习需求，丰富数字素养的获取途径，共同促进数字素养教育发展[4]。同时，要与时俱进地制定和完善相关法律法规和监管制度，加强数字化的法制化进程，及时修改和妥善调整现行《老年人权益保障法》，在其中补充和完善关于老年人数字平等、反歧视、数字救济、终身教育等内容[5]。

政府可以通过制定政策，以行政手段来推动及指导相关社会机构、行业等力量，从整体与宏观层面促进针对老年人的数字素养培育的帮扶。如 2021 年 11 月，中共中央网络安全和信息化委员会印发《提升全民数字素养与技能行动纲要》，指出提升全民数字素养与技能是建设网络强国、数字中国的一项基础性、战略性、先导性工作。政府应以市场化为导向，布局老龄产业，发展"银发经济"，推动银发群体市场生产创新，激发"银发群体"的数字参与，使他们借助数字化技术更好地维系社会关系、拓展社交网络，获得表达、交往的权利[6]。

---

1 雷雪. 图书馆未成年人数字素养培育研究进展 [J]. 图书馆建设，2021(06):131-138+164.
2 张娟. 美国数字素养教育现状及启示 [J]. 图书情报工作，2018,(11):135-142.
3 Ministry of Communications and Information. Digital readiness blueprint[EB/OL]. [2022-07-16]. https://www.mci.gov.sg/zh/portfolios/digital-readiness/digital-readiness-blueprint.
4 陈春雨. 国际视野下的数字素养：关键参与者和提升策略 [J]. 世界教育信息，2019,32(01):15-19.
5 潘君豪，杨一帆. 老年数字贫困的韧性治理研究. 老龄科学研究，2020(02):52-60.
6 刘向阳. "银发群体"的"数字化生存"：老年群体新媒体接触研究 [J]. 新闻爱好者，2021(07):76-78.

网络信息监管部门要进一步加大监管力度，营造和谐通畅、风清气正的信息传播环境，提升"银发群体"数字化设备使用的安全感和积极性。为老年人数字素养培育体系筑牢稳固的网络安全底线。

3．多机构合作，编织数字素养培育网络，促进数字素养教育的可持续发展

总体而言，国内图书馆行业面向公众的数字素养教育活动表现较为零散，缺少整合和宣传推广，其他社会力量也很少参与数字素养教育活动[1]。地方政府可考虑联合当地企业、教育机构共同兴办公益性图书馆，以便对老年群体进行有效的再教育，为老年群体提供更丰富的精神文化生活服务，我国广大的农村地区尤其需要进行这样的文化设施建设。图书馆要承担起普惠性数字素养教育功能，如在美国，图书馆服务局（IMLS）与美国图书馆协会（ALA）的公共图书馆联盟等机构于2013年联合成立了DigitalLearn.org门户网站，推出旨在提升老年人数字素养的相关课程，供老年人自学。伦敦图书馆则专门为老年人开设电脑学习、文件管理等数字技术类的免费课程。2020年12月，国际图联（IFLA）发布的《数字技术政策中的图书馆：政策领域、机制与实践》指出，所有类型的图书馆都应该基于自身的实际情况，提供不同类型的、从低级到高级乃至某个专业领域的数字素养培训；各地公立图书馆还可以定期开展本地公民数字素养与技能的调查与评估[2]。

据中国老年大学协会统计，截至2018年年底，我国共有7.6万余所老年学校，包括远程教育在内的老年学员共有1300余万人，但仅占60岁以上老年人口的5%[3]。由此可见，我国老年大学所覆盖的老年群体存在极大的提升空间，尤其是广大乡村地区的老年群体由于自身文化素养较低也难以获取老年大学的学习机会。国家可制定相应政策并给予相应资金支持，推动老年大学数字素养培训课程公益化，发挥老年大学在老年人数字素养培育方面的积极作用。

4．立足本土，成立数字素养教育门户网站，完善资源供给

老年人的数字素养教育应当成立专门的数字门户网站，将老年人的数字素养教育以线上线下教育相结合的方式推出，以满足不同老年人的需求，更好地为老年人服务。如澳大利亚邮政部联合非营利组织于2015年发起了GO Digi数

1　许丽丽，高大伟．澳大利亚面向公众的数字素养教育及其启示[J]．情报探索，2019(12):46-50．
2　蒋敏娟，翟云．数字化转型背景下的公民数字素养：框架、挑战与应对方略[J]．电子政务，2022(01):54-65．
3　社科院前瞻产业研究院．老年大学规模将突破千亿元[EB/OL]．(2019-12-23)[2022-7-16].http://www.chinaweekly.cn/36206.html.

字素养教育项目，该项目面向全体国民，重点关注老年人、偏远地区居民、小企业员工等，该项目搭建了专门网站，提供各种在线学习资源。澳大利亚社会部于 2017 年发起的一项面向老年人的 Be Connected 数字技能培训项目，该项目建立了数字素养在线学习网站，提供一系列专门为老年人设计的数字技能培训工具和资源。这些网站既是公众的在线学习平台，又是各类组织、机构开展数字素养教育的协作网络，在推进公众的数字素养教育方面起到了非常重要的作用。2013 年，美国公共图书馆协会创办的数字素养专门网站 DigitalLearn.org，其主旨为"利用计算机做一切事情"，提供包括基础技能、职业技能、网络安全、沟通与交流、生产力、移动终端、网上购物等培训课程[1]。同年，首个旨在为美国民众提供数字素养培训、创造新的就业机会及提供免费的教育资源，并为民众充分利用政府的利民项目提供支持的在线学习门户 EveryoneOn.org 成立[2]。此外，国外还有许多诸如此类的数字素养学习门户网站，我国这类网站还相当缺乏。[3] 我国政府应当牵头成立此类网站，提供丰富实用且公益性的数字素养资源。

政府作为领航者，应发起全民数字素养终身培育工程，制定老年人数字素养教育框架并制定相关政策，同时提供资金支持，建设数字素养基础设施，为数字素养的发展做好基本保障。图书馆、老年大学等教育性机构是老年人数字素养的主要执行者，纷纷响应政府号召，积极主动参与到老年人的数字素养教育中，利用他们多年的教育经验，为老年人的数字素养教育设计课程体系[4]。而社会力量如企业的加入，则为数字素养终身培育体系注入了活水，有助于推动老年人的数字素养教育创新发展。

总之，应对老年群体数字生存困境是一个综合性、立体化的社会工程，需要政府、企业、教育机构、社会、家庭和个人等各方共同努力，老年人数字素养教育模式是多机构参与，且互相合作的多元化体系。应本着低成本、公益性和普及化的原则，朝着"2025 年全民数字化适应力、胜任力、创造力显著提升，全民数字素养与技能达到发达国家水平"[5]这一目标迈进，为老年群体数字素质再教育构筑良好的社会环境。

1 Public Library Association. Use a computer to do almost anything! [EB/OL]. [2022-10-18]. https://www.digitallearn.org.
2 EveryoneOn.Org[EB/OL]. [2022-07-16]. http://www.everyoneon.org/about-us.
3 许丽丽, 高大伟. 澳大利亚面向公众的数字素养教育及其启示 [J]. 情报探索, 2019(12):46-50.
4 罗艺杰. 国内外老年人的数字素养教育模式研究 [J]. 图书馆学刊, 2018,40(05):20-26.
5 中央网信办. 提升全民数字素养与技能行动纲要 [EB/OL]. (2021-11-05) [2022-7-15]. http://www.cac.gov.cn/2021-11/05/c_1637708867754305.htm.

6.2 数字素养终身培育路径

6.2.1 数字反哺

随着互联网和数字产品更新速度不断加快,数字技术渗透到了人们日常生活的方方面面。在网络数字时代,年轻人不仅是技术变革的主要力量,走在技术应用的前列,并且在网络世界中掌握着更多话语权,而老年人则处于劣势。年轻人教年长者使用电子产品,年长者遇到问题向年轻人请教已经成为社会中的普遍现象。这种年轻世代对年长世代进行反向的数字知识、技能和思想文化的传递称为数字反哺,是家庭层面培养老年人数字素养的路径。数字反哺作为一种内生性、可持续的辅助力量,在推动老年人数字融入的征程中重要性不言而喻。

1. 数字反哺的内涵

学者周裕琼将数字反哺定义为"年轻世代在数字接入、使用和素养上对年长世代的教辅行为"[1]。数字技术的发展使媒介环境飞速变革,老年群体参与网络的广度和深度相对有限,对信息、网络技术的拥有程度、应用程度以及创新能力与年轻一代存在差距,由此产生了数字鸿沟。在家庭内部,数字鸿沟也称为数字代沟,即表现为年长者和年轻者在数字技术采纳、使用以及与之相关的知识方面的差距。家庭作为最典型的初级社会群体,是每个人实现社会化的重要基层单元,也是老年群体实现"继续社会化"和"再社会化"的关键场域。家庭成员是老年人最信任且长期接触的人,最容易对老年人产生影响。数字反哺是一项长期的、潜移默化的行为,让老年人与数字时代相向而行,离不开家庭成员的帮助和关心。家庭"数字反哺"交流的是技术,弥合的则是亲情。

在全民数字融入的浪潮下,数字反哺可以有效解决数字代沟,使数字弱势群体从家庭传播中汲取力量,鼓起勇气积极面对数字鸿沟。且数字反哺是较之于政府支持、互联网公司"科技向善"更"中国式"的解决方案。它既符合人类科技发展和文化传承的普遍规律,又能适应中国社会独特的代际关系与互动模式。在数字化浪潮的冲击下,教父母/祖父母使用新媒体不仅是中国家庭生活的温馨日常,更是关乎中国社会和谐发展的根本机制。在生活节奏越来越快

---

[1] 周裕琼. 数字代沟与文化反哺:对家庭内"静悄悄的革命"的量化考察[J]. 现代传播:中国传媒大学学报,2014,36(02):117-123.

的今天，子代能陪伴父母的时间很有限。作为年轻人，应多花点时间和心思，帮助他们逐渐消除排斥心理，跨过"数字鸿沟"。"数字反哺"让老年人智享数字生活的同时，也体会到儿女的孝顺之心和家庭成员相处间的幸福快乐。

2．数字反哺存在的问题

现在，越来越多的年轻人承担起家庭责任，参与到"数字反哺"，子辈希望自己的长辈能感受到数字社会的便利，带他们融入数字社会。非常乐意帮助父母学习新的技术和操作方式，并成为在家庭内技术变革的代言人。但实现数字反哺还存在以下三个关键的问题。

1）数字反哺意愿不强

一是由于老年群体的社会经验和社会关系已趋于稳定，心理模式相对成熟保守，难以适应社会的转型，缺乏对数字文化观念理解与认同，容易产生数字恐惧、数字偏见与数字迷茫。二是老年人与年轻人双方反哺意愿差异较大，很多老年人出于惰性和对新技术的不适应，更倾向于让子女代劳而不是反哺，而子代希望老年人能真正学会自己操作，亲代与子代之间反哺意愿差距过大，往往会加大双方数字代沟，两代之间无法交流，会对家庭关系产生负面影响。只有当双方反哺意愿较高且差异不大时，才能更好地进行有效的数字反哺。三是权威质疑与情绪对抗。家庭场域中数字反哺的实施者即子代的角色变为"教育者"与"引路人"，被反哺的亲代的角色则变为了"被教育者"与"跟随人"。家庭结构中话语权威的双向化使得部分长辈产生了心理上的落差，其在数字情境中与子辈的互动不免仍带有说教性，与权威上升的子辈产生观念的矛盾与情绪对抗，降低了数字反哺持续深入的可能性[1]。

2）素养反哺脱节

一是子辈数字素养低影响数字反哺效果，即使年轻一代成长在数字信息时代，但这并不代表他们中所有人都具备较高的数字素养。老年人在向子辈学习时，子辈就是他们的"榜样"，除了学习操作流程，还会汲取子辈的数字素养与价值观念，如文化知识、设备操作、信息判断、公共参与等，这些或对或错的观念将指导老年群体的媒介使用行为，对数字反哺的效果产生直接的影响。二是"给出去的反哺"与"接受到的反哺"之间存在矛盾。子辈在技能层面反哺能帮助长辈解决新媒体接入与使用的困难，有效弥合浅层数字代沟，使长辈

---

1 王敏芝，李怡萱．数字反哺与反哺阻抗：家庭代际互动中的新媒体使用[J]．广州大学学报：社会科学版，2022,21(01):14．

使用特定的功能。但由于数字社会文化与价值观上理解的差异，两代人在新媒体使用场景、关注内容、话语体系上存在较大差异，使得长辈在数字时代的互动显然伴随着不同观念的博弈，不一定能有效弥补亲代数字素养的缺失，难免遭到沟通碰壁或反哺失败[1]，数字素养的培育还应从个体本身的生活情境出发，不能偏离个体所在的社会文化。

3）信息源质量差异

有些长辈会依据可接触的便利性选择不同的"信息源"，在子女无法协助的情况下，尝试通过其他渠道学习数字技能，但这种学习多局限于数字接入和数字技能使用的层面，不涉及更深层次的思维方式和文化观念层面，老年人如果不具有辨别真伪信息的能力，很容易在网络社会中遇到各类风险。如微信是老年群体常用的社交媒体应用，也是谣言滋生的重灾区，基于简单的数字使用技能，大部分老年群体仅仅能从微信获取信息，而无法筛选信息，信息的质量无法得到保证，在经历过几次被信息"欺骗"后，老年人会更倾向于从自己认为的可靠渠道获取信息，如报纸、电视等。尤其在新闻媒体报道的网络诈骗案件，或者身边人亲身经历的网络陷阱等一系列事例的影响下，老年群体会为了安全和稳妥而选择减少使用互联网，丧失使用数字设备的意愿。

3. 数字反哺的优化策略

针对数字反哺中存在的问题，提出以下四点优化策略。

1）消除融入数字生活的恐惧：聆听老人的潜台词

对比老年人，子代在接受新事物、适应新环境上占据绝对优势，应树立主动反哺意识，潜移默化地消除老年人对于融入数字社会的恐惧，时时关注长辈的潜台词。潜台词通常不是理性思考的一个结果，而是下意识的表达。从他们真实的需求中积极为老年人提供建议和帮助，主动地参与到他们的生活中，满足他们的生活诉求，鼓励他们以主人翁的意识参与数字社会的发展[2]。推动长辈去接受并学习数字技术，让他们在使用数字化产品中体会到便捷性和愉悦性，从而培养长辈数字学习的积极性。让老年人跟随时代发展步伐，积极主动接受社会发展带来的新改变，则需要帮助他们破除数字偏见与数字迷茫，跳出惯性

---

1 王敏芝，李怡萱. 数字反哺与反哺阻抗：家庭代际互动中的新媒体使用[J]. 广州大学学报：社会科学版，2022,21(01):14.
2 王敏芝，李怡萱. 数字反哺与反哺阻抗：家庭代际互动中的新媒体使用[J]. 广州大学学报：社会科学版，2022,21(01):14.

的思维和行为模式，以正确与辩证的心态看待新媒体技术与文化，消除对互联网科技学习的排斥和抵触心理，以终身学习的理念和包容迭新的心态去接触、使用与学习新媒体技术，坦然接受文化适应期的困惑，提升对数字文化观念的理解与认同，积极融入数字社会。

2）数字反哺成功的关键：授之以渔

数字反哺的内容和形式应该根据老年人在认知、教育水平、年龄等方面的差异性不断丰富和拓宽。在接入沟层面，数字反哺的内容应重点放在提高老年人融入数字生活的意愿上；在技术沟层面，数字反哺的重点应该是对智能产品的操作和使用等；在信息沟层面，数字反哺的重点是帮助老年人甄别错误虚假信息。在教学方法上，一是避免使用专业术语，要通过使用简单的语言来解释相同的概念；二是要有耐心，老年人并不是没有能力或不想学习数字技术，但是随着年龄的增加，需要重复学习，子辈在教学时应该更有耐心[1]；三是应该授之以渔，以短视频为例，通常子辈对于家长的数字反哺过程经历从父母只看不制作视频，到子女帮助父母制作视频，再到父母可以自己制作视频。在这一过程中，应该更加注重的是教会父母如何使用视频，而不是只在父母需要的时候帮助他们使用视频。对于子辈来说，教长辈使用短视频既需要耐心，也需要使用一定的方法以让长辈明白具体的操作过程[2]。

3）营造数字智能生活氛围：助力数字反哺

一是创造智能环境有助于隐形数字反哺。当长辈高频接触并适应子辈建构的智能家居环境时，生活的环境会形成隐性的数字反哺。智能产品应当为老年人提供更多优质且富有创意的设计服务，促使他们进一步影响家中祖辈对于智能产品的认知，从而让智能媒体在代际互动中发挥更大的作用。二是通过智能设备增加代际互动的频率和降低沟通成本支出。如老年人可以通过语音控制智能音箱点播故事和歌曲，通过智能摄像头实现长辈与子辈之间的双向语音对话等。三是降低人机交互的门槛，通过定制人机界面操作服务及步骤化等级化的界面设计，简化智能产品操作，从而解决数字反哺中的人机交流障碍问题，方便老年人逐渐掌握智能产品的使用方法，从而让智能家居的使用效率最大化。

4）形成全社会反哺氛围：多方社会力量协同数字反哺

虽然家庭是开展数字反哺的主要场域，但不应该局限于家庭单位内，应探

---

[1] Helping older adults build strong digital literacy skills[EB/OL]. [2022-05-29]. https://www.mcafee.com/blogs/family-safety/helping-older-adults-build-strong-digital-literacy-skills/.
[2] 郑超月, 徐晓婕. 数字反哺机制研究：以95后及其父母的短视频使用为例[J]. 中国青年研究, 2019(03):6.

索社区等多种社会力量共同参与、多场域共同进行数字反哺的灵活运作机制。鼓励大学生和志愿者为代表的青年力量,利用课余时间到街道、社区,通过实体授课的方式,对老年人运用网络、手机、计算机等多种数字技能进行反哺式教育。另外就是提高全民数字素养,子辈作为老年群体的"榜样",其数字素养程度的高低,在一定程度上决定了老年群体的数字素养水平。因此,应该着眼于培养全民的数字素养,依靠政府牵头和媒体的带动,利用校园课堂、社区活动等公共资源,提高全民的文化知识、媒介操作、独立判断、公共参与等水平。各类媒体应积极承担社会责任,利用信息优势帮助公民树立正确的媒介观念。只有提高整个社会的数字素养水平,才能真正发挥子辈的榜样作用,推进老年群体的数字化进程[1]。

6.2.2 数字互助

数字反哺虽然在培育老年人的数字素养中发挥着重要的作用,但由于晚辈缺乏时间及代际间具有的认知差异,数字反哺对老年人数字融入的促进有限[2]。越来越多的老年人将数字智能设备采纳、学习与使用融入同辈和社会其他人之间的交往中,这便是数字互助,是在社区、社会组织层面培养老年人数字素养的途径。为了帮助老年人更好地享受数字时代的各种便利,不仅应当呼吁数字反哺,更应该结合具体的日常生活场景,鼓励支持老年人朋辈间、社会间的交流与互动,实施数字互助以弥合数字鸿沟,促进老年群体的数字融入[3]。

1. 数字互助的内涵

家庭作为最小的单元进行数字反哺来弥合老年人的数字鸿沟,除此之外,提升老年人的数字素养还需要社区、志愿者及老年人群体本身等多种社会力量共同参与。由此,街道和社区提出了数字互助,即开展老年人朋辈间及其他社会群体支持的数字知识、技能和思想文化的传递,用以提升老年人的数字素养。朋辈包含朋友与同辈,朋辈之间年龄和生存环境、生活体验与价值观念相近,在思维和沟通等方面较为相似。老年群体的朋辈数字互助指具有相似生活背景

---

1 何可欣.数字反哺:社会学习理论视角下银发群体的学习困境[J].东南传播,2021(10):4.
2 熊慧,尤佳."居间代理"与"技术赋能":智慧养老模式下老年居民数字融入路径评估与重构[J].现代传播(中国传媒大学学报),2021,43(11):49-53.
3 蒋俏蕾,刘入豪,邱乾.技术赋权下老年人媒介生活的新特征:以老年人智能手机使用为例[J].新闻与写作,2021(03):5-13.

和成长经历、相近年龄、相通语言的人一起分享数字信息，学习数字设备技能等，实现数字素养共同成长的过程[1]。其他社会群体则包括各级各类志愿者团队，或者是开展社区教育的专业人员等。

数字互助是与数字反哺等其他数字终身教育形式的有效衔接[2]。与代际反哺不同，数字互助常常发生在老年人的社交场域中。这意味着老年人从朋友、邻居等处习得的数字设备使用技巧、获得的支持并非刻意的，而是在与同辈的日常交往互动中自然而然发生的。将自己习得的经验知识分享给同辈，也成为老年人展示自我、增强自信、拓展社交网络的一种驱动力[3]。数字互助有利于加强社会成员之间的联系，构建和谐社会，通过数字互助，帮助老年人积极适应社会的数字化转型，破除数字偏见与数字迷茫，吸引和激励老年人参与社区活动，实现老有所学、老有所乐、老有所为。

2．数字互助存在的问题

社区、老年人以及各志愿者群体积极开展"数字互助"，在服务他人中提升个人社会价值，培育数字素养，弥合老年人的数字鸿沟，然而在实施过程中仍存在以下三个关键问题[4]。

1）时间银行模式缺乏顶层设计

"时间银行"的概念最早由美国哥伦比亚大学的埃德加·卡恩（Edgar S. Cahn）教授于1980年提出。其初衷在于整合社会上大量闲置的人力资源，"它的原意是指把公益服务者做公益事业的时间累积起来，像存钱一样存入银行，也就是时间银行，留待其需要的时候，可随时从时间银行里支取自己以前的时间，用来为自己服务"。时间银行将志愿服务的时间换算成可以存储和支取的"时间货币"，当年老需要时可提取时间兑换服务。将"时间银行"机制引入数字互助中，鼓励年轻群体参与到老年人的数字互助中，是一种可辅助家庭数字反哺的数字互助模式。

一方面，国家并未对时间银行这种互助性模式的法定地位和权利责任加以明确，各地虽然在养老服务条例中都有"鼓励、支持发展相关养老服务志愿组织，建立志愿服务时间储蓄等激励机制"等表述，但缺乏具体的实施细则，实

---

1 钱晨,樊传果.新媒体时代基于受众心理的传统文化传播策略 [J]. 传媒, 2019(06):73-76.
2 张红兵.数字化学习模式在社区教育中的优化路径探析 [J]. 天津电大学报, 2020,24(01):5.
3 蒋俏蕾,刘入豪,邱乾.技术赋权下老年人媒介生活的新特征：以老年人智能手机使用为例 [J]. 新闻与写作, 2021(03):5-13.
4 刘奕,李勇坚.以数字化共享平台创新发展互助性养老模式 [J]. 中国发展观察, 2022,277(01):64-69+112.

施起来难度较大。另一方面，时间银行互助养老的牵头单位繁多，有的由街道、社区居委会或基层党组织牵头，有的由社会组织牵头，有的由民政部门牵头……由于缺乏统一的规范化管理，没有统筹、权威的互助养老顶层设计，互助养老组织形式各异，彼此不互通、不连接，导致该模式只能局限在小范围内应用。更进一步，时间银行的服务场所主要在家庭，对于服务供给方和需求方可能存在的人身安全和财产风险，容易产生监管盲区。加之时间银行存在潜在风险，启动资金缺乏保障等问题，使得这种互助性模式缺乏应有的公信力。

2）社会志愿服务参与不足

志愿服务是现代社会文明进步的重要标志，是解决养老助老服务人才短缺的重要途径。近年来，我国志愿服务队伍不断壮大，截至2021年年底，全国注册志愿者超过2亿人，志愿服务信息系统汇集的志愿服务时间已经累计超过37亿小时。数据量虽大，但分摊到每个领域，以及各个领域下的需要帮助的个人时，由于人口基数大，在志愿服务上仍有巨大的需求缺口。在志愿养老助老服务领域，我国既没有稳定的志愿者服务队伍、完备的志愿者服务立法保障和全国联网、村村联通的志愿服务记录系统，也没有精准的志愿养老服务模式和健全的志愿养老服务体制机制，更多的是"一次性""突击式"的志愿行为，很大程度上制约着我国社会化助老服务发展的稳定性和长效性。

3）未能重视长者劳动价值

国家卫生健康委员会发布的2021年卫生健康事业发展统计公报显示，我国居民人均预期寿命由2020年的77.93岁提高到2021年的78.2岁，老龄人口的健康水平显著提高。我国提出"十四五"期间还要再提高1岁。老年人在养老期间，也可从事一些轻体力劳动、照料活动、文化活动等，这些活动本应具有相应的社会价值。世界卫生组织在《积极老龄化：一个政策框架》报告中提出积极老龄化主张，老年人不仅是应被社会关注和照顾的群体，更是社会发展的宝贵财富。很多国家都鼓励老年人参与到安老服务中，以扩大养老助老服务供给群体，但我国现在缺乏将老年人价值发挥出来的有效渠道。鼓励老年人作为志愿者积极投入数字互助组织，无偿地为其他老人提供志愿服务，能够一定程度上化解现行模式运行对资源依赖的矛盾，有利于营造一种互帮互助、抱团养老的社会氛围，形成老人志愿服务的公益文化。

3．数字互助的优化建议

针对数字互助中存在的问题，提出以下三点优化建议[1]。

1）加强顶层设计

数字互助是助老与志愿服务相结合的领域，仅靠民间组织自下而上推动远远不够，需要信用保障与政策托底。应以民政部志愿者服务管理系统为基础，组织开发适合我国国情的互助性服务共享平台，并发包给有实力的企业进行运营，真正实现养老互助资源共享、信息共享。在推动加快制定"志愿服务法"的基础上，需在国家层面研究出台相关的政策法规，给予支持数字互助性平台模式法定地位，明确其牵头单位、管理部门、责任权利、组织形式、运行规则，制定平台服务指南及服务清单，厘清有偿志愿服务同现有市场化有偿购买服务之间的界限，特别是要对时间货币的存储、支取、转赠、继承等方面进行规范。在一些城市进一步开展试点研究，取得成功经验后再在全国范围内逐步推广。因时间货币的提取将跨越很长的时间周期，为增强平台的可信度，应考虑将政府作为各地服务平台的托底机构。同时，以政策形式规避未来平台停止运行或平台迁移带来的账号无法使用的风险，消除服务参与者的后顾之忧。

2）引入区块链技术

数字互助有赖于对志愿服务信息共享来建立陌生人之间的信任联系，但平台运行中难免产生数据造假、数据安全等多方面问题。区块链的重要特质就是透明，即让所有节点都能共享全量数据，从而保证在匿名不可信场景下的数据共享，这与时间银行的理念非常契合。在互助性养老服务平台上引入区块链技术，将个人数据、服务时间数据等重要信息放到区块链上，有助于确保数据安全，营造良性的志愿服务生态。在平台启动初期，区块链不需要依赖单一的控制中心就能够依靠算法运作起来，信用的制造比较便利。利用区块链的去信任化特征为公益创业营造可信环境，有益于整合周边的社区组织和企业的资源，挖掘大学生及青壮年居民等人力资源，设立共享信息登记机制，引流更多资源融入社区养老互助服务中去。鉴于政府、社区、企业、社会团体、高校各有一套治理建设体系，运用"互联网+"技术和大数据工具，记录多种业务的动态数据，逐渐形成规范的代码信息账本，各账本之间可以靠"互助""合作"链条联通，进行数据信息的联动共享。此外，区块链技术的应用还有助于打破区域限制，通过全国联网实现时间货币的全国通存通兑、转移继承等。

▲ 1 以数字化共享平台创新发展互助性养老模式[EB/OL].(2022-02-17)[2022-10-19].http://cdo.develpress.com/?p=12677.

3）拓展互助模式

实施线上和线下数字互助模式，使老年人不受时间和空间的限制获得学习机会和他人帮助。社区作为社会老年大学的"学前班"，应该利用互联网快速传播信息的优势，将健康养生、反诈防骗等老年人十分需要的小知识以短视频的课程形式加以呈现，适应老年人"碎片化"学习需求，方便民众随时利用。社区还应以提升老年人的数字兴趣为主，辅助家庭数字反哺工作，帮助老年群体数字扫盲，掌握基本的数字技能，实现数字内容的查找、阅读，实现家人、朋友层面的数字分享。依托社区数字互助积极实施老年数字教育，是社区层面普遍采用的一种弥合数字鸿沟的形式，通过数字产品的接入实现全球信息知识的实时共享，满足老年人的多样化的学习需求。充分学习国外先进地区为老年学者建立学习网站的经验，建立适合我国老年学者的教学与自学的平台，根据老年学习者教育活动的开展情况和性质建设专门的学习网站，作为老年人开展终身学习的重要途径之一。

6.2.3 数字教育

数字反哺与数字互助是泛在的、非正式的老年人数字素养培育路径，而数字教育则是系统的、正式的数字素养培育方式。形成覆盖全社会的数字素养教育体系，是提高全民数字素养最基础的重要手段。数字教育是帮助全民持续学习、提高数字素养和技能的重要途径保障，同时也是打造高质量、全周期的老年教育数字化服务体系的重要一环。

1. 数字教育的内涵

数字教育是指由正规学校组织并开展，以培养公民数字素养为目标的一系列教育实践活动。数字教育需遵循全民化原则，充分利用城市、国家公共文化资源。一是实现资源的均等化、开放化和包容化，保证全民的教育权利或学习权利，特别是贫困边远地区人民、残障人士等，促进教育公平和均衡发展。二是在目标群体实现各个年龄段的平等化，实现儿童教育、青少年教育和成人教育相结合，义务教育和终身学习相结合。三是教育方法从"教"转向"学"，把教育视角从"科普"转向"全民学习"，提升公共文化教育的全民均等性、多样性与包容性。数字教育还需遵循终身化原则，数字终身教育体系应包括人生的所有阶段（从幼儿期、少年期和青年期拓展到成年期和老年期），并实现各个年龄段和教育阶段的有效贯通与连接，保证长效性、发展性和互补性，搭建终身学习"立交桥"，促进各级各类教育纵向衔接、横向沟通，提供多次选择机会，满足个人多样化的学习和发展需要。

  针对老年人的数字教育则由老年大学等专业机构负责，结合家庭层面的数字反哺和社区层面的数字互助，共同构成老年人数字素养的培育路径。世界各国努力创造包容、普惠、友好的老年数字生活新图景，如欧盟明确将数字素养纳入整体发展战略，在 2020 年 9 月底发布了《数字教育行动计划（2021—2027年）》，该报告聚焦于"促进高性能的数字教育生态系统的发展"和"提高数字技能和能力以实现数字化转型"两大战略重点，描绘了在欧洲开展高质量、包容性和无障碍数字教育的愿景。纵观国外先进案例，世界上较早进入老龄化社会的国家和地区，普遍出台了终身教育、老年教育领域法律法规，并将老年教育政策作为重要的社会政策。2021 年 12 月，我国《中共中央国务院关于加强新时代老龄工作的意见》发布，提出将筹建国家老年大学，并且推动部门、行业企业、高校举办的老年大学面向社会开放办学。在终身学习理念指引与学习型社会建设的背景下，老年数字教育将在未来得到越来越多的重视。

2．数字教育存在的问题

1）数字学习资源与环境质量参差不齐

  老年人的数字学习资源在质量上参差不齐，难以有针对性地满足老年人的现实学习需求。数字学习的环境在硬件设施和软件环境方面距离达标还有一定的差距。在网络环境、硬件基础设施等方面，北上广深等发达地区的建设相对完善，而一些发展落后地区，则存在网络和硬件设施建设不足的情况，对数字化学习的支撑力不足。在软件环境方面，一、二线城市比偏远地区所接触的数字化服务类型更加丰富，使用范围与使用频率会直接影响数字技能培训效果。在数字化学习模式下，老年人可以通过线上线下多种形式参与数字学习活动，但我国仍缺乏适合老年人学习的网站，学习平台未进行适老化改造，设计的网页和片段化的信息或服务多数存在界面交互复杂、操作不友好等问题，普遍存在图片缺乏文本描述、验证码操作困难、相关功能与设备不兼容等问题，使得数字弱势群体不敢用、不会用、不能用，让老年学习者对计算机和网络产生了挫败感和恐惧心理，从而拒绝深入接触新科技。

2）老年数字教育师资力量薄弱

  开展数字教育的人才队伍的建设没有做到与数字化技术发展同步，导致最新的教育观念无法落实到教师队伍的意识中，既不利于教师在意识上深化信息技术与数字教育深度融合的认识，也不利于新的信息技术在数字教育中的应用和推广。很多教师在意识上还只是把数字教育简单地等同于学习资源和学习工具的数字化，忽视了数字教育本身的内核是发展数字素养[1]。教师的数字素养水平与教学专业水平与老年人的学业成就关联密切，使老年学习者成为数字时代的合格公民，提升数字素养与学习能力，形成数字社会的责任意识、道德观念和发展诉求，需要老年大学的教师具备更加广泛与复杂的专业数字素养（即专业数字胜任力）。教师数字素养教育已成为国际数字素养教育的研究热点之一，相关学者已开始关注不同职业类别或发展阶段教师的数字胜任力，而对比国外，中国对于教育工作者数字胜任力的考量仍缺乏，我国急需要一支可以胜任数字教育的教师队伍[2]。

3. 数字教育的发展建议

构建政府主导、社会参与的老年终身化的数字学习体系，根据不同老年群体特征因材施教，通过数字教育提升老年人数字素养，促进他们融入数字生活。开发多元化、多层次的老年数字学习资源，促进现代信息技术在老年学习领域得以应用与推广。利用大数据构建老年学习者画像，实时跟踪分析老年学习需求。鼓励各级各类企事业单位、社会团体、公益组织等社会各方协同努力，共同参与老年教育数字化资源建设，实现老年教育的可持续发展。

1）营造新时代全民终身学习"新观念"

树立正确的价值观，引领终身化的数字学习。"少而好学，如日出之阳；壮而好学，如日中之光；老而好学，如炳烛之明。"老年教育作为终身化数字教育的重要一环，是切实贯彻终身学习理念，积极应对老龄化，弥合老年人数字鸿沟的重要举措。坚持全员发展理念，推动老年教育纳入国民教育体系，促进老年教育基本公共服务的均等化和优质化。扩宽终身化数字教育的宣传面，借助融媒体等宣传平台，突破以往消极养老的思想观念，实现老年教育观念的全方位转变。

2）触及老年群体真正的学习需求

充分考虑老年人的逻辑和思辨能力随年纪增加而退化，利用数字技术及新媒体的优势，通过增强学习资源、信息和机会的可获得性和渠道，以最容易接

---

[1] 张红兵. 数字化学习模式在社区教育中的优化路径探析 [J]. 天津电大学报, 2020,24(01):5.
[2] 赵磊, 单梦悦. 国际数字素养教育的研究进展与趋势展望 [J]. 中国医学教育技术, 2022,36(03):251-258.

触到的方式提供给老年学习者。通过多种多样的课程充分激发老年学习者的兴趣，分解、有效关联各个知识点，整体影响老年学习者的逻辑和思辨力。跳出补偿性老年教育的思维。社区老年数字教育的内容应由传统"才艺娱乐型"向"知识赋能型"转变。向老年人传递精神上和思想上的能量，帮助老年人保持乐观心态，鼓励他们继续为社会作出贡献[1]。

3）营造安全、文明的数字社会环境

注重网络安全、思政课程的导入，不断给老年学者树立正确的上网规范和安全操作模式。不断发挥互联网的传播引领作用，加强网络道德建设，规范网上用语，引导老年群体依法规范上网用网，提升网络文明素养，不断提高网络素质修养，实现数字社会的良性发展。另外，社区应该积极开展"数字助老，反诈防骗"工作。做好安全防范教育，提高老年人的安全防范意识和能力。由于老年人警惕性低、信息量少，以老年人为行骗对象的诈骗案例时有发生。通过志愿者联合社区开展老年人防诈骗知识讲座活动，提醒老年人在享受数字技术带来的便利时，也要注意保护好个人隐私，对电话诈骗提高警惕。

4）创新老龄群体的数字学习方案

推动老年教育高质量内涵式发展。构建智慧学习场景，鼓励企业、社会团体搭建更多老年智慧学习场景，开发更多适合老年智慧学习的课程资源和服务项目，培育一批智慧助老团队，打造一批智慧学习品牌。一是突破时空界限，将实体教学环境和虚拟网络环境相融合；营造以物联网、云计算、大数据为基础的智能化AR、VR全息技术展现的沉浸式课堂体验。二是搭建线上教育平台，实现线上与线下有效衔接。充分学习世界先进地区的案例，如澳大利亚、美国和英国都专门为老年学习者建立了学习网站。根据老年学习者教育活动的开展情况和性质，建立适合老年教育开展的平台和数据库，提高老年人的学习效率和学习成果。通过远程教育有效地进行个性化的教学，实现实体与虚拟交互补充，使教学实现过程立体化、全方位呈现[2]。

5）构建精准化智能数字教学模式

探索满足全体老年人基本学习及深层次个性化学习的实现路径。数字化终身教育体系将朝着高品质、多元化的方向不断发展，网络课程需在这一过程中实现由粗放化向精准化的过渡。一方面，通过数字化终身教育平台记录并分析

---

1 翟振武. 依托短视频做知识科普是数字时代老年教育的创新方向[EB/OL].[2022-05-29].https://m.yunnan.cn/system/2022/05/23/032098677.shtml.
2 林舜美,盛映红.融媒体视域下现代远程教育与传统老年社区大学融合发展思考[J].电视技术，2021,45(05):4.

学习者在学习过程中产生的各类数据，通过智能系统分析学习主体未来的学习趋势，为学习主体提供反思依据，为教育主体提供教学预警，为老年人提供针对性的教学。另一方面，教育主体还能利用人工智能技术挖掘潜在的隐性知识，动态化监督学习主体的学习状况，对其学习情况进行动态分析。人工智能系统的分析具有一定的科学性，教育主体可结合现实教学状况进行综合分析，调整现有的教学目标、教学评价等环节，从而实现精准化教学。

6）构建可持续的终身化数字教育服务网络

据全国老龄办统计，全国现有老年大学 70 951 所（不含远程教育机构），在校注册老年学员 1088.2 万人（不含网络学员）。一是老年群体因性别、身份及经济等主客观因素容易错失数字教育的机会；二是老年教育在师资、教学、教材等方面资源在一、二线城市过于集中，导致老年大学的教育培训资源供需不平衡问题。因此需要凝聚社会各方力量，采取以政府投入为主，同时激发市场活力，鼓励市场力量补充，引导高校、医院、场馆等机构积极参与，开门办学、合作办学。建立和完善队伍建设平台，建立起专职工作人员为主志愿者队伍为辅的专兼结合的师资队伍，实现专职教师专业化、机构设置和人员配备完善化和编制化。从被动性办学走向主动性、计划性办学，探索教养结合、医养结合、逸教结合，整合资源，为老年学习者提供更优质、更开放、更个性化的学习资源，提高学习质量。

7）实现老年教育均衡发展

一是推进"优质均衡"，保障老龄群体"学而优教"。首先，在保障全民拥有均等的入学机会的基础上，优化老年教育资源配置，促进实现老龄群体"学有所成"；其次，建立城乡优质教育资源共享机制，通过支持农村老年教育的服务体系、课程设置、教学载体等路径，努力构建老年教育辐射网。二是建立老年教育均衡发展预警机制。利用预警监测指标系统，通过人工智能等先进信息技术，进行信息的收集、分析、发布和反馈，从不同角度、多层次、全方位建立老年教育非均衡预警机制。实现老年终身化数字教育从"机会均衡"向"质量均衡"逐步化、动态化转向，将在线远程学习与线下老年大学相结合，为老年人的终身数字学习提供平台和坚实基础，使优质教育资源共享结合发展，可持续地推进构建终身化的数字教育体系。

第 7 章

多方施策，创建包容普惠环境

习近平总书记指出："数字技术正以新理念、新业态、新模式全面融入人类经济、政治、文化、社会、生态文明建设各领域和全过程，给人类生产生活带来广泛而深刻的影响。"数字技术已经渗入生活的方方面面。为了使每一个人都能够从数字技术中受益，不让任何一个人在数字世界中掉队，提升全民数字素养，尤其是让老年群体能正常参与、幸福参与数字生活刻不容缓。为进一步实现老年人跨越"数字鸿沟"，需从政策导向、机制构建、技术支撑、平台搭建以及氛围营造等五个方面出发，共同协力提供缩小老年人"数字鸿沟"的措施和保障，也是数字时代推进全社会数字素养终身发展不可或缺的举措。

7.1 政策导向：加强顶层设计引领数字普惠发展

伴随着数字时代的到来，在老龄化不断深化的现实背景下，国家及各地政府逐步认识到弥合"数字鸿沟"的重要性和紧迫性，政府的高度重视也成为弥合"数字鸿沟"的重要动力源泉。政府加强顶层设计与政策引领，以数字素养终身培育的优质均衡发展为长远目标，完善体制机制保障，做好短期、中期、长期规划，不断细化互联网应用适老化改造政策，确保更周全、更贴心、更直接的服务供给，以促进数字化实现普惠性发展态势。

7.1.1 推进数字普惠基础建设

党的十九届五中全会提出"提升全民数字技能，实现信息服务全覆盖"的目标，对弥合数字鸿沟、促进数字包容作了明确的战略部署。政府机关作为社会数字化发展的规划领导者，近年来为帮助老年群体跨越"数字鸿沟"，出台了重要的政策方案，为数字化发展营造了一个政治政策公平的数字环境。为进一步促进老年人数字接入，我国出台了《关于切实解决老年人运用智能技术困难的实施方案》《关于推进信息无障碍的指导意见》《关于进一步抓好互联网应用适老化及无障碍改造专项行动实施工作的通知》，同时发布《互联网网站适老化通用设计规范》《移动互联网应用（APP）适老化通用设计规范》《互联网应用适老化及无障碍水平评测体系》，进一步明确了互联网应用改造的标准规范及评测要求等，加快推进了互联网应用适老化及无障碍改造专项行动，也为互联网企业开展相关工作提供指引，以助力老年人、残障人士等重点群体更平等便捷地获取、使用互联网应用信息。

此外，在数字负担能力方面，高昂的信通成本往往是阻碍边缘群体快速融入数字化的门槛，对此，我国出台了相应的互联网配套服务助老化举措，《"双千兆"网络协同发展行动计划（2021—2023年）》[1]鼓励面向老年群体，推出专属优惠资费，合理降低手机、宽带等通信费用，减轻弱势群体的数字负担，营造了数字负担能力的公平环境。在《中华人民共和国国民经济和社会发展第十四个五年规划和2035年远景目标纲要》[2]中，进一步明确指出需"加快数字化发展建设，建设数字中国"，要求在"十四五"期间，进一步加快提高社会服务数字化普惠水平，聚焦教育、医疗、养老、抚幼、就业、文体、助残等重点领域，进一步提升数字化社会服务的供给水平和覆盖范围。数字化社会发展应当始终立足于"友好包容"，数字发展充分考虑人性化、便利化，建设更加普惠友好的数字社会，以持续提升群众获得感和幸福感。

7.1.2 聚焦标准化规范化制定

数字化标准规范相当于是基础设施，理应先行，数字标准化工作的好坏将直接影响城市数字化转型最终的结果。2014年年初，国家标准化管理委员会正式印发《关于成立国家智慧城市标准化协调推进组、总体组和专家咨询组的通

1　"双千兆"网络协同发展行动计划 (2021—2023 年)[EB/OL].[2022-11-19].http://www.gov.cn/zhengce/zhengceku/2021-03/25/content_5595693.htm.
2　中华人民共和国国民经济和社会发展第十四个五年规划和 2035 年远景目标纲要 [EB/OL].[2022-11-19].http://www.gov.cn/xinwen/2021-03/13/content_5592681.htm.

知》[1]，此举措将相关研究组织集中在一起，共同探讨了智慧城市标准体系和关键标准，科学、规范、有序地推进智慧城市标准化工作。在推进数字化发展的标准和规范化制定中，必须形成以标准化工作主管部门为中心的政策协调机制，要求相关业务部门积极主动与主管部门进行沟通，加强标准建立后的实施及协调力度，以提升标准实施的工作效率，保障标准有序健康地实施。

伴随着数字化社会的快速发展，为进一步促进老年群体跨越"数字鸿沟"，在数字化标准规范化制定方面，除了针对城市数字化转型发展构建相应的标准体系，相关部门将进一步推进老年教育学校标准化建设。标准化建设是推进教育均衡优质发展的适切路径，在老年教育中，标准化学校能够有效扭转老年教育学校发展的非均衡状态，进一步保障老年教育均衡与学校优质化发展。在进一步规范老年教育相关学校的标准规范化建设上，将逐渐探索建立起动态的老年教育学校标准化建设机制，要求注重以学校标准化建设的政策工具指向老年教育学校的优质发展与特色发展，不断扩大优质资源的覆盖面，建立老年教育学校硬件设施建设、师资条件、课程标准等统一化规程，从而提升老年教育的高质量发展。

7.1.3 推动老年教育立法工作

《老年人权益保障法》[2]第七十一条规定："老年人有继续受教育的权利。国家发展老年教育，把老年教育纳入终身教育体系，鼓励社会办好各类老年学校。各级人民政府对老年教育应当加强领导，统一规划，加大投入。"老年教育是实现老年福利的重要保障举措之一，也为老年教育法律法规的完善奠定了一定基础。随着人口老龄化日益加剧和社会经济持续发展，老年人的养老需求也正在从物质养老向精神养老、文化养老延伸。然而，与学前教育、基础教育、高等教育相比，老年教育受关注程度较低，无论硬件设施还是软件服务都存在很多不足。

为在数字化时代下进一步助力老年人跨越"数字鸿沟"，做实"老年教育"大文章，必须在老龄事业相关政策措施中重视支持发展老年教育，进一步推动老年教育立法工作，强化老年教育法治化保障力度。要求通过立法明确老年大

▲ 1 国家标准委下发《国家智慧城市标准化协调推进组的通知》[EB/OL].[2022-11-19].http://www.cinic.org.cn/site951/zcdt/2014-03-06/724112.shtml.
2 中华人民共和国老年人权益保障法 [EB/OL].[2022-11-19].http://www.gov.cn/flfg/2012-12/28/content_2305570.htm.

学和其他老年教育机构的法律地位、规划、编制、预算，以及办学宗旨、功能定位、领导职责、管理体制、投入保障、发展规划、评价问责等方面内容。国家需进一步支持鼓励有条件的地区通过制定相关地方性法规促进老年教育事业规范健康发展；进一步厘清政府、市场、社会在老年教育发展中的主体责任，推动构建老年教育公共服务体系，聚焦公共服务"锚向性"，解决好老年教育权责分割、资源约束、协作困难等制度死结，提升城乡老年教育公共服务均等化水平，让广大"银发族"的晚年更加幸福、更有质感。

7.2 机制构建：完善多主体多领域协同普惠机制

解决老年群体面临的"数字鸿沟"问题，不能单纯依赖于行政监管执法，而是需要全社会的共同努力，需要家庭成员、社工、志愿者乃至企业等多元主体共同参与，各级政府需要积极协调社区资源，不断完善多主体共同参与的机制，推动区域统筹发展，构建起老年教育均衡发展，同时进一步健全相关网络安全预防机制，帮助老年人从心理上克服对智能技术的抵触，萌发对智能产品的兴趣，全社会共同营造科技适老环境。

7.2.1 完善多元主体参与机制

在以数字化、网络化、智能化为主要特征的新一轮科技革命与人口老龄化进程的发展和深化相互交织的现实社会背景下，积极回应数字化和老龄化时代下老年数字鸿沟治理议题，各地政府正在积极协调社区资源、鼓励包含家庭成员的数字反哺、志愿者的数字志愿、企业的数字适老化建设在内的多元主体共同参与机制，为老年人学习智能手机，提升数字素养和数字能力提供解决方案。如天津市市教委制定印发的《市教委关于广泛开展老年人运用智能技术教育培训的通知》[1]提出，要求通过老年大学（学校）、养老服务机构、社区教育机构等，采取线上线下相结合的方式，提高老年人的智能设备操作能力；浙江省鼓励积极发挥老年社区教育对学校教育的补位作用，通过激活社区孵化、整合、传递、运作教育资源功能，使社区成为知识流动、技能共享的终身学习平台；《上

---

[1] 天津市教育委员会.市教委积极推进广泛开展老年人运用智能技术教育培训[EB/OL].[2022-11-20].https://jy.tj.gov.cn/JYXW/TJJY/202109/t20210901_5574204.html.

海市教育发展"十四五"规划》[1]提出，要进一步培育老年教育多元举办主体，加强老年教育基层社会学习点建设，扩大老年教育资源供给，以增强老年群体终身学习和终身发展的能力；此外，北京市发布的《北京市学习型城市建设行动计划（2021—2025年）》[2]强调，强化各级各类学校、市民终身学习基地的学习服务功能，将进一步鼓励市、区各艺术院团（场馆）、文化馆、博物馆、科技馆、图书馆等各类公共文化机构以及行业、企业、公共服务设施面向市民开发主题性、互动性强的教育课程和学习项目，为老年人融入智能生活提供多途径、多维度、多功能的便利化服务。

在跨越数字鸿沟中要切实解决老年群体在运用智能技术时遇到的痛点、难点问题，始终立足于政府作为"掌舵者"角色，把握正确的方向，做好顶层设计规划，制定和完善助力老年人跨越数字鸿沟的政策，积极为各级各类老年事业机构构建发展平台发挥主导和领航作用，不断鼓励多元主体共同参与，通过不断完善多元主体参与的机制，形成多方合力，进而加强数字文明建设，实现老年事业的多主体共建共治新局面。

7.2.2 推进区域统筹发展机制

为最大限度地满足老年群体的数字化学习需求，助力老年人跨越"数字鸿沟"，脱离数字难民的身份桎梏，不仅要求不断探索各级各类老年教育机构集团化合作的新模式，实现区域内老年教育资源的共享和协调发展，更要求不断推进区域统筹协调发展的机制，要求构建老年教育均衡发展共同体。不断探索全方位、多层面发挥出不同区域内老龄事业相关机构的集群优势、组合效应和规模效应。尤其是注重发挥各级各类老年教育办学机构的相关优势，逐步推动城乡老年教育的均衡发展，通过互联网支持实现城乡互联，在城乡优质教育资源共享的基础上，将老年教育发展重心逐步从"有所学"向"学有成"转变，从以财政投入和办学条件为重点的机会均衡转向以人才队伍、服务水平为重点的质量均衡，更加注重均衡发展的内涵和质量。实现从机会均衡到质量均衡逐步化、动态化转向，促进实现老龄群体"学有所成"，有助于有效缓解区域内

▲ 1　上海市教育发展"十四五"规划[EB/OL].[2022-11-20].https://www.shanghai.gov.cn/nw12344/20210827/3eb4bdfdfe014bbda40ff119743b74f0.html.
2　《北京市学习型城市建设行动计划(2021—2025年)》发布五年内学习型城市示范区达12个[EB/OL].[2022-11-20].http://beijing.qianlong.com/2021/1209/6624533.shtml.

老年人群日益增长的多元学习需要和不充分不平衡的老年教育发展之间的矛盾，促进老年教育优质、均衡发展。

为进一步推进区域统筹发展机制，在国内可建立起"跨部门、跨行业的工作机制和专业化支持体系"，实现全国公共文化部门资源互联互通，建立全民终身科技教育协同共享与发展平台，针对不同年龄、性别、身体状况和收入水平的用户开放共享自身的馆藏资源，实现高质量的信息获取和利用，保证全社会数字包容服务的可持续性和多样性。在全球范围内，构建全球性协同教育体系，如"一带一路"沿线国家博物馆联盟与博物馆教育联盟、丝绸之路国际博物馆联盟、金砖国家博物馆联盟等，将数字化信息资源建设成跨部门、跨媒体、跨领域、跨地域的立体互联系统，打破物理连接上的时空限制，让全世界的任何读者，在任何时间、任何地点，都可得到所需的任何类型、格式、语种的数字化信息资源或信息服务，实现信息资源最大范围的聚合，打造终身化的数字教育共同体[1]。

7.2.3 健全风险防控保障机制

由于老年人的风险感知能力较弱，在实施助力老年人实现跨越"数字鸿沟"的各项举措中，信息安全问题同样值得关注。老年人在上网过程中由于识别和防范能力不强，网络信息辨别难，容易受到"信息茧房"效应的负面影响，很容易遇到信息泄露、电信诈骗等问题。"老年人上网不仅要提防不法分子设计的骗局，还要甄别类似'伪科学养生秘诀'等虚假信息。营造良好网络空间、引导老年人安全用网，应成为全社会的共同课题。"[2]中国工业互联网智库委员会专家、中国社会科学院数技经所数字经济研究室主任蔡跃洲认为，加强数据安全和个人信息监管治理刻不容缓，某些应用在老年人不知情的前提下强制授权、过度索权、超范围违规收集使用个人信息等乱象亟须治理。

数字技术的安全问题是成为老年人不愿在互联网提供信息继而拒绝使用新媒体的重要因素，因此，建立起安全的数字空间和健全的监管体系成为解决老年人对于数字技术"不敢用"的重要途径。我国在多项政策中都体现了对于数

---

1 韦路，陈俊鹏. 全球数字图书馆鸿沟的现状、归因与弥合路径[J]. 现代出版，2021(05):8.
2 数字普惠化还有几道坎：建设数字中国系列述评之二[EB/OL].[2022-11-22].http://paper.ce.cn/jjrb/html/2021-04/11/content_441484.htm.

据安全的重视和隐私泄露的防范。其中《提升全民数字素养与技能行动纲要》提出，"在激发数字创新活力方面，提高数字安全保护能力，要共同提高全民网络安全防护能力，强化个人信息和隐私保护"[1]。民政部在《智慧健康养老产业发展行动计划（2021—2025年）》中提出，要提升老年人智能技术运用能力，提升老年人信息应用、网络支付等方面的安全风险甄别能力，增强老年人反诈防骗意识，[2] 切实保障老年人安全使用智能化产品和服务。国务院在《关于切实解决老年人运用智能技术困难便利老年人使用智能化产品和服务》中提出，要规范智能化产品和服务中的个人信息收集、使用等活动，降低老年人个人信息泄露风险。[3] 同时，研究制定加强个人信息保护的规范性文件，国家正在积极推动制定《APP收集使用个人信息最小必要评估规范》系列相关标准，开展APP侵害用户权益专项整治，持续优化、高效推进全国APP技术监测平台建设，加大对违法违规行为的处置曝光力度，切实保障老年人使用手机APP时的信息安全。[4]

此外，在老龄化趋势日益严重的现实背景下，需重视网络老年内容的多元文化发展。在开发网络老年内容时，更应该注重网络安全领域的教育，增强老年人的网络安全、数据安全防护意识和能力，加强个人信息和隐私保护。首先，我国政府部门应不断完善网络信息安全法案和数字安全保障机制，逐步形成一套相关方公认的以保护老年人为目的的行业规则，涵盖服务质量与安全保障、社会征信体系建设、风险管控等诸多方面。其次，充分发挥企业联盟和行业组织的桥梁作用，制定老年人数字权益保护的公约和集体行动准则，严厉审查、打击电信诈骗和网络恶意软件的传播，使老年人基于平台交易、劳动形成的内生性治理机制成为政府监管的重要补充。与此同时，还需更进一步建立起安全的数字空间和健全的监管体系，为保护老年人的个人信息安全提供法律保障。在医疗、金融等领域，要重视对数字信息弱势群体的数字包容，维护老年人使用现金等传统支付方式的权利，建立严格的标准来防止用户受到欺诈，并保护

1　中华人民共和国国家互联网办公室.提升全民数字素养与技能行动纲要[EB/OL].[2022-11-20].http//www.cac.gov.cn/2021-11/05/c_1637708867754305.htm.
2　智慧健康养老产业发展行动计划(2021—2025年)[EB/OL].[2022-11-20].http://www.nhc.gov.cn/lljks/zcwj2/202110/597c48d327744dc1976cf9b6972e5a4f/files/329d2a2bf9ca425a916b2e69ae8f4735.pdf.
3　国务院办公厅印发关于切实解决老年人运用智能技术困难实施方案的通知[EB/OL].[2022-11-20].http://www.beijing.gov.cn/zhengce/zhengcefagui/202011/t20201124_2144381.html.
4　APP收集使用个人信息最小必要评估规范[EB/OL].[2022-11-26].https://baijiahao.baidu.com/s?id=1684499132776211416&wfr=spider&for=pc.
5　潘君豪，杨一帆.老年数字包容型社会的整体性治理研究[J].西南交通大学学报：社会科学版，2021,22(02):8.

个人的隐私权益，使公民有信心且清楚地知道个人数据在被正确且安全地使用[5]，并联合相关部门、社会组织和媒体积极向老年人倡导金融消费安全观念，通过云平台、电视公益讲座、线下讲堂等方式普及防欺诈金融常识，加强网络信息安全意识宣传，普及网络安全知识，提供基本防护策略。

7.3 技术支撑：运用数字技术手段加快普惠发展

习近平总书记强调："要提高全民全社会数字素养和技能，夯实我国数字经济发展社会基础。"随着大数据、人工智能等数字技术的快速发展，为全民全社会数字素养的提高提供了技术方面的支撑。数字技术的快速发展，推动教育变革和创新，构建网络化、数字化、个性化、终身化的数字教育体系，终身数字学习的实现需要社会提供必要的学习技术、学习平台和学习资源，充分利用现代信息技术是帮助全民持续学习、提高数字素养和技能的重要途径保障。

7.3.1 用区块链技术构建数字生态

数字化和生态化关系密切，数字化转型是数字生态高质量发展的基础和保障，而区块链技术则进一步推动了数字化与生态化的协同发展。区块链作为一种新兴数字技术，对重塑产业生态乃至社会组织运行模式具有重要影响。作为一项链式数据结构，区块链在运用过程中能够实现数据存储、运输、加密等功能，几乎不可能被篡改、伪造。在数字化转型方面，区块链与智能制造相融合并被广泛应用。

首先，利用点对点组网技术和混合通信协议，区块链能够有效处理异构设备间的通信同步问题，万物互联并将计算和存储需求分散，避免少数节点因失灵、遭受恶意攻击出现的整体崩溃，从而大大提高网络安全性，因此在构建安全的数字生态环境方面能够发挥重要作用。

其次，区块链降低了对中心化数据中心的需求，从而节省了其建设和维护的成本，并能及时反馈网络中各种设备的状况，可有效收集和分析所有传感器和其他部件所产生的信息，并借助大数据分析，优化生产决策，有助于协助分析、改善数字生态。

最后，区块链账本的可追溯性与不可篡改性，确保了生产制造、监管等环节记录的真实性和一致性，通过上链方式，便于发现问题、追踪问题、解决问题、优化管理，极大提高了数字生态环境的可靠性。此外，在数字生态高质量发展方面，区块链在监测、评估等环节能够起到重要作用。区块链可以通过物联网设备收集数据，将数据上链管理，通过区块链有效追踪发展路径，并且隐私计算可以保证在权限许可范围内，将数据共享给监管机构以及其他参与者，方便各相关方进行查询检验。

7.3.2 用大数据技术助推精准服务

互联互通的数字体系需要依托大数据为市民提供智能化学习服务，可以依托大数据技术打造终身数据中心，激发学习动力。依托学习和管理平台，充分利用学分银行，加快学习成果记录，汇集各类终身教育数据，形成终身教育数据中心，让每个市民都有学习账户、都有自己的学习档案。在教育资源方面，借助大数据分析，为学习者提供更加个性化、智能化、全方位的学习服务，更好地满足学习者的学习需求。通过服务系统，对体系实现实时监管，保障老年人的学习效果，提高政府的服务效能。如上海市教委充分利用数字技术的支撑作用，搭建了"一网两平台"的终身教育信息化服务系统（上海学习网、上海老年教育信息化管理平台、上海市终身教育学分银行管理平台），满足老年大学对报名管理、教务管理、师资管理及配送、档案数据管理、学习团队管理、大数据管理等方面的数字化需求，有力推动了全市终身教育"一网通办""一网通学"。通过老年教育信息化服务平台实时掌握各类教学机构的运行负荷状况、全市资源分配状况以及学习者的各种学习活动发生情况，为老年教育资源的整体规划及调配提供依据。

7.3.3 用人工智能融合数字场景

在老龄化和数字化的社会发展趋势下，2019年中共中央、国务院印发的《中国教育现代化2035》强调："发挥网络教育和人工智能优势，创新教育和学习方式，加快发展面向每个人、适合每个人、更加开放灵活的教育体系，建设学习型社会[1]。"发挥互联网的优势，将人工智能技术充分应用于发展数字终身

---

1 中共中央 国务院印发《中国教育现代化2035》[EB/OL].[2022-11-27].https://www.gov.cn/zhengce/2019-02/23/content_5367987.htm.

教育，既经济可行又有利于推进终身教育的信息化和均衡化发展。

首先，依托人工智能技术，能够实现终身教育线下线上融合。打造丰富优质的终身教育数字化学习产品及终身教育媒体学习平台，满足市民足不出户、宅家学习的新需求。如上海市市教委、上海广播电视台联手推出的"金色学堂"，作为全国终身教育全媒体学习平台，同步覆盖有线电视及 IPTV 渠道，全面搭建了大屏、小屏"双渠道"的学习场景，为中老年用户提供了更加丰富、可选择的学习平台；开通市民终身学习云"空中课堂"，通过持续资源更新和平台功能升级，汇聚各类数字化学习资源 8900 多个；精心打造"直播课堂大课表"，汇聚全市 16 个区各级各类终身教育机构精品课程资源，实现全市层面的共享。

其次，依托人工智能技术能够构建精准化智能教学模式。探索满足全体老年人基本学习及深层次个性化学习的实现路径。数字化终身教育体系将朝着高品质、多元化的方向不断发展，网络课程需在这一过程中实现由粗放化向精准化的过渡。通过数字化终身教育平台记录并分析学习者在学习过程中产生的各类数据，通过智能系统分析学习主体未来的学习趋势，为学习主体提供反思依据，为教育主体提供教学预警，为老年人提供针对性的教学。教育主体还能利用人工智能技术挖掘潜在的隐性知识，动态化监督学习主体的学习状况，对其学习情况进行动态分析。人工智能系统的分析具有一定的科学性，教育主体可结合现实教学状况进行综合分析，调整现有的教学目标、教学评价等环节，从而实现精准化教学。

最后，利用人工智能技术能够进行软硬件设施的适老化改造，老年人由于器官老化造成视力和听力下降，同时动手能力也下降，利用人工智能技术，对图文和语音进行精准地识别，辅助老年和特殊群体的数字阅读；另外对于文献资料中比较深奥的知识，人工智能技术能够通过语义分析，将相应词条关联至相关的背景知识解读中，从而帮助老年群体能够更好地理解知识内容。

7.4 平台搭建：推动数字资源供给侧结构性改革

提高全民数字素养，应该着眼于推进银发群体的数字化进程。依靠政府牵头和媒体的带动，利用校园课堂、社区活动等公共资源，推动供给侧结构性改革，以提高全民的文化知识、媒介操作、独立判断、公共参与等水平。各类媒体应积极承担社会责任，利用信息优势帮助公民树立正确的媒介观念。同时，大力倡导并建立数字终身教育体系，为老年人能够继续进行各类学习提供设施和机会，使得他们能够及时跟上信息化社会发展的步伐；依托老年学校和社会组织等，开设激发老年人学习兴趣、符合老年人学习特点的课程，为老年人提供互联网和数字信息科技教育，帮助其提高信息化应用能力。

7.4.1 建设数字技能认证体系

普及数字技能教育、增强数字技能成长、完善数字技能服务、建设数字技能认证等能够增强公民对数字技术的信心，提升数字自我效能，实现数字技能层面的数字包容。尽管我国出台的几项数字包容政策已经将处于社会边缘的人群纳入政策体系下，但由于老年群体的身体条件、社会经济地位和社会参与度往往与其他人有着一定差距，仍未有相关数字技能的认证体系。这会影响到相关政策实施的具体效果，因此，数字技能的鸿沟弥合需要从老年人数字技能认证的角度出发针对性发力。

首先，细化数字技能认证适老化标准，需应用互联网进行适老化改造，确保更周全、更贴心、更直接的数字技能服务供给。《关于进一步抓好互联网应用适老化及无障碍改造专项行动实施工作的通知》提出助力老年人等重点受益群体平等便捷地获取、使用互联网应用信息，同时发布《互联网网站适老化通用设计规范》《移动互联网应用（APP）适老化通用设计规范》《互联网应用适老化及无障碍水平评测体系》明确互联网应用改造的标准规范及评测要求等，为互联网企业开展相关工作提供指引。但是在提升产品和服务的数字包容方面，现代科技产品设计在一定程度上也影响了老年人对现代科技产品的接受和使用。现代科技的服务对象主要为青年群体，其产品设计对于老年人而言并不适用，如围绕老年人群体进行人性化设计的手机款式乏善可陈。老年信息科技产品和服务的安全性能、适老特征和质量水平不足，仍需多方参与变革，制定契合数字技能发展战略的数字包容规划。

其次，普及数字技能认证教育，需全社会协作。数字技能教育、数字技能培训相关课程仍有缺失的现象，不仅是老年人，全民的数字素养教育仍然没有形成完整的教育体系，也并未纳入整体发展战略中。尽管社区老年学校会开设电脑、网络和智能手机使用等方面的课程，但覆盖面很小，而且也并不是系统化的数字扫盲，更偏向于"殿堂式"的科普。个性化需求未能实现满足，尚未实现利用数字技术来满足学习者不同的学习需求，让学习者遵循个人的学习路径和目标，以不同的水平和速度进步。

再次，加强薄弱群体的数字技能评估，老年网民在运用数字技能满足日常生活需求方面，仍存在不足，能够独立完成"出行"（叫车、订票）和"就医"（挂号）的老年网民相对较少。数字技能初阶扫盲通常依托家庭数字反哺完成，如对于不会用的智能设备或 APP，老人更倾向于选择向家人或者朋友寻求帮助，但是由于家庭反哺、社区数字互助和社会支持不足，造成老年人难以融入信息化社会。同时，数字素养教育应该融入课堂中，而不是割裂的技能使用方法。如欧洲的教育系统在其创新课堂教学实践项目制定的框架基础上，进一步推动了数字素养融入教学的项目；沙尼亚开发了"自动化技术与德语在线课程"，通过在线学习平台，将数字素养培养融入日常教学中；捷克的"商务经济语言学习"项目，以数字化的方式进行学习，在学习的过程中培养学生的数字素养。

最后，在数字技能认证阶段，在保护数字隐私方面，重视数据安全和防范隐私泄露。数字技术的安全问题是国内外老年人不愿在互联网提供信息继而拒绝使用新媒体的重要因素。由于老年人的风险感知能力较弱，建立安全的数字空间和健全的监管体系是解决老年人对于数字技术"不敢用"的重要途径。世界上一些国家针对数字安全方面，通过特定的数字安全网站、网络密钥、专属的数字身份等形式，保护用户的隐私，使公民有信心且清楚地知道个人数据在被正确且安全地使用。然而我国在这方面还存在较大的差距，《提升全民数字素养与技能行动纲要》提出，"在激发数字创新活力方面，提高数字安全保护能力，要共同提高全民网络安全防护能力，强化个人信息和隐私保护"。尽管有政策文件的引领，但是在实践上还没有进展。

7.4.2 建立终身学习服务平台

终身化的数字教育是打造高质量、全周期的老年教育数字化服务体系的重要一环。终身化的数字教育在家庭数字反哺和社区数字互助的基础上，以社会老年大学等专业机构平台为补充，建设一个终身化的数字教育体系，形成邻里、社会互助的格局，弥合老年人的数字鸿沟，实现老年人数字素养的终身培育。

首先，打造一个崭新的数字化终身学习服务模式，让数字技术赋能传统教育，打破时间和空间的限制，不断将新技术与社区课堂、传统老年大学融合，使老人们随时随地进行课程学习；把握老年人的群体特征双向结合发展，社区老年大学在开展对应课程教学的时候，可以先推出手机扫码调研，了解老年人的教育和兴趣要点，为老年群体"量身定制"适合他们的课程，可持续的数字化教与学才是终身教育发展的必然趋势[1]。

其次，构建一个灵活开放的数字化终身学习服务体系。纵观国外先进案例，世界上较早进入老龄化社会的国家和地区，普遍出台了终身教育、老年教育领域法律法规，并将老年教育政策作为重要的社会政策。鼓励多元化社会力量参与老年教育，在老年教育原有内容基础上强化数字技能的培养。提倡终身学习模式，让老年人中相对年轻的群体去教授年龄更大的人群使用数字产品，也是激活低龄化老年人口红利的策略之一。

最后，营造一个贴近生活的数字化终身教育平台。我国已经处于"数字化"和"老龄化"交汇形成新的时代，2021年12月，《中共中央国务院关于加强新时代老龄工作的意见》发布，提出将筹建国家老年大学，并且推动部门、行业企业、高校举办的老年大学面向社会开放办学。我国正在逐步形成以家庭为基础、社区为依托、机构为补充，团结社会的力量针对性地开展数字技能学习，致力于消除数字化时代针对老年群体的刻板形象，鼓励老年学者不断提升自我。从市场来看，老年数字教育在一、二线城市线上线下多渠道运营开始日趋走向成熟。老年教育呈现多元化导向，内容从过去以绘画、摄影、戏曲、健身等为主的休闲娱乐型，到以金融理财、数字技术、电脑网络等为主的知识技能型转变。在疫情特殊风险情境下，老年群体逐渐学会使用微信等APP，这些改变使得在线老年教育成为新宠儿。随着相关政策推进，全国将有更多城市、更多社会爱心力量参与到老年教育建设中，养老管家等大批创业企业集中进入线上老年教育领域，丰富老年教育市场，大力发展银发经济，助力"老有所养""老有所乐"，创造老年数字生活新图景[2]。

7.4.3 搭建数字浸润体验场景

数字学习场景建设带动终身学习的转型，聚焦终身教育数字化的全领域、全过程，打造适合老年人的数字浸润学习场景。传统课堂教学的基础上，数字学习场景将日常生活中的数字情境"请"进校园，通过模拟真实场景，将生活与教学融通，拉近老年人与智能设备之间的距离，让老年人面对智能技术不再

---

1 林舜美, 盛映红. 融媒体视域下现代远程教育与传统老年社区大学融合发展思考 [J]. 电视技术，2021(05):4.
2 传统老年教育模式供需难平 短视频或可成为老年知识学习新课堂 [EB/OL].[2022-11-27].http://china.qianlong.com/2022/0520/7210665.shtml.

"缩手缩脚"，安心放心"触网"[1]。如上海老年大学钦州书院依托"智慧生活体验教室"，聚焦老年人在出行、就医、消费、文娱、办事等方面的高频事项和服务场景中遇到的实际困难，开发了"安心支付，智能出行""健康体验与智能就医""视频拍摄与制作"等 60 多门体验式课程。通过体验式教学与培训，帮助老年人建立"会用"信心。同时，开通"智慧生活""智慧阅读"等体验设备，将"瀑布流"电子图书借阅机、手机支付无人售货机、智能自助咖啡机、智能机器人等设置在各个楼层多个区域，让老年人在校园中可以随时触摸、学习和使用。再如上海市教委推出了线上线下相结合的"智能技术短期学习训练营"，定期上架智慧学习课程，指导开展智能技术应用学习，帮助市民尤其是老年人解决智能技术应用难题。提出到 2025 年，上海将建设 100 个老年智慧学习场景，创建 100 个老年智慧学习品牌，开展 1000 名助老智慧学习骨干教师培训，推进 1000 个助学团队培育，创造更加包容、普惠、友好的老年数字生活新图景，助力老年人跨越数字鸿沟。随着申城市民终身学习热情的高涨，老年教育时常"一位难求"。今后，这样的情况将得到改变。同时，上海市还利用数字技术搭建了"一网两平台"的终身教育信息化服务系统，为社区教育、老年教育资源的整体规划及调配提供了坚实的底座。此外，积极发挥上海学习网、老年人学习网、指尖上的老年教育、老年教育慕课等多个线上学习平台作用，开通市民终身学习云"空中课堂"，通过持续资源更新和平台功能升级，汇聚各类数字化学习资源 8900 多个，精心打造"直播课堂大课表"，汇聚全市 16 个区各级各类终身教育机构精品课程资源，实现全市层面的共享。"金色学堂"作为全国终身教育全媒体学习平台，全面搭建了大屏、小屏"双渠道"的学习场景。

7.5 氛围营造：筑牢数字安全友好普惠社会环境

直面人口老龄化所带来的社会问题，促进老年人跨越"数字鸿沟"，不断释放数字红利，除了进一步健全政策体系、构建相关机制、基于技术和平台支撑，还需要全社会共同关注适老化数字服务，不断加强数字道德建设，筑牢数字安全友好的社会环境，构建安全可信的老龄数字生活，链接社会互助资源促进更多群体共享数字城市温暖。

1　助力长者拥抱智慧生活，上海终身教育数字化转型这样做 [EB/OL].[2022-11-27].https://sghexport.shobserver.com/html/baijiahao/2021/11/26/595875.html.

7.5.1 加强数字服务意识

随着手机扫码、视频聊天、线上买菜、预约挂号、网络直播课程的盛行，互联网、数字化、智能化正逐渐融入越来越多老年人的日常生活中。为了进一步保障老年人基本的生活保障和多样文娱活动的需求，需不断加强数字服务意识，要求围绕老年人出行、就医、消费、文娱、办事等高频事项和服务场景，搭建智慧养老平台、产品和服务，推动老年人享受智能化服务，使传统服务方式更加完善。不断加强数字服务意识，首先，进一步促进数字公共服务的公平普及。数字公共服务的公平普及需要依赖完善的基础设施网络，需扩大数字基础设施覆盖范围。如推动"数字丝绸之路"建设，深入落实国家数字乡村发展战略，持续加大落后地区宽带网络和移动通信基站建设投入，打通网络基础设施的"最后一公里"，进一步扩大优质公共服务资源辐射覆盖范围，支持高水平公共服务机构对接基层边远和欠发达地区。其次，需要呼吁相关企业为老年人提供更多有质量、有温度、有情怀的数字服务，同时利用线上线下服务的高效协同，初步解决老年人面临的"数字鸿沟"问题。如进一步推广"一网通""一键化"服务，老人一键可呼叫到街道服务座席，由专人解答养老政策、生活咨询、登记便民服务需求。同时，在数字化产品上，多考虑老年人对操作界面、使用步骤的实际感受，为其量身定制，如各类 APP 适时依据老年人的实际需求和身心特点推出老年版，方便老年群体操作和使用。

伴随着数字公共服务的普及和适老化数字服务的推广，很多老年人跨过了"使用沟"，但因数字素养不足而无法深度融入数字生活，"知识沟"逐渐成为老年人数字生活面临的新困境。因此，需要推动老年教育的作用，促进老年群体主动学习数字知识。一方面，社区可以通过定期开展兴趣课堂、技能培训等活动，健全适老化全媒体课程资源，为老年人讲解各类新媒体使用相关知识，可开展系列"公益课堂"，推动"公益课堂"进社区、进家庭、进养老院，为老年人提供定制化、个性化"学习课程"，强化对特殊群体的数字技能培训。另一方面，建立常态化的志愿服务体系，在车站、机场、公园、银行、医院、商场等公共场所，为老年人提供必要的信息引导和人工帮扶，让老年人有更多获得感、幸福感、安全感，让数字技术向普惠化方向发展。

7.5.2 加强数字道德建设

《新时代公民道德建设实施纲要》[1]明确指出："网络空间公民道德建设是社会主义精神文明建设的重要组成部分,直接关系着网络强国、数字中国等建设目标的战略大局。""抓好网络空间道德建设,必将成为新时代立根塑魂、正本清源的又一关键举措。"数字化城市建设,数字化社会发展必须始终坚持以人民为中心的发展思想,不断丰富道德实践,打造美好数字生活场景,进一步推动信息技术普惠共享,服务经济社会民生,致力于消除数字鸿沟,进而推进数字文明社会建设。在中共中央网络安全和信息化委员会印发的《提升全民数字素养与技能行动纲要》[2]中指出"需强化数字社会法治道德规范",具体要求通过加强道德示范引领,深化网络诚信建设,要求各级政府、科研院所、行业组织、企业、线上社区等各方力量主动作为,督促数字技术和产品开发人员遵守职业道德和准则。同时加强人工智能技术治理,发展负责任的人工智能,进一步提高全民数字获取、制作、使用、交互、分享、创新等过程中的道德伦理意识,加强网络空间生态治理,规范网络传播秩序。要更加积极开展网络普法,增强网民法律意识和法治思维,加强网民自律,引导广大网民自觉抵制网络不良信息和不法行为,引导全民遵守数字社会规则,形成良好行为规范,从而强化全民数字道德伦理规范,推动全社会形成文明办网、文明用网、文明上网、文明兴网的共识。

数字化与老龄化叠加的社会时代背景下,在助力实现老年群体跨越"数字鸿沟"的过程中,要进一步规范数字化道德建设,提高全民网络文明素养,从而引导多方力量推进数字文化社会建设,以推动老年群体精神文明创建活动逐步向网上延伸,引导老年人健康合理使用数字产品和服务。一方面,可鼓励发展"时间银行"养老模式,通过有效整合社会可支配的人力和物力资源,为老年人提供新的养老模式,同时加强青年群体的精神文明素养教育。另一方面,通过对互联网人才进行大力培养,将良好的基础提供给精神文明建设[3],助力老年人提高触网率。

---

1 《新时代公民道德建设实施纲要》[EB/OL].[2022-11-27]. http://www.gov.cn/zhengce/2019-10/27/content_5445556.htm.
2 中央网络安全和信息化委员会印发《提升全民数字素养与技能行动纲要》(附图解)[EB/OL].[2022-11-27]. https://www.thepaper.cn/newsDetail_forward_15291119.
3 张敬刘,胡彦,赵强. 基于移动终端的新时代文明实践应用平台新型多元互动模式的设计与实现 [J]. 新闻文化建设,2021(01):2.

7.5.3 关注弱势群体需求

一般来说，数字时代弱势群体主要包括四部分人群：老龄群体、贫困人口、网络发展落后的边远地区人群及残障人士。这四类人群共同的特点是因年龄、经济、基础设施或身体残障等，导致他们无法充分享受到数字时代红利。[1] 弥合弱势群体在数字时代的鸿沟，需要立足于弱势群体的数字需求，强调数字平等权，让弱势群体更加平等广泛地享有数字社会发展成果，共享数字时代的红利。在《老年人权益保障法》《残疾人保障法》等法律的条款中，既包括对老龄和残障的禁止歧视条款，也包括网络硬件设施全面发展的全民普惠权。立足于弱势群体的数字需求，是保障数字平等权的基础，要求充分考虑老年群体的特殊性，基于数字赋能构建更为完善的数字服务体系，降低"使用"数字技术的技艺门槛，化"被使用"的动作为"易使用"的体验，可通过加强数字设备、数字服务信息交流无障碍建设，在老年人的出行、就医、就餐、购物等高频服务场景中保留人工服务渠道，防止出现强制性数字应用、诱导性线上付款等违规行为。

同时进一步保障弱势群体的数字受教育权，破除对包括老年人在内的弱势群体对新科技的恐惧，提高他们应对数字化生活的信心和能力。通过对弱势群体实施数字教育，可依托老年大学、开放大学、养老服务机构、社区教育机构、老科协等相关机构对老年人的数字技能进行培训，同时链接媒体、社交平台、政府机关等相关单位对弱势群体进行多元化的网络素养教育，进一步消弥弱势群体的数字鸿沟，丰富其数字体验的学习、应用，有助于推动形成社会各界积极帮助老年人融入数字生活的良好氛围，提升社会满意度，让更多弱势群体得以充分享受便捷和丰富的数字化生活，构建全龄友好包容社会，为数字安全友好创设普惠的社会环境。

---

[1] 弥合弱势群体数字鸿沟，共享数字红利 [EB/OL].[2022-11-27].https://share.gmw.cn/theory//2022-08/03/content_35929274.htm.

实践篇
PRACTICE

第 8 章

国际视野：老年数字鸿沟问题弥合之举

8.1 国际社会组织和机构弥合老年数字鸿沟之举

本节将对联合国（United Nations，UN）、世界卫生组织（World Health Organization，WHO）、国际电信联盟（International Telecommunication Union，ITU）以及万维网联盟（World Wide Web Consortium，W3C）在弥合老年数字鸿沟方面所开展的工作进行详细介绍和分析。

8.1.1 联合国：确保所有人均享有数字技术

作为代表性最广、规模最大、最具权威性的国际组织，联合国在解决人类面临的众多问题，如环境、人口、生态、资源等问题起着重要作用，它较早提出并关注"数字鸿沟"问题，积极呼吁全球各国采取果断行动弥合数字鸿沟，否则数字鸿沟将成为"不平等的新面孔"。2001 年 11 月，联合国成立了解决"数字鸿沟"问题的顾问委员会，并在其建议下成立了由 30 多人组成的联合国信息和通信技术工作组。时任联合国秘书长安南曾表示，该工作组所面临的严峻任务是如何在全球推广新的科学技术，确保广大贫困人口、弱势人口能够从中受益，并使信息技术革命的成果能够为实现这一战略目标服务。

2016 年，联合国发布信息通信技术共融行动（The Global Initiative for Inclusive ICTs，G3ict），如图 8-1 所示。其主要工作愿景是提升数字技术产品的包容性，使不同能力、不同年龄的人（尤其是老人、残障人士等弱势群体）都能够从信息通信技术（ICT）中享受到学习、工作、通信、交易、安全等服务。

图 8-1　包容性信息和通信技术全球倡议（G3ict）
来源：https://g3ict.org/

为实现这一愿景，G3ict 及其合作伙伴制定了《包容性信息通信技术全球倡议》，以帮助各级政府和公共部门机构将可访问 ICT 纳入其政策和工作中，确保政府和公共部门机构具备充分的能力，可作出更强有力的承诺，使可访问性成为其 ICT 采购的一部分，与技术供应商进行更富有成效的数字包容性参与。2016 年 12 月，G3ict 行动组织及其合作伙伴进一步发布《数字包容十年行动呼吁（2017—2027）》，呼吁缔约国和所有相关利益攸关方共同努力，为实现人人享有移动通信服务、人人享有宽带接入、人人享有电子政务和智慧城市、为独立生活提供辅助技术和信息通信技术、为所有公民采购可获得的公共产品和服务等十项人权促进行动。

2018 年，现任联合国秘书长安东尼奥·古特雷斯建立了数字合作高级别小组，并于 2020 年 6 月 11 日发布《数字合作路线图》（以下简称《路线图》）。《路线图》指出，当前世界正以前所未有的速度从模拟时代转变为数字时代，这使我们既面临着新技术带来的巨大希望，又面临着诸多数字时代的挑战。日益扩大的数字鸿沟便是数字时代最严峻的挑战之一。《路线图》以"迎接数字技术带来的光明前景，同时保护民众免受危害"为愿景，以"连接、尊重和保护数字时代的人们"为首要目标，致力于推动数字技术以平等、安全的方式惠及所有人。《路线图》从普遍且可负担的网络连通、促进数字技术成为公共产品、保证数字技术惠及所有人、支持数字能力建设、保障数字领域尊重人权、应对人工智能挑战、建立数字信任和安全、构建有效的数字合作框架等 8 个关键行动领域（图 8-2），推动数字通用连接。所有利益攸关方都能基于这 8 个关键行动领域，在推动更安全、更公平的数字世界中发挥作用，进而为所有人带来更光明、更繁荣的未来。在 8 个关键行动领域中，"保证数字技术惠及所有人"

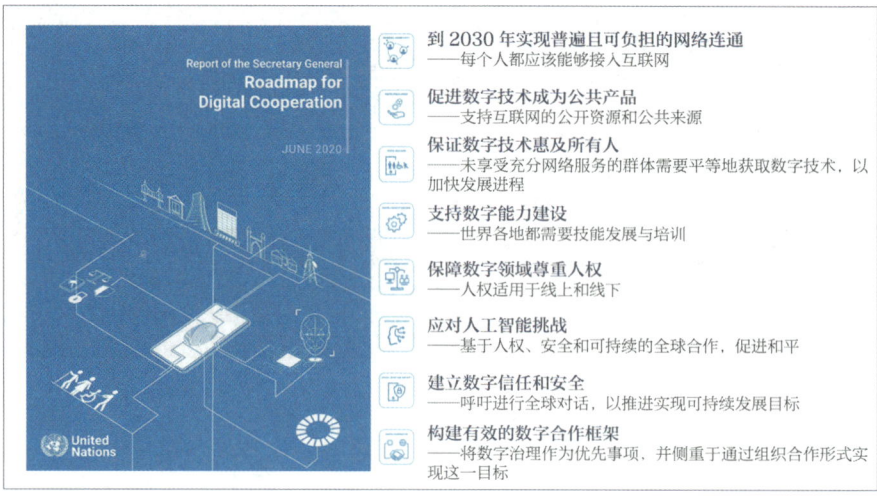

图 8-2　《数字合作路线图》封面及 8 个关键行动领域
来源：https://www.un.org/techenvoy/zh/content/roadmap-digital-cooperation

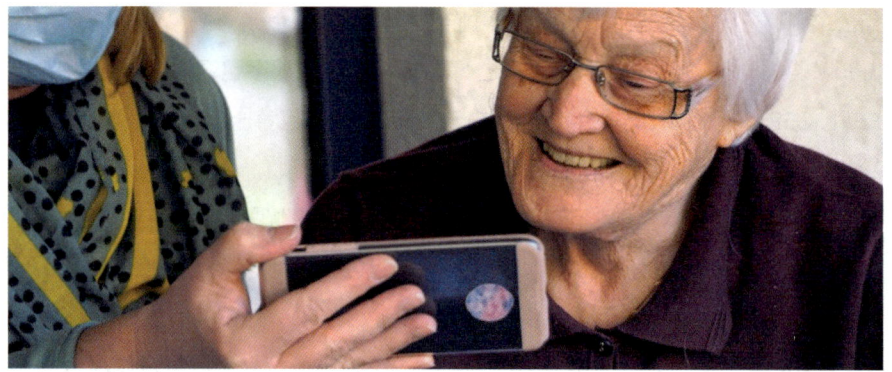

图 8-3　2021 年国际老年人日
来源：https://news.un.org/zh/story/2021/09/1092132

主要是为确保所有人，尤其是无法充分享受网络服务的弱势群体，享有平等的数字机会。《路线图》指出，数字鸿沟反映并放大了现有的社会、文化和经济不平等，这种不平等对妇女、残障人士、流动人口、老年人、青年人、农村人口和土著人民的影响尤为严重。全世界必须通过更好的衡量标准、数据收集和倡议协调等方式，弥合这些数字鸿沟问题。

在 2021 年的国际老年人日[1]上，联合国推出了以"不分年龄人人共享数字平等"为主题的纪念活动，强调老年人需要获取数字技术并有意义地参与数字世界。秘书长古特雷斯在活动致辞中表示，各种生活生产方式都越来越多地在

---

[1]　每年的 10 月 1 日为国际老年人日。

网上进行，新冠疫情进一步强化了这一趋势，全世界都面临如何适应对技术的日益依赖这项挑战，"但最需要我们提供帮助的也许是老年人"。他强调，老年人在疫情中会更加孤独，也更容易遭受网络犯罪日益严重的威胁，全球各国需要努力提高老年人的数字技能，既作为重要的防御手段，又作为促进老年人福祉的工具。同时，他还强调，老年人远远不只是一个弱势群体，他们还是知识的来源、经验的源泉，能为人类的共同进步作出丰硕贡献，如果老年人能获得新技术、学习新技术、使用新技术，将更有能力为实现这些目标添砖加瓦。因此，他呼吁采取更具包容性的政策、战略、行动，实现所有年龄段的数字平等（图8-3）。

8.1.2 世界卫生组织：利用包容性技术跨越到健康老龄化社会

作为联合国下属关注全球健康的专门机构，世界卫生组织一直关注老龄群体的健康和福祉问题，早在2002年便提出了积极老龄化[1]的概念。基于该理念，开展了一系列推进积极老龄化的行动。"利用包容性数字技术跨越到健康老龄化社会"是世界卫生组织一直强调和推动的积极老龄化战略。世界卫生组织认为，数字包容是健康社会的重要影响因素，且需要多部门的协调和努力。基于该战略，世界卫生组织积极推动了一系列弥合数字鸿沟的举措，以提升老年人对数字技术的适应程度（即数字包容）。

2010年，世界卫生组织启动"全球老年友善城市和社区网络"项目，其目标之一为鼓励、促进老年人充分参与社区生活，以促进社区层面的老年信息共享和传播，克服老年群体的数字鸿沟。截至2021年，该网络已扩展到全球1100多个城市和组织，包括国际老龄问题联合会、美国退休人员协会等。2018年，世界卫生组织发布了对于该网络发展的十年回顾和下一个十年的展望[2]（图8-4），其中明确指出了构建适合老年人的数字工具的目标。

除社区层面的包容性外，技术层面的包容性设计也是世界卫生组织强调的弥合数字鸿沟重点举措。为了推动包容性数字技术的设计和应用，世界卫生组织西太平洋区域办事处于2021年夏天在北京以线上线下联动的方式，举行了题为"老年人的数字包容：利用数字技术推动西太平洋区域的健康老龄化"的

---

1 WHO. Active ageing: A policy framework[R]. Geneva: WHO, 2002.
2 WHO. The global network for age-friendly cities and communities: Looking back over the last decade, looking forward to the next[R]. Geneva: WHO, 2018.

图 8-4 《全球老年友善城市和社区网络：十年回顾与展望》封面
来　源：https://www.who.int/publications/i/item/WHO-FWC-ALC-18.4

图 8-5 老年人通过手机和平板电脑与 AGATHA 互动
来　源：https://www.who.int/china/zh/news/feature-stories/detail/leapfrogging-to-a-healthy-ageing-society-through-inclusive-technology

会议。来自西太地区的学术界、政府和私营部门代表分享了他们在克服障碍和建立老龄友好技术方面的经验和方法。在会议中，世界卫生组织强调，数字技术是实现迈向健康老龄化社会的最有力工具之一，开发和利用有助于老年人健康的数字技术，对老人健康、健康保健系统、社会和经济等都有直接和长期的好处。但是，仅仅"为老年人"设计是不够的，实现数字包容未来还需要让老年人参与到设计之中。因为老年人是用户、客户、创新者和社会推动者，他们有着不同的需求和偏好。因此，在开发和应用的过程中，每一步都应征求他们的意见，同时政府和私营部门应倡导包容性技术，并为技术的开发和应用创造有利环境。

　　以世界卫生组织与中国信息通信研究院（CAICT）共同开发的 AGATHA 为例介绍了这种参与式设计理念。AGATHA 是"全球健康老龄化技术获取"的数字化教练形象，旨在为老年群体提供一个以提升健康为核心的多功能友好平台。对老人而言，AGATHA 是一款可以装在口袋中的健康教练，为老年人提供实时的健康支持和帮助，老人可以利用 AGATHA 进行自主健康管理和咨询问诊等。在该平台的设计过程中，老年人从设计阶段就积极主动地参与讨论，表达个人需求。根据世界卫生组织介绍，AGATHA 的最初设计理念是一个聊天机器人，但老年人的参与使其从一个话题有限的聊天机器人变成了一个健康老龄化数字教练，通过课程和测验教育老年人。老年用户对变换角色之后的健康老龄化数字教练有着更好的使用兴趣和体验（图 8-5）。

8.1.3 国际电信联盟：构建面向健康老龄化的无障碍数字技术

国际电信联盟是主管信息通信技术事务的联合国下属机构，主要负责分配和管理全球无线电频谱与卫星轨道资源、制定全球电信标准、向发展中国家提供电信援助等，促进全球电信发展。国际电信联盟在缩小数字鸿沟、制定标准、实现民众之间的互联互通等方面也开展了大量的工作。

早在 2002 年 3 月 18—27 日，国际电信联盟就召开了以"数字鸿沟"为主要议题的第三届世界电信发展大会，引起了国际上的普遍关注。此次大会聚集了来自世界各个国家和地区的 1500 名政府高级官员、私营部门人士以及国际和地区性组织的代表，他们共同制订了一个旨在填平数字鸿沟的战略计划，推动了必须解决数字鸿沟问题的国际社会共识形成。在那之后，国际电信联盟围绕扩展 ICT 网络、推动建设有利的环境、鼓励对电信/ICT 网络的投资以及促进数字包容等开展了一系列工作。

2007 年，国际电信联盟发布《ITU-T F.790 老年人和残障人士的电信接入能力指南》[1]，致力于为所有形式的电信设备和软件及其相关的电信业务的标准化、规划、开发、设计和分发等提供通用的指南，以便确保它们能够为不同能力的人们提供接入能力，包括老年人和残障人士。该指南指出，为了确保和增强电信接入能力，开发者应当理解并采用以人为中心的设计观念（图 8-6）。2014 年，国际电信联盟发布《示范性信息通信技术无障碍获取政策报告》，明晰了 ICT 无障碍获取的全面政策和法理框架，包括 ICT 无障碍获取的法律、政策和监管框架，公共接入的 ICT 无障碍获取框架，移动通信的无障碍获取政策框架，电视/视频节目无障碍获取政策框架，网络无障碍获取政策框架，无障碍获取 ICT 公共采购政策框架六大模块。

2017 年，以弥合数字鸿沟、促进社会所有群体（包括老年人、残障人士和其他有特殊需求的群体）获取 ICT 为目标，国际电信联盟成员在世界电信发展

---

1 ITU. Telecommunications accessibility guidelines for older persons and persons with disabilities[S]. Geneva: ITU, 2007.

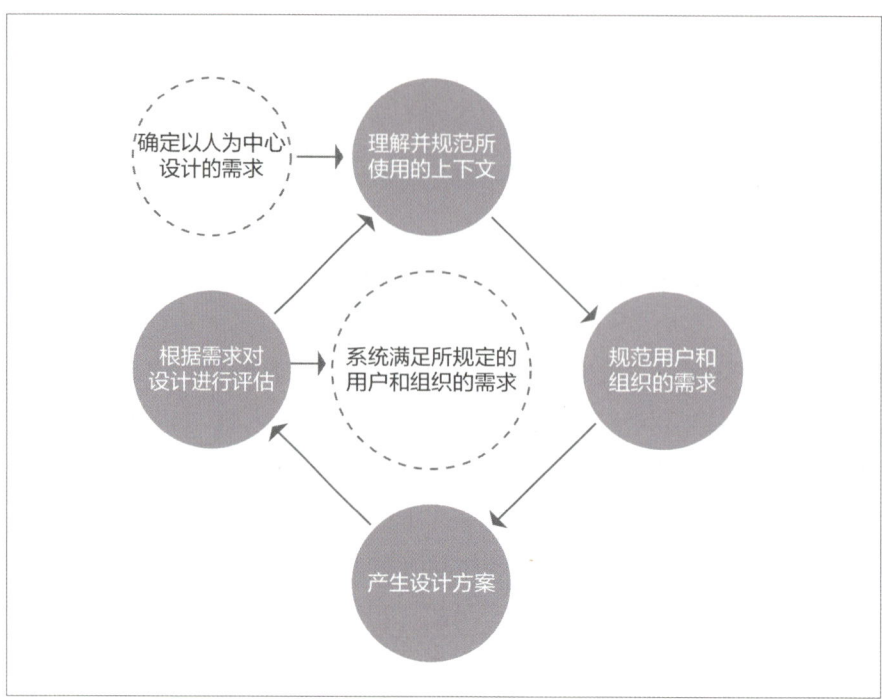

图 8-6 用于电信接入能力的以人为中心的设计活动
来源：作者改绘自 ITU. Telecommunications accessibility guidelines for older persons and persons with disabilities[S]. Geneva: ITU, 2007.

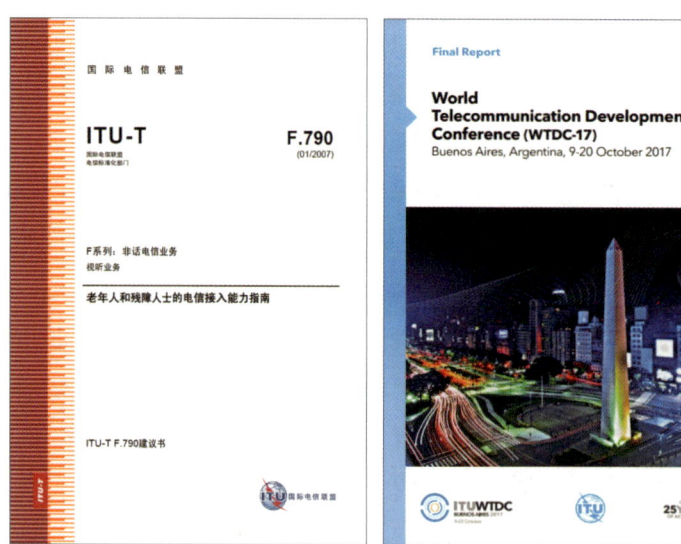

（a）《ITU-T F.790 老年人和残障人士的电信接入能力指南》

（b）《世界电信发展大会（WTDC-17）报告》

图 8-7 ICT 第 7/1 号课题
来源：https://www.itu.int/zh/Pages/default.aspx

大会[1]聚集一堂，一致同意国际电信联盟电信发展部门在2018—2021年实施国际电信联盟在ICT无障碍获取方面的政策和做法为重点的第7/1号课题（图8-7），并指出，实现ICT无障碍获取的关键步骤是：制定国家政策和法理框架、制定标准、培养能力、提高认识、分享优秀做法并确保及时实施等，从而对新的技术潮流作出响应。为实现这一目的，鼓励各利益攸关方参与可促进ICT无障碍获取的全球和区域性活动，包括以国际电信联盟的各项区域性举措、国际电信联盟数字包容计划以及对ICT无障碍获取持续的技术标准化，同时确保有效实施现有的无障碍获取立法。

在2022年世界电信和信息社会日[2]，国际电信联盟成员、合作伙伴和其他利益攸关方共同召开了一次高级别小组讨论会（图8-8），进一步明确了电信/ICT在支持人们在健康老龄化社会中保持身体、情感和财务方面健康、相互联系和独立的重要作用的认识，这对经济和社会系统的可持续性发展至关重要。国际电信联盟希望通过促进老年人和健康老龄化数字技术的举措，为联合国健康老龄化十年[3]作出贡献。秘书长古特雷斯在会议上发表了讲话，指出了信息技术在改善老年人及其家人和社区的生活方面有着巨大潜力，我们要充分利用5G、人工智能、物联网、数字卫生等技术带来的机遇，大幅改善无障碍环境，以增强数字包容性。

图8-8　面向老年人和实现健康老龄化的数字技术
来源：https://www.un.org/zh/observances/telecommunication-day

1　ITU. World Telecommunication Development Conference (WTDC-17) final report[R]. Buenos Aires: ITU, 2017.
2　自1969年起，每年的5月17日为世界电信和信息社会日（WTISD），其目的在于使公众了解互联网及其他信息通信技术的使用给社会和经济发展带来的多种可能性以及弥合数字鸿沟的各种途径，并将5月17日作为签署第一个《国际电报公约》和创建国际电信联盟的纪念日。
3　详见：https://www.decadeofhealthyageing.org/。

8.1.4 万维网联盟：推动网络无障碍技术标准建设

成立于1994年的万维网联盟是Web技术领域最具权威和影响力的国际中立性技术标准机构，其在弥合数字鸿沟方面的举措主要体现在网络无障碍的构建上。2018年，万维网联盟发布了《网络内容无障碍指南》[1]，定义了如何使老人、残障人士等弱势群体更容易访问网站内容的准则，这是关于信息和通信技术无障碍性的最重要标准，在全世界都得到了广泛认可，已成为数字应用的通用设计指南。其最重要的贡献是为Web可访问性提供了四个基础原则：可感知、可操作、可理解和健壮性。这些标准（表8-1）描述了ICT应具备的设计和编程特征，以确保具有最广泛特征和能力的人员能够使用ICT，从而在特定环境中实现特定目标。这些准则使因衰老而能力有所改变的老年人更容易使用网站内容，提升他们的可用性。

表 8-1 《网络内容无障碍指南》概览

可感知	为非文本内容提供文本替代； 为多媒体提供字幕和其他替代方案； 创建可以以不同方式呈现的内容，包括通过辅助技术，而不会失去意义； 让用户更容易看到和听到内容
可操作	使所有功能都可以通过键盘使用； 给用户足够的时间来阅读和使用内容； 请勿使用会导致癫痫发作或身体反应的内容； 帮助用户导航和查找内容； 更容易使用键盘以外的输入
可理解	使文本可读易懂； 使内容以可预测的方式出现和运行； 帮助用户避免和纠正错误
健壮性	最大限度地提高与当前和未来用户工具的兼容性

来源：贺樑团队整理

8.2 部分发达国家弥合老年数字鸿沟之举

数字鸿沟问题较早衍生于西方发达国家，它们比我国更早进入老龄化社会，老龄化程度更高，老年数字鸿沟问题也更加突出。多国政府和社会各方力量在积极探索弥合老年数字鸿沟的方式，努力让老年人更好融入智慧社会，共享数字时代红利。这些发达国家的实践经验对于我国应对数字鸿沟挑战具有一定的学习和借鉴意义。本节将对部分老龄化程度较高、具有代表性的发达国家弥合数字鸿沟举措进行归纳和分析。

---

[1] W3C. Web Content Accessibility Guidelines[R/OL]. [2022-10-19]. https://www.w3.org/Translations/WCAG21-zh/.

8.2.1 新加坡弥合老年数字鸿沟举措

新加坡老年人同样面临着严峻的"数字化生存问题",为帮助老年人适应日新月异的数字化生活,新加坡推出"数码乐龄计划"("乐龄"是新加坡对老年人的尊称),该计划由一系列面向解决老年群体数字鸿沟问题的服务组成,以帮助老年群体更好适应并融入智慧社会。如在 2007 年,新加坡资讯通信媒体发展局推出"银发族资讯通信计划",通过银发族资讯中心、银发族上网热点、银发族资讯日和银发族资讯电脑奖励计划等,帮助老年人学习新科技,更频繁地接触电脑与网络。同时,新加坡半官方机构人民协会成立乐龄理事会,通过公共教育、社区和同伴互助,促进新加坡积极老龄化的开展,帮助老年人掌握各种数字技能。

2013 年,资讯通信媒体发展局牵头推出"银发族资讯电脑咨询服务站"。根据该计划,20 名训练有素的老人志愿者轮流接听 2 条热线,这群志愿者通晓普通话、英语、福建话、广东话及潮州话。他们对资讯科技颇有研究,而且在维修电脑方面也有一手。此外,资讯通信媒体发展局在全岛 12 个银发族资讯站开办新的资讯课程,教导年长者如何在网上管理公积金户头、上网申请护照和通过云端科技发送照片给亲友等操作步骤。

2017 年,新加坡信息通信媒体发展局推出 IM 银网站,提供视频指南帮助老年人使用数字技术。他们还发起数字诊所计划,将来自社会各界的志愿者聚集在一起,共同帮助老年人融入数字化生活。近年来,为落实新加坡"智慧国家 2025"愿景,新加坡政府与企业、社区和学校等合作,大力开展数字技术学习活动。2018 年,资讯通信媒体发展局扩展"银发族资讯通信计划",推出电子付款体验之旅,协助 50 岁及以上老人掌握电子付款的技能。

2020 年,新加坡政府又成立数字转型办公室,组建了一支由 1000 名全职员工和志愿者组成的"数字大使",他们深入社区,活跃在 112 个菜市场、咖啡店和公司食堂,一方面帮助老年人学习使用二维码支付,另一方面鼓励大龄摊贩使用电子支付。政府每月给予大龄摊贩 300 元新币补贴,该项目已帮助约 10 万名老人掌握数字技能,让全新加坡约 1.8 万名摊贩开通二维码支付。除"数字大使"外,新加坡政府与企业合作推出了"超市学习之旅",指导老年人使用手机应用程序在超市购物。

此外,新加坡还设立了 60 个数字社区中心,为老年人提供个性化支持,帮助他们学习数字技能、使用电子政务服务等。截至 2022 年 6 月,已有 4 万多名老年人得到了帮助。在疫情期间,新加坡政府向500万老年居民免费发放"合力追踪"便携防疫器,其功能与同名手机应用相似,即协助政府进行新冠病毒感染病例追踪,不会扫码的老年人群可通过这款追踪器来进行疫情追踪。这一系列"数码乐龄计划"对弥合新加坡老年群体数字鸿沟发挥了重要的作用。

8.2.2 日本弥合老年数字鸿沟举措

日本是全世界老龄人口比例最高的国家之一,65岁以上人口比例高达28.4%,已步入超级老龄化社会,这一比例今后还会进一步上升,预计在2025年达到30%,2040年达到35.3%。超级老龄化带来了严重的养老压力和劳动力短缺问题,日本推进养老智能化的一个直接动机便源于该现状。日本政府从2013年起,原则上不再批准新建养老院,而是鼓励发展生活支持机器人,意在通过机器人来解决居家或机构中老年人的生活困难问题,缓解养老服务资源的紧缺现状。2016年,日本政府进一步提出了"社会5.0"的概念,即以无人机送货、AI家电普及、智能医疗与介护、智能化自动化产业、智能化经营、全自动驾驶为主要系统的"超智能社会"形态。当下,日本正在加速人工智能机器人、智能设备等的研发和应用,并重点扶持了移乘搬运、移动辅助、步行助力、自动排泄处理、健康监测、走失监视等面向老人日常照护的智能化产品开发推广,以全力应对超老龄社会下的助老、养老问题。在这种全力推进养老数字化的社会背景下,为了切实解决老年人使用数字智能技术方式遇到的困难,日本出台了一系列政策举措,为老年人提供更加友好、包容的生活环境。本节将选取日本几类较有代表性的措施进行陈述。

1. 智能服务人性化,为老年人提供无微不至的数字生活环境

在服务理念上,日本一直是国际上人性化服务推进的典范。在数字技术普遍应用的当下,日本也力求智能服务的人性化设计,为老人打造无微不至的数字生活环境。以公共交通为例,日本公共交通服务充分考虑到行动不便老年人的出行需要,专门为他们设计了硬件设施和智能化提醒。在智能服务不断推广的同时,日本公共交通部门并没有因为提供了智能化服务就减少了人工服务的质量,他们继续为老年群体保留着传统的服务通道。如考虑到有特殊需求且不能便利使用智能技术的老人,日本公共服务部门提供了专门的人工出行协助,有特殊需要的老人可以拨打专用电话告知行程,当其达到后,车站工作人员会为其提供的专用辅助工具和专门的护送,以确保老人的安全。

在电子政府服务的推进上亦是如此。经历了十余年的数字化转型,日本已经构建了非常完善的线上行政服务渠道,老年人可以在家查阅与婚丧嫁娶、育儿养老、福利纳税等最新政策及变更信息,对于会使用网络的老年人可以在线进行业务办理,减轻其四处奔波的麻烦。同时,日本政府要求相关服务部门必须同时保留传统服务方式和智能服务方式,以便于那些不会使用智能设备的老年群体能及时获取服务。

2. 传统设备智能化,为老年人打造有温度的智能设备

在日本的偏远地区,同样有着很多不会使用数字技术的老人,他们不会用智能手机,更加不会使用复杂的智能设备。对这些老人而言,更加熟悉的是电话机、录像机等较为传统的"技术"。基于此,日本多地政府和企业开展了传统技术的智能化改造,即对这些老人较为熟悉的技术进行智能化改造。如将传统邮筒改造成了智能打印机,并且可以与子女的智能手机进行绑定,只要家人之间有信息更新,"邮筒"便会将该信息自动识别并打印成一份纸质的"电报"传递给老人;将传统的录影机改造成可智能播放的云录影机,家人只需通过录影机上的二维码扫描绑定,就可以通过移动端进行数字内容点播;将传统的电话机改造成可自动视频的通信设备,当电话铃响起后,老人接起电话便可自动开启视频通话。

这些微小而有温度的设计可以看出日本在弥合老人数字鸿沟问题上的用心。他们认为,与其花较高的设计、开发昂贵的数字高科技,让老人花较大的精力学习使用这些符合年轻人习惯的高科技,不如尽最大可能降低老年人的学习成本,从日常生活的细节进行智能化设备的改造。这种方式既保留了传统技术对老年人来说的熟悉感,又增加了智能化的功能,使得老人在不用学习复杂智能设备的基础上,便可以享受到便捷的智能服务,有效地弥合了老年群体与高科技之间的数字鸿沟。

日本从细节入手的智能化改造还体现在对很多智能家居"看不见的细节"改造中。在日本,大部分的养老住宅都对厨房、卧室、卫生间做了特殊化、智能化改造,如针对乘坐轮椅的老人在高度和收纳细节上作了调整,包括可以放下轮椅的洗漱台、可以自由升降的橱柜、可以借力的马桶扶手、坐式淋浴等,这些细节上的改造配合智能化设备,能够让老年人尽可能自主、灵活、安全地生活。

8.2.3 韩国弥合老年数字鸿沟举措

韩国的数字化进程也是全球发达国家中较为显著的，越来越多的韩国民众通过网络和智能终端获取信息，生活便利性得到极大提升。然而，数字化的快速发展也给一些使用智能技术存在困难的老年人增添了不便，老年人数字鸿沟问题引发了韩国政府的高度关注。尤其，据韩国统计厅数据显示，截至2020年，韩国65岁以上人口的比例为15.8%，已进入老龄社会，弥合老年数字鸿沟迫在眉睫。为此，韩国中央和地方政府采取了多项措施，以尽可能地弥合数字鸿沟，推动包容型数字社会建设，让老年群体共享智慧城市的便利。

1. 制定弥合数字鸿沟的政策与方案

韩国政府指定信息通信部专门负责起草缩小数字鸿沟的各项政策及法律法规，制定弥合数字鸿沟的相关规划，并要求各级地方政府依据中央规划制定地方具体执行方案，每年统一递交信息通信部审核。韩国信息通信部内部的信息振兴局专门负责该项工作，并监督各级政府部门执行相关方案。韩国政府出台了一系列法律法规，如《数字鸿沟法》《缩小数字鸿沟行动计划》等。《数字鸿沟法》制定了一系列法律措施，以帮助获取网络服务和使用有困难的群体提供普适的、不受限制的网络服务，包括制定缩小数字鸿沟总计划、制定缩小数字鸿沟年度计划、建立缩小数字鸿沟委员会、建立公共接入中心、提供信息技术培训机会、成立国家信息振兴局等。如针对智能手机通信费较高造成老年人无法接入移动数据的问题，韩国首尔市政府联合通信公司为65岁以上的首尔市民推出月费为2万韩元的老人套餐，让老年人能以相对较低的价格享受智能手机上网服务。通信公司则同时为加入套餐的老年人提供智能手机基本操作的培训服务。《缩小数字鸿沟行动计划》中包含了40余项缩小数字鸿沟的行动计划，涉及12个部门，总预算超过1.9亿美元，其中包括了面向老年群体的免费网络接入、数字技能培训、在线内容开发等。

2. 构建弥合数字鸿沟的规划体系

韩国政府设计了由电信服务基础设施、接入电信服务、提供信息技术教育机会、针对老年人的在线内容和数字鸿沟评估、推进有价值的数字生活、缩小全球数字鸿沟六大要素组成的弥合数字鸿沟规划体系[1]（图8-9），以此作为制

---

1 任贵生. 韩国缩小数字鸿沟的举措及启示 [J]. 管理世界，2006(07):157-158.

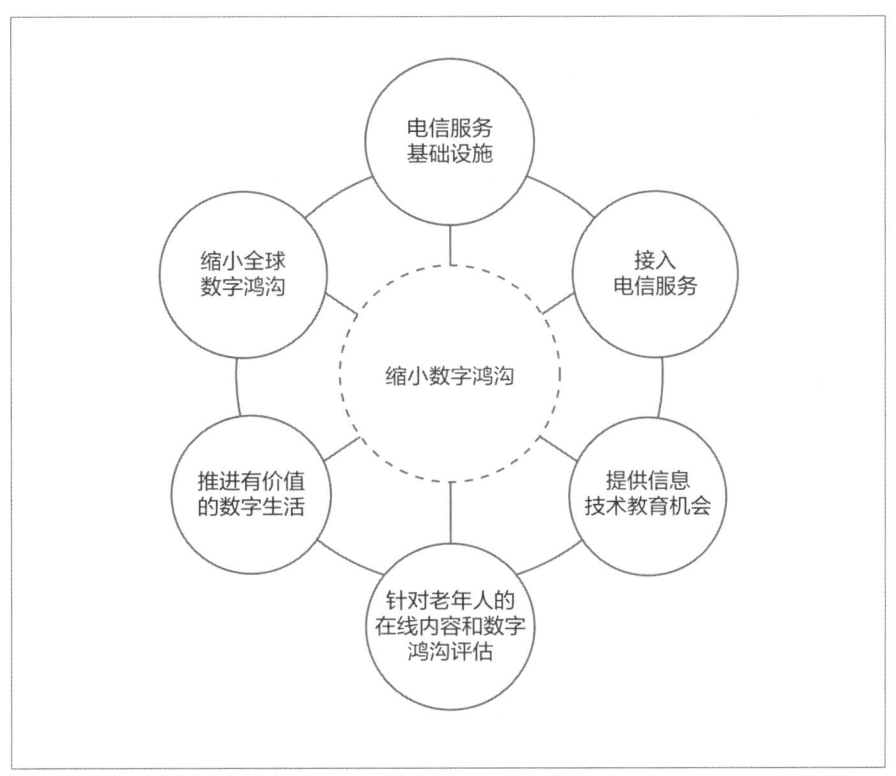

图 8-9 韩国弥合数字鸿沟规划体系
来源：任贵生. 韩国缩小数字鸿沟的举措及启示 [J]. 管理世界, 2006(07):157-158.

定各项弥合数字鸿沟的政策、规划和措施制定的核心指南。电信服务基础设施主要针对农村及偏远地区的网络构建，推动全国 100% 的宽带覆盖；接入电信服务主要指各级地方政府牵头成立接入中心，为老年人、残障人士等提供技术援助和经济援助（电信服务费用折扣）；提供信息技术教育机会主要指面向公众的免费信息技术能力培训；针对老年人的在线内容和数字鸿沟评估主要指建立面向老年人、残障人士等的数字鸿沟评估体系，并每年对其进行评估，考察其数字素养现状；推进有价值的数字生活主要是指通过"信息文化月""信息文化运动委员会"等方式提升公民的信息技术意识；缩小全球数字鸿沟主要是指开展志愿者项目，为公民提供免费的信息技术培训。

3. 实施老年数字素养培育专项项目

针对老年群体的数字素养缺失问题，韩国中央和地方政府采用了志愿者教学、机器教学等多种方式，为老年群体提供数字教学课程。志愿者教学是指通过招募志愿者，为老年人提供数字技能培训。首尔市数字财团所开展的"老老互助"项目是较有影响力的志愿者教学项目。该项目招募了 200 名 55 岁以上、熟练掌握数字技能的老年人担任志愿者，帮助其他老年人学习使用智能手机。这些志愿者被派往各类基层老人福利机构，开展线上线下教学，并根据学员水平提供个性化教学服务。考虑到人力资源的紧缺和志愿者教育覆盖范围有限，韩国政府还推出了面向老年群体开展数字技能教学的机器人，由机器人来教授老年人使用各类数字工具，极大地提升了教学的覆盖面和可持续性。韩国首尔市的木洞老人福利文化中心便常年举办此类基于教学机器人的系列免费课程，由教学机器人为老年学员详细讲解社交软件等各类手机应用的使用方法。此外，韩国政府还开发了无人售卖系统教学示范机器，手把手教老人使用各种无人售卖机。

8.2.4 美国弥合老年数字鸿沟举措

作为互联网的发明国，美国是较早讨论和关注"数字鸿沟"问题的国家之一。早在 1990 年，美国著名学者阿尔文·托夫勒（Alvin Toffler）在《权力的转移》一书中就提出了"数字鸿沟"的概念，并将其描述为信息和电子技术方面的鸿沟，是信息和电子技术的发展所造成的发达国家和欠发达国家之间的分化。之后，美国学者将社会人口划分为"数字原生代""数字移民"和"数字难民"[1]，"数字原生代"指那些在网络时代成长起来的一代人，他们生活在一个被电脑、视频游戏、数字音乐播放器、摄影机、手机等数字科技包围的时代，无时无刻不在使用信息技术进行信息交流和人际互动，简而言之就是 20 世纪 90 年代后出生的人。而那些在网络时代之前成长起来的一代人则被称作"数字移民"，表示其生长于两个时代的交接时期，在面对数字科技、数字文化时，必须经历并不顺畅且较为艰难的学习过程，简而言之就是在 20 世纪 60—90 年代之间出生的人。而 20 世纪 60 年代以前出生的老年人，由于他们不愿或不擅长使用网络，不断被边缘化，甚至被排斥在数字生活之外，他们被归类为典型的"数字难民"。

在当下的美国，老年"数字难民"是个颇受社会关注的话题。根据皮尤研究中心 2020 年统计，美国 65 岁以上老年人中有 1/3 从未使用过互联网，1/2 表示家中没有接入网络。成为"数字难民"会给生活带来诸多不便，如无法跟人

---

1 曹培杰, 余胜泉. 数字原住民的提出、研究现状及未来发展 [J]. 电化教育研究，2012,33(04):21-27.

及时交流导致孤独等，疫情的出现进一步凸显了这一问题。美国各级政府和企业在弥合数字鸿沟问题上做出了大量的努力，具有特色的举措如下。

1. 促进多元主体协同弥合数字鸿沟

美国政府牵头、带领诸多社会团体协同参与到弥合数字鸿沟的实践中。据不完全统计，美国有十余家旨在提升老年人技术使用能力的机构，其中较有代表性的机构包括美国国家远程通信和信息管理局、美国退休者协会、老年人网络中心、老年人技术服务中心、圣巴纳巴斯老年服务中心和在线世代等。美国国家远程通信和信息管理局是专门负责美国国家电信和信息政策、制定相关发展规划、扩大美国宽带接入覆盖率的部门。美国退休者协会是美国历史最为悠久、规模最大的非营利组织，专注于 50 岁以上美国老年群体的社会权利维护。老年人网络中心是美国最有影响力和权威性的老年群体信息培训组织，已拥有 30 多个学习分中心。老年人技术服务中心坚持将技术用作改善老年人生活的工具，拥有 70 多个合作伙伴组织，提供了超过 14 000 个技术培训课程。圣巴纳巴斯老年服务中心主要为 70 岁左右、低收入的老年人提供技术服务。在线世代则致力于提升老年人识字能力和互联网知识，以此促进代际沟通，在线世代通过其线上线下培训教程为美国 49 个州、80 000 多名老年人提供了培训服务。

除这些社会组织外，美国许多公司，如谷歌、IBM 等，也都积极响应号召，投身于填平老年数字鸿沟的技术研发中。2018 年，谷歌旗下智能家居业务部门 Nest 开始组建团队，与养老机构和老年专家积极接洽，开发符合老年群体需求的智能家居产品，帮助老年人能在尽可能长的时间内独立生活。考虑到老年群体对于复杂数字数据的可接受性问题，研发团队首先与 CDW Healthcare 合作，为处于封锁状态的社区老人提供使用 Google Duo 和 YouTube 的访问权限，通过这一举措采集、分析老人使用这些技术的主要障碍。在分析数据后发现，相对于"触摸屏幕"对于大众群体的便利性，其对于老年群体而言反而是一种障碍。为此，谷歌 Nest 团队通过通用设计的理念，为具有使用障碍的群体提供了简单的无障碍界面，该界面可通过个人声音进行设备控制，该产品已在美国华盛顿州推广使用。此外，谷歌专门打造了面向老年人低配手机的 AI 助手，以方便老年人的生活。老年人可以通过语音号令来遥控手机，想看照片时，可以对着手机说"我要看美国塔霍湖的日落"；外出时，可以让 AI 助手带路，"带我去毕加索博物馆"。该语音助手已经在美国、澳大利亚、加拿大、英国等国家使用。谷歌称，之后会继续开发多语言的 AI 助手，为非英语国家的老人提供帮助。

百岁科技巨头 IBM 则聚焦老人的"无障碍"数字健康服务。基于其强大的数据分析技术和人工智能技术，IBM 通过一系列数智技术研发，为老年群体提供个性化、智能化的辅助服务，改变老人的生活方式，让老年群体共享数字智能红利。2016 年，IBM Watson Health 部门在得克萨斯州奥斯汀实验室中设了"区域老龄化"环境部门，并在莱斯大学协助下，打造了一个 IBM 多用途老人原型机器人 IBM MERA。该机器人旨在基于具身认知技术，模仿老年人在家中可能有的交互类型数据采集，并基于环境感知数据进行潜在风险预测，以便为护理人员提供预防性的医疗保健举措。在 Watson Health 健康医疗项目的基础上，IBM 与苹果公司（Apple）携手，以改善数千万老年人的生活质量为目标，开发了基于老年智能 iPad，其用户界面更简单，文字显示更大，所植入的应用涵盖医药管理、运动与健康和饮食等领域，可为数千万老年人提供专业化、个性化医疗和服务，如提醒老人吃药、锻炼，帮助老人控制饮食，提供代购服务等，并协助他们与社区和家人进行沟通。

2. 加大力度支持信息化基础设施建设

基础设施建设是弥合数字鸿沟的基础。在美国，基础设施建设面临的主要挑战是缺乏对网络服务的监管和开放的互联网接入政策，进而导致互联网服务供应商在部分城市和农村地区形成了垄断。据统计，约 8000 万美国人无法自主选择网络服务供应商，约 15 000 万美国居民由于成本等原因无法使用高速互联网接入服务。因此，美国政府积极鼓励在网络基础设施领域的投资。2009 年，美国国家远程通信和信息管理局获资 40 亿美元实施宽带技术机会计划，以缩小互联网覆盖差距和数字鸿沟，发挥公共基础设施在缩小老年数字鸿沟方面的作用。该计划在互联网接入、宽带安装和网速提升等方面提供资助，并在老年活动中心、图书馆等老年人方便和易于访问的环境中扩大公共计算机数量。2019 年，美国参议院通过《数字公平法案》，提供总计 2.5 亿美元年度资助计划，用以扩大宽带覆盖范围，帮助美国 50 余个州制定和实施数字公平计划，启动数字融合项目。拜登政府在"美国就业计划"（American Jobs Plan）中专门设置了一项 650 亿美元的预算，预期在 8 年内弥补美国数字基础设施缺口，这项计划试图解决"最后一公里家庭互联网接入"问题。

在新冠疫情期间，美国联邦通信局推出了一项紧急宽带福利计划，通过提供折扣，帮助疫情期间难以支付互联网服务和设备的老年人等弱势群体实现网络的接入和使用。各级地市也在基础设施建设上投入了大量的财力支持，如新冠疫情期间，纽约市政府提出了"宽带是公共卫生必需品"的理念，与电信公司合作推广"弥平城市的数字鸿沟"项目，向居住在公共住房中 65 岁以上的老年人发放平板电脑，并提供一年免费网络服务。

3. 采取多种方式提升老年人数字素养

在数字素养提升上，美国专门设立了老年人技术服务中心，为老年群体开设免费的计算机和数字扫盲课程，帮助老年人使用技术进行社交。美国国家远程通信和信息管理局在宽带技术机会计划中，与其他非营利机构合作，资助计算机中心提供数字扫盲课程，包括基本的计算机技能、在线搜索和社交媒体教程。美国退休者协会推出免费使用的在线教室，即 AARP TEK 学院，为老年人免费提供关于网络操作环境安全、社交工具安全、数码摄影和在线建立个人品牌等主题的系列研讨会。除国家层面的举措外，很多地市也开展了面向老年群体的数字扫盲工程，如圣地亚哥市政府与教育机构合作开设"数字学校"，为当地多个老年俱乐部提供数字培训服务，培训内容包括收发电子邮件、使用社交软件等，以方便老年人与政府机构沟通，接收相关社会文化服务信息。

为老年群体打造专属的数字空间，如老年人网络中心创建了面向老年群体的虚拟在线社区，支持老年群体的线上社交。该社区中设置了退休、旅行、健康、写作、烹饪等主题论坛，以及在线课程和图书俱乐部，提供一系列专门满足老年人兴趣、需求的新闻信息与视频聊天服务。美国退休者协会旗下网站[1]也是一个专门面向老年群体的在线社区平台，可提供关于健康、金融、休闲、社交、公共政策和教育的课程分享，为老年会员提供在线社区论坛和交流平台。这种方式在为老年人提供情感支持的基础上，也潜移默化地让老年人在参与数字生活中提升数字素养，弥合数字鸿沟。

在数字素养培育途径方面，美国各社会组织也开展了一系列尝试和探索，以提升数字素养培训的效能，如美国非营利组织老年人网络中心，专门为 50 岁及以上人群提供互联网教育，它们推行"老年人培训老年人"模式，鼓励学员能把学到的技能带回社区，教给伙伴或是邻里，让更多人受益。老年人网络中心还主张利用代际互动方法，由高中生和大学生指导老年人掌握计算机基本使用技能，依赖成熟的社区志愿服务机制，鼓励大学生志愿者走进社区，教老年人使用数字产品，提升老年人数字素养和技能。

---

1 详见：https://www.aarp.org/。

8.2.5 欧洲国家弥合老年数字鸿沟举措

欧洲国家，如英国、德国、意大利、芬兰等，都是老龄化程度非常高的国家。据 2020 年欧盟调研数据显示，欧盟范围内 55—74 岁的人群中，只有 35% 具备基本数字技能，75 岁以上老人只有 20% 偶尔或经常使用互联网，数字鸿沟问题十分严峻。欧洲各国政府和社会各方力量积极探索，形成合力，努力帮助老年人跨越"数字鸿沟"，让他们在数字时代步履更加从容。本节将选取欧洲国家所开展的较有代表性的措施进行陈述。

1. 将"数字无障碍"纳入国家顶层设计

早在 20 世纪 90 年代，欧洲很多国家便将"数字无障碍"纳入顶层设计，将老龄化作为所有决策制定的考量因素，并出台相对应的法律法规，推动电子无障碍立法。如 1998 年，西班牙和瑞典分别出台了《计算机无障碍法规》和《计算机无障碍指南》；2003 年，荷兰制定了《网络无障碍法规》；2004 年，瑞士制定了《政府及公用事业部网络无障碍法规》，以保障老年人等数字弱势群体的利益。

2020 年，欧洲理事会专门就数字时代下的老年福利进行讨论，呼吁加强代际融合，确保不断加速发展的数字化为老年人带去便利，尤其是在医疗健康、社会服务、养老服务等老年人频繁接触的领域，同时应为其保留非数字化的服务选择。

新冠疫情期间，英国政府关注到养老护理机构缺乏互联网连接的问题，其国家医疗服务体系、NHS Digital 机构联合电信公司发布了一系列的互联网连接优惠，帮助护理院和护理提供者连接到互联网或升级他们现有的互联网连接，促进护理机构老年群体的数字技术接入和使用。德国政府推出了老年人互联网战略，强化基础建设，在未来 10 年把老年人的网络普及率提升到 90%。

除政策支持外，欧洲国家还在资金上大量投入，以支持开展消除数字鸿沟的相关研究。如欧盟提出了"2020 年地平线"项目，投入了 15 亿欧元用于开展消除数字鸿沟的技术研发和研究。在 2021—2027 年，欧盟"数字欧洲"项目还将投入 24.5 亿欧元支持人工智能及其普及研究，推动数字化转型并提升民众的数字技能。

2. 开展一系列老年人数字扫盲运动

在老龄化程度较高的欧洲地区，老年人数字技能、信息获取能力受限已成为不可忽视的问题。欧洲很多国家十分重视老年群体的学习和成长，通过一系列措施来消除老年群体对新技术的畏难情绪，提升老年群体的数字素养。如2020年，欧盟发布了新的《欧洲技能议程》，强调终身学习的重要性，内容包括提高老年人的数字素养、技能和包容性等。欧盟计划到2025年为成年人提供5.4亿次培训，将具有基本数字技能的成年人数量增加到2.3亿。同时，欧盟联合德国、西班牙等国的老年大学，成立老年数字学院，免费开设课程，为老年人提供数字技能学习机会。

欧洲各个国家也在本国内开展了一系列的数字扫盲活动，为老年人提供学习使用数字技术、提升数字素养的机会和通道。在老龄化程度较高的德国，一直坚持"信息技术应从老年人抓起"的理念，于2020年推出了老年人互联网战略，通过基础建设及开展项目，计划在未来10年把老年人的网络普及率从不到50%提升到80%—90%；专门成立一个数字机会基金会，更便捷地资助相关项目；培训一批专门的老年信息技术辅导员，编制老年信息技术相关教材，给老年人提供信息技术培训；拨款数亿欧元给3万个老年中心、3000个养老院购买平板电脑等。此外，德国各个社区学院都提供老年人信息技术教学课程，还为老年人提供网上问答平台、线下网络学习咖啡会等多样化的学习方式。德国各大城市近年来还流行大学生免费住进养老院项目，即养老院为学生免费提供20平方米的房间，而大学生则在业余时间教老年人使用电脑、使用社交媒体等。

与德国类似，欧洲其他国家也大力推进数字扫盲项目。如瑞典为老年人提供免费的数字事务咨询服务，老年人可随时对网络和数字工具使用中遇到的问题向市政工作人员电话寻求帮助；瑞典的很多图书馆和博物馆已将其大部分内容数字化，为老年人学习新事物提供便利。法国南特市近期向老年人等弱势群体发放2000张免费培训券，用于帮助老人掌握互联网相关的知识和技能，包括如何注册邮箱、安装打印机、在线填表等。挪威红十字会发起了"老年人数字化"项目，为每名老年学员安排一位志愿者教师，通过为期10周的志愿服务讲解，帮助老年人学习使用平板电脑、管理电子邮件、视频聊天等数字技能。在新冠疫情期间，老年人学习、使用数字技术面临着更艰难的挑战。为此，荷兰阿姆斯特丹市政府为贫困或独居老年人免费提供了3500台翻新的笔记本电脑，以确保在疫情期间人们都可以通过网络保持联系。

3. 打造老年人数字专属服务和智能应用

疫情防控期间，欧洲多国出台社交限制措施，在大力推动数字转型、发展电子政务的同时，欧洲国家十分重视面向老年群体的电子政务服务包容性和无障碍设计。如作为欧盟"移动时代"项目试点城市之一，西班牙萨拉戈萨探索改革电子政务系统，计划推出专供老年人使用的政府网页，简化老年人办理手续和获取信息的方式。卢森堡近年来大力推动金融服务数字化转型，开发了面向老年群体的友好在线理财服务，帮助老年人更加便捷地使用数字金融业务。同时，随着"代际数字鸿沟"的不断加大，欧盟和各成员国都反复强调，增强社会包容性和代际团结，确保公共服务可及性的同时保留非数字化服务路径，将老龄化作为所有决策制定的考量因素。

老年人对于各类高科技的适应能力和接受能力都相对较慢，设计对老年群体来说无障碍、友好的软硬件设备，对其进行适老化改造，也是欧洲国家弥合数字鸿沟的重要举措。如欧盟资助的"阿尔弗雷德"项目就是一款面向老年群体的专用人工智能虚拟管家，老人可以与之交谈、向其提问或对其发出指令。虚拟管家系统还会依托大数据、物联网、人机交互等技术，为老人提供日常生活建议；鼓励老年人进行社交活动；监测老年人的健康状况；通过个性化游戏帮助他们保持身心活跃等。该虚拟管家使用语音识别技术，既简化了操作，降低了使用门槛，也避免用户长时间看手机屏幕，方便了老年群体。英国 Breezie 公司关注到老人的触摸屏使用障碍问题，它们以"使技术产品能够更容易被不懂科技的人所接受，且不会对他们的使用造成限制"为目标，专为老年人设计了一款标准三星 Galaxy 平板电脑的简化界面，该界面可根据用户需求个性化定制功能和应用，简化了交互功能的步骤，如通过一次点击操作即可发起视频聊天等，让老年人可以像年轻人一样使用"简单易用"的电子设备。西班牙一家企业推出专门针对老年人的视频通话应用程序，省去烦琐的注册过程，需要登记的老年人用户只需输入姓名即可登录使用。西班牙已有 50 家养老院申请使用该软件，下载量超过 2 万次。

针对老年群体最关注的医疗需求，欧盟及其成员国也在积极探索无障碍的数字化解决方案。如欧盟资助的 ProACT 项目专为老年慢性病管理设计了一个智能应用。不同于以往常见的单一疾病管理系统，该应用是以老人为中心，联结多个医疗服务提供商，综合各项体征数据进行分析、计算，生成个性化照护方案，并进行反馈。在交互界面上，该应用也注重交互过程的简单、便捷，希望以此为老年人提供无障碍、高质量的数字健康服务。此外，欧盟制定了老年快乐计划，鼓励社会部门和企业通过产品和服务创新，满足老年群体数字化需求，带动更多老年人积极参与社交活动和社会公共事务，实现"积极老龄化"。

8.3 国外举措对我国弥合老年数字鸿沟的启示

老年数字鸿沟的弥合，是一项极其复杂、艰难的社会挑战。它不仅仅是技术上的难题，更是老年人个体和社会群体的难题，需要在全社会的共同努力下，通过个人、家庭、社区、企业、社会的共同参与、共同探索和共同谋划，寻找解决方案，协同构建更加包容、公平的数字社会，使老年群体平等地参与到数字世界中，帮助老年群体完成从"数字难民"到"数字新移民"的转变，实现以人为本的数字包容。本节在归纳总结国际组织、部分发达国家在弥合老年数字鸿沟方面的经验上，获得相应启示。

8.3.1 国外弥合老年数字鸿沟的经验总结

综合来看，多国政府和国际社会组织在弥合老年数字鸿沟问题上的举措主要包括以下六个方面。

一是在顶层设计上关注老年数字鸿沟问题。从发达国家的经验看来，很多老龄化比较严重的发达国家都早早地将积极老龄化作为政策导向，在顶层设计上关注老年数字鸿沟问题，制定了五年、十年甚至更长的弥合战略，并且把"年龄友好""数字包容"等理念融入政策中，推动数字时代"年龄友好"氛围的形成。

二是不遗余力强化基础设施建设。强化数字基础设施建设、扩大数字技术的地理覆盖范围，是确保数字产品和服务普及性的基础条件。多个国家和地区开展了信息基础设施建设的相关工作，以提升数字基础设施和服务在老年群体中的普及率和覆盖率。

三是降低数字产品和服务成本。除数字基础设施的强化建设外，经济支持也是弥合老年数字鸿沟、确保数字产品对老人可负担性的常用手段。很多国家在降低数字接入成本方面、提升可负担性方面践行了多项举措。2020年以来，新冠疫情引发了一系列老年人生活问题，很多国家为那些难以负担互联网连接的人提供财政补贴，提升数字接入率，减少数字排斥。

四是提升数字产品和服务的包容性。设计对老年群体无障碍、友好、包容的数字产品和服务，是提升老年群体对数字产品的可接入性的重要手段，也是各国普遍采用的弥合数字鸿沟举措。近些年来，很多国家都在纷纷推动数字无障碍立法，已出台若干国际和区域文件，要求改进数字技术的可访问性，并就如何改进提出了若干建议和要求，以保障老年人等数字弱势群体的利益。

五是为老人量身打造数字产品和服务。很多国家和企业都致力于为老年人量身打造的数字产品和服务设计，力求数字产品的简单易用，以增强老年人的使用意愿和信心。这些数字产品主要是在与老年人生活息息相关的传统服务领域，如日常生活、电子政务、电子商务、健康照护等。很多企业也加入了数字无障碍的设计和开发中，助力面向群体的无障碍数字产品应用和推广，已有大量的数字技术落地并提供老年群体使用。

六是注重老年群体数字素养的提升。已经进入老龄化的国家普遍非常重视老年人自身的学习和成长，提倡全社会树立终身学习的意识。很多国家针对所面向的老年人群特点、所在地数字技术服务的发展和使用状况，因地制宜开展了各式各样的老年群体数字素养培训服务项目，推动"从老年人抓起"的数字技术培训与教育。

8.3.2 国外弥合老年数字鸿沟的经验提炼

在归类整理了国外所采取的弥合老人数字鸿沟政策和措施之后，从基本原则、顶层设计、参与主体、具体措施等维度，阐述这些理念和举措对弥合我国老年数字鸿沟问题的启示。

在基本原则上，坚持以人为本，注重面向老年人的数字友好和人文关怀，提升老年人的生活幸福感。在为老年群体提供数字服务时，要突出老年群体的主体地位，强调老年人自身的积极性和主动性，倡导和激发老年人主动学习数字技术和适应数字社会的积极态度；鼓励老年人主动塑造积极的老年形象，展示老年群体的独特魅力，以积极开放的心态拥抱舒适和便利的数字生活；关爱老年人的身心健康，倡导健康、理性的数字生活；保留传统线下服务，与智能服务相互配合，保障老年群体的权益，降低老年人群对数字环境的排斥。

在顶层设计上，强化政府的主导和引领作用，构建老年数字鸿沟弥合政策制度体系。制定和完善相关法律法规和监管制度，加快老龄数字化转型的法治建设；建立数字养老法治建设的长效机制，联合政府、企业共同制定老年人数字权益保护公约和行为准则，切实保障老年群体参与数字生活的合法权利和安全便利；构建覆盖全年龄段、全生命周期、高可达性的老年数字技术教育体系，保障老年人接受数字培训和教育的权益。同时，老年数字鸿沟治理顶层设计应具有数字公平和包容意识，把"年龄友好"理念融入政策中；需要注重技术效率与社会效益的平衡，要具备面向未来的长线思维。

在参与主体上，推动政府引导、多元参与的社会支持体系构建。消除数字鸿沟，需要多管齐下。鼓励企业承担社会责任，加强通用技术产品的无障碍、适老化改造，提升老年群体的使用体验；加强无感、友好的老龄智能终端产品研发与设计，满足老年群体生活、娱乐、社交上的个性化需求，激活老龄产业市场；鼓励社区积极组织不同形态的数字培训、宣传、体验活动，构建社区帮扶机制，调动社区老年人的参与积极性，在朋辈学习中相互激励，克服老年人数字融入过程中的消极情绪；鼓励家庭积极"数字反哺"，调动内部成员支持系统，有效帮助老人掌握上网技能，带动老年人的数字融入；鼓励社会各界关注老年人数字社会代沟问题，培养老年人积极利用新媒体参与社会，增进社会更广泛群体的理解与支持。

在具体措施上，从接入沟、使用沟、知识沟和空间环境四个维度，有计划、有针对性地治理和提升。加强数字薄弱地区的数字基础设施建设，给予必要的资金与技术扶持，普及网络服务设施，推进网络提速降费，增强老年群体的网络可及性，降低接入沟。制定面向老年群体的数字技术适老化标准，强化面向老年群体的无障碍专属技术设计，加大主流数字技术适老化改造的覆盖面，净化老年人数字生存环境，降低使用沟。大力推进面向老年群体的数字技术培训和教育，推动数字素养培育终身体系的建设。鼓励家庭与社会数字反哺，树立终身学习意识，推动数字技能代际传递，向老年人持续传递数字思维和数字技能，整合社区资源，发挥同辈群体主动帮扶和互助学习，加强数字技能同辈传递，从而提升数字素养，降低知识沟。不同年龄群体的生理特质和生活方式对于所处的空间和环境有不同的要求，老年人作为其中一个突出的群体，尤其需要在安全和福祉方面获得额外的支持和照顾。对于各类私人居住空间，以及养老院、疗养院、护理院等专业机构有极大的需求，更广泛意义上还包括城市和社区的公共与半公共空间，面向老年人进行适老化环境与设备改造也是跨越这一鸿沟迈向老年友好型社会的重要一步。

第 9 章

本土行动：数字时代老龄化智能供给能力变革

9.1 更适用的设备：面向接入沟

本节列举了一系列具有一定通用性的本土实践案例，呈现了基于数字技术能力供给为老年群体提供的不同维度的实在便利。

接入沟被称为数字鸿沟的"第一沟"。因为在数字时代的早期阶段，物理层面的接入差异十分普遍。但随着信息传输技术的逐步升级和个人通信装备的快速普及，这一存在于接入设备、接入环境层面的差异已逐渐让位于用户接入能力的差异，以及使不同用户具备同等接入能力的生态支持差异上。

随着老龄化程度日益加重，居家老人在日常生活中的种种不便，牵动全社会目光。老年人随着年龄的不断增长和身体机能的逐渐退化，对生活品质的保障和生活隐患的规避能力日渐力不从心，这一问题在无人照料的高龄老人群体中尤为凸显。要解决老年人"紧急求助有人救""生活服务有人帮""政策咨询有人答"等基本民生问题，首先要摆脱接入沟限制。据此，各类"一键通""一屏接入"以及以智能服务机器人产品为代表的数字技术应运而生，为老年人提供了具有不同门槛的接入选择。本节的案例展示了如何通过不同形式的数字智能技术创新，使老年人获得便捷、可胜任的数字生活接入手段。

9.1.1 "一键式"为老服务产品

"一键式"产品命名源于此系列产品的直观形态。其一般以一个醒目的红色物理按键为核心产品形态，通过语音声讯形式在后端接入各种的助老服务项目,从而使老年人技术接入门槛大幅度降低。因其便捷易行、直观易懂的形制和广泛的应用,在包括上海在内的全国多个地区,"一键通"成为各类助老为老数字产品的日常通称。为了避免这种日常习惯叫法可能造成的概念模糊,在本节中以"一键式"代替"一键通"对此类产品进行归类,目的是更好地提炼共性,给予读者有益借鉴。

"一键式"产品因其特别直观、特别易用的特点,主要面向群体是使用智能手机有困难的高龄老人、残障人士等重点特殊群体。同时也因其较简易的产品形式和低廉价格有利于政府进行大规模"托底"。

目前常见的"一键式"产品,均采用简易的物理"一键式"交互为前端,在后端保留并优化传统热线电话的服务方式,旨在使老人"一键"即可及时寻求到所需的生活服务。目前较为常见和高频的需求,包括一键叫车、一键助餐、一键求医等(详见后文案例)。最为紧要的是,当老人遇到紧急事件和实际困难情况时,可一键实现与子女、社区服务人员等的自动分级直呼。

案例:电信天翼数字生活"助老一键通-小喇叭"

天翼数字生活科技有限公司是中国电信集团面向数字生活领域设立的全资子公司,负责提供数字生活领域中产品、综合解决方案和生态的场景化应用运营。天翼数字生活推出的助老一键通能力平台,在设备端扩充了"一键通"的形式,将更多样的数字技术融入一键通中。以"助老一键通-小喇叭"为例,这款设备外观如一个台钟,同时提供收音机功能。通过"小喇叭"智能设备,平时老人可以方便地进行亲情通话、收听广播和音乐,让晚年生活不再寂寞。

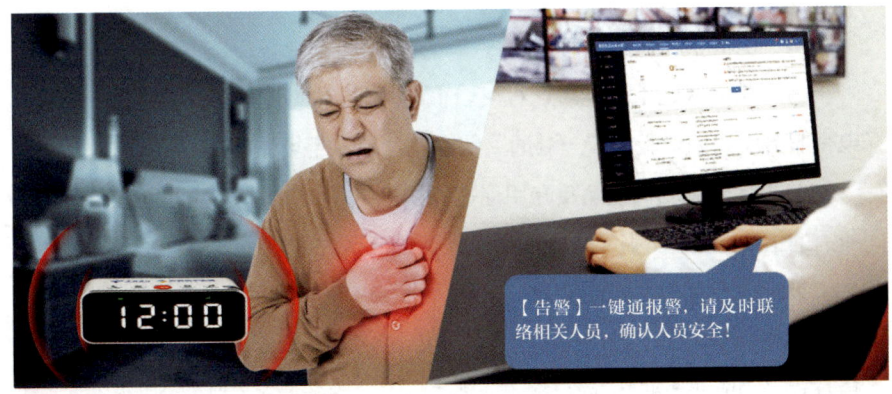

图9-1 "助老一键通-小喇叭"设备形态及平台应急救援支持
来源:天翼数字生活科技有限公司提供

如遇紧急情况，按下设备上的红色"一键式"按键，可以及时获得服务端提供的帮助。通过"小喇叭"智能设备和小程序联动，子女即使不在老人身旁，也可以远程提醒老人用药。社区工作人员能通过管理后台向"小喇叭"设备下发广播，则可以方便地提供为老服务，如通知老人下楼做核酸检测、领物资等。此外作为老人的娱乐伙伴、养生专家，它能回答老人关于天气、政策等咨询，传递社区慰问和家人关怀。正在探索融合的功能还有利用智能语音识别和声纹识别技术，可智能识别居家、社区老人呼叫"救命"自动报警，为应对突发情况提供保障，拯救老人生命。

在服务端，天翼数字生活充分发挥电信114平台的服务能力，一键通平台能够通过会话转接服务接入114以及其他第三方平台，提供一键救援、一键叫车、一键挂号、一键咨询四大功能服务，可以涵盖应急救援、政策咨询、语音闹钟、听音乐、出行预订、亲人通话、语音留言等多种应用场景（图9-1）。

9.1.2 "一屏式"为老服务产品

"一键"终端解决了高龄老人的社会服务接入的急难痛点。然而由于"一键式"设备的形制局限以及电话服务的较低交互效率，因此对于具备一定数字素养的中低龄老人来说，需要有功能更完善的服务接入形式来满足其更进阶的生活服务需求。

电视是老年人的重要娱乐媒介，电视载体具备远超手机等移动设备的屏幕显示空间，电视还是老年人普遍熟悉且易用的交互设备。这使通过电视大屏投送更加丰富的各类服务内容，并为老年群体快速掌握成为可能。

案例：上海松江区东方有线电视"一键通"

上海市松江区是上海老龄化程度较低的行政区。根据这一特色，松江区选择电视服务作为为老服务"一键通"数字化示范应用场景的主要突破口。

在前端基于智能机顶盒及专用遥控器，老人得以通过更便捷的交互模式访问所需的生活服务。在服务端该项目建立了松江区为老服务"一键通"数据中台，整合市级、区级有关部门的平台、软件、小程序等应用程序的功能，打通数据接口，实现数据共享，通过一键通电话机、智能手机、电视机、自助服务机等终端方式，实现一键呼叫、简易操作、直达需求的服务模式。目前，已上线了"一键挂号""一键打车""一键咨询""一键紧急救援"等便捷服务功能（图9-2）。

图 9-2　基于东方有线电视端交互的"一键打车"服务
来源：东方有线网络有限公司提供

案例：上海电信"阳光乐龄 IPTV"

上海电信基于 IPTV 的强大功能推出了一系列更深入细分的为老服务内容。如针对老年人最急难的就医场景，上海电信以"阳光乐龄 IPTV"为载体，推出了 IPTV 互联网医院应用，针对老年人最头痛的就医问题，致力于解决老年人智能手机用不好、屏幕太小看不清、医院公众号繁多复杂等导致无法享用互联网医院便捷服务的痛点（图 9-3）。

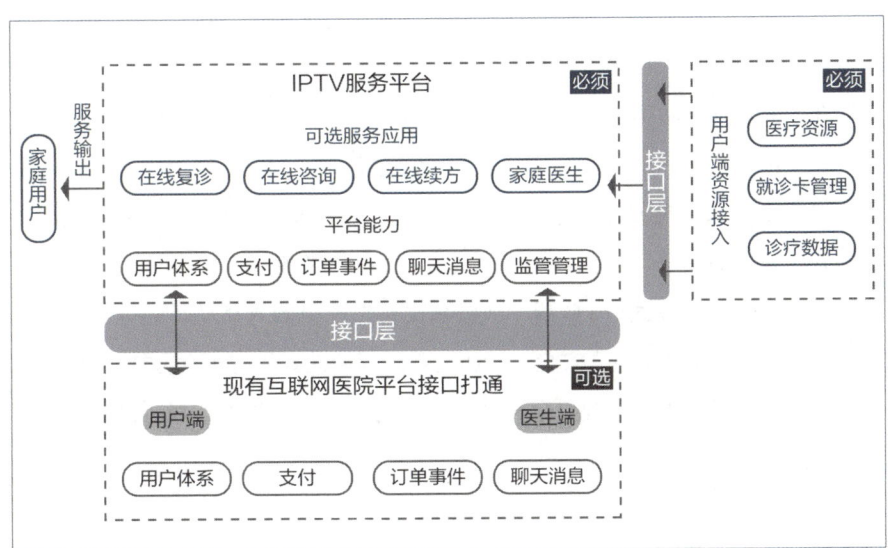

图 9-3　上海电信 IPTV 互联网医院建设方案架构
来源：上海市电信有限公司提供

在老年群体就医过程中，热门门诊挂号排队紧张，看病预约和排队时间长，慢性病患者定期去医院配药复诊费时费力，中药等药品体积大、分量重，药品短缺造成生命危险等，都是会加重老年人医疗负担的实际问题。而这些都能在 IPTV 互联网医院中找到"诊前家庭健康咨询、诊中互联网诊疗、诊后药品配送"的针对解决方案。当前该服务已通过 IPTV 覆盖上海市近 50% 的常住家庭用户，已打通包括复旦大学附属华山医院、上海市第十人民医院、上海市第一人民医院等多家市三甲医院。互联网医院区别于传统在线问诊平台，增加了"在线续方""药品配送"这两个独特环节，形成了线上诊疗的服务闭环，使老人能在家中实现居家就医的服务，体验数字化转型带来的医疗服务模式转变。

9.1.3 "自主式"为老服务机器人

不同于依赖静态智能终端的为老服务"一键""一屏"，可自主移动的为老服务机器人是复杂度更高、陪伴性更强、功能覆盖更全面的老年人数字生活接入方式，代表着更具未来特质的为老服务形态。针对居家、社区等不同场景，可以区分为智能家用机器人和社区服务机器人两个类别。

案例：上海临汾路街道为老服务智能家用机器人

智能家用机器人能够作为家用各智能设备的软硬件（可移动的）集成终端，以及外部服务的连通接口，如就医、点餐等。通过液晶显示屏，老人能够实现与智能设备进行更大自由度的触摸、语音以及画面交互，进行包括语音或视频通话在内的各种互动功能。

在上海市静安区临汾路街道打造的"智慧居家、智慧养老"样板间，部署了"数字管家"智能家用机器人示范应用。"数字管家"基于天翼数字生活的机器人平台，具备移动能力、搭载 1300 万像素高清摄像头和 10.1 英寸的高清大屏，老人子女可以通过 PC 端、手机端实时操控机器人移动，通过摄像头查看周边环境，确认家中老人安全，并通过双向视频让老人与子女保持亲情互动。"数字管家"机器人可以提供全天候多场景的陪伴，保障老人身心健康，丰富老人休闲娱乐（图 9-4、图 9-5）。

案例：上海临汾路街道为老服务社区服务机器人

与智能家用机器人类似，社区服务机器人集成了各公共用途的软硬件终端，

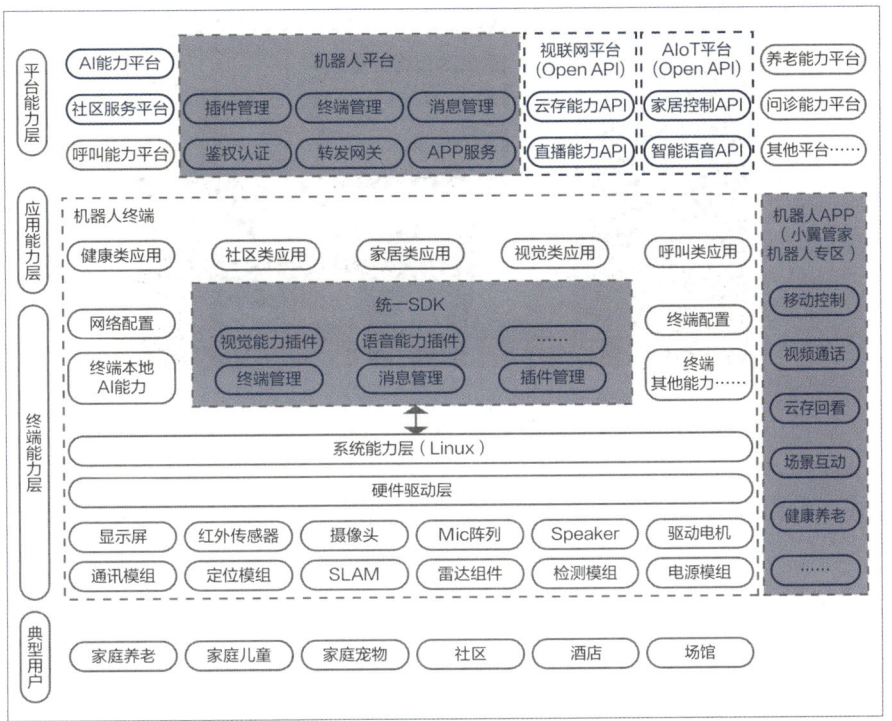

图 9-4 数字生活机器人平台
来源：天翼数字生活科技有限公司提供

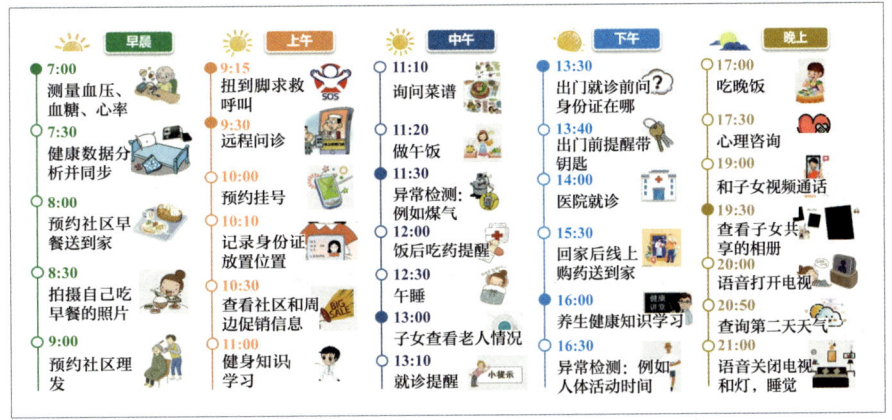

图 9-5 "智能管家"机器人应用场景与功能
来源：天翼数字生活科技有限公司提供

作为社区居民的"小助手""好伙伴"，可以为居民排忧解难、陪聊逗乐，为居民群众提供更有"温度"的社区服务，建设更加宜居的人民家园（图9-6）。

临汾街道离退休等老年居民较多，因此电信天翼数字生活公司在社区服务中心、社区图书馆等地部署落地了多台社区服务机器人。结合机器人的移动能

实践篇 PRACTICE

183

图 9-6　社区服务机器人
来源：天翼数字生活科技有限公司提供

力、1300 万像素高清摄像头和 10.1 英寸的高清大屏，可以满足管理人员实时监管社区安全的需求。在社区服务中心，机器人可以为来访居民解答"在哪里咨询加装电梯的政策""今日菜谱是什么""如何预约居民活动中心的运动器材"等疑问，也可以在社区图书馆中引导居民前往不同的藏书点，方便居民快速找到想要阅读的书籍。

考虑到老年人行动不便、难以长时间携带图书等物品的问题，机器人创新性地实现了用户跟随功能。老年居民启动机器人跟随功能后，可以将手中的物品放置在机器人上，让机器人成为居民的"配送员"，为老年人等运动不方便人群提供轻量运载服务。

9.2　更针对的服务：面向使用沟

使用沟通常认为是不同群体之间对于数字技术使用能力的差异。与接入沟所指向"能用"不同的是，使用沟指向的是更进阶目标"用好"。弥合使用沟，关键问题在于提升数字技术的可用性。

由数字技术衍生的产品和服务通过"为人所用"成为推进社会进步的关键力量。可用性常被用于衡量用户在特定环境中使用一个产品或服务时，是否能够有效、高效且愉悦地实现既定目标的程度，其通常从五个维度进行评价：一是有效性，用户能否正确使用产品或服务；二是效率，用户能否在较少的操作步骤下快速地使用产品或服务；三是参与度，当用户认为产品易于使用，并且在使用产品或服务的过程中收获愉悦体验时，用户的参与度就会增加；四是易学性，新用户在第一次使用产品或服务时，不依赖外部提示或专家指导就能够完成操作任务，并且在之后的使用过程中越来越熟练；五是容错性，最大程度减少错误发生，并尽力帮助用户在出现错误操作时，能够较快地恢复到正在进行的操作任务中，并且能够正确进行后续的操作。目前看来，上述可用性评价对于弥合使用沟至关重要。针对老年群体，如何主动降低使用数字技术的技艺门槛，化"被使用"的动作为"易使用"的体验，无疑成为弥合数字鸿沟的破局关键。

与应对接入沟问题多侧重于硬件创新不同，使用沟的弥合更多来自软件层面和场景的创新与打磨。以下案例展示了数字服务如何通过新的设计理念、借助新的体验形式和新的智能技术，主动降低使用门槛，提升老年用户使用体验，以帮助老年人更轻松地迈过"使用沟"。

9.2.1 基于软件优化的弥合策略

助力老年群体跨越使用沟，应首先考虑软件应用的改造。ITU、W3C 等国际组织对此提出了一系列标准和指南（详见本书章节 8.1）。在我国，2021 年工信部发布《移动互联网应用（APP）适老化通用设计规范》。2022 年 4 月，国新办发布会宣布首批 325 家网站和手机应用软件完成"适老化"改造，为老年人使用智能技术提供了有效助力。以下三个案例均来自首批改造项目，通过分析案例，能为未来更多线上产品完成适老化改造目标、打造更好用的适老化产品提供借鉴。

案例："美团"APP 的适老化改造技术功能清单

适老化改造的核心应是从产品角度对 APP 功能针对适老化重新设计和定义，充分挖掘老年人切实需求痛点，分析还原老年用户生活场景。作为工信部首批适老化改造清单之一的美团，第一时间成立了"适老服务"产研小组，研究制定适老产品解决方案，提供针对老年人及特殊群体的个性化功能，以降低门槛、便捷操作，力争为老年用户创造线上线下生活无缝融合的体验。在美团外卖"长辈版"中，设计了语音外卖、一键打车、孝心单等功能板块，旨在解决老年人的数字产品使用障碍、支付难等问题。

具体措施清单如下。

1）整体版面设计

（1）重要元素避免使用蓝色。随着年龄增长，晶状体变黄变浑浊，会选择性地吸收蓝光，从而导致蓝色在老年人眼中可能会出现模糊褪色的视觉效果，从而降低元素在界面中的对比度。

（2）保证良好的颜色对比度。色彩对比度尽可能满足 WCAG 2.0 AA 的色彩无障碍设计标准。避免仅用颜色来作为传达信息、指示操作或区分元素的唯一视觉手段，需要用额外的文字提示。

（3）使用轮廓清晰的无衬线字体，看起来比较醒目，可以有效避免视觉疲劳。

（4）提高字重，加粗文字使轮廓更加清晰。默认文字高 5.62 毫米左右，老人视觉能力下降，有学者研究表明老人偏好的最小可接受视角是 0.75 度，视距是 43 厘米，换算之后需要的字高为 5.62 毫米。

（5）增加图标和按钮的尺寸大小。

（6）图形符合认知，尽量采用拟物化、通用化的设计，图标语义尽可能具有老年人的生活时代特征，符合他们的认知。

（7）图文结合呈现，搭配文字描述，方便老年人更清晰、快速理解。视觉层级的扁平化，弱化视觉效果，突出核心内容，尽可能减少干扰信息。

（8）信息层次扁平化，页面层级最多不要超过 2 级，缩短用户与目标信息之间的触达路径。

（9）任务流程简单清晰，将复杂任务拆分为目标清晰的子步骤，每一步骤中只让用户完成一项核心操作，并提供清晰的反馈，来提醒用户要实现的最终目标。以"点击、滑动"为主，对于老年人来说，动作的简单、易学、高效是最重要的因素，远高于隐喻性、趣味性等。

（10）增大操作热区，避免无效操作（图 9-7）。

2）语音外卖

为便捷老年人消费购物，美团发布了美团语音定制应用，用户更新美团 APP 后，只需打开美团 APP 首页语音按钮，说出"无障碍外卖"即可找到入口。语音技术团队将一些复杂的操作转化为语音指令，针对按钮动作给出语音反馈。老年用户在点外卖过程中，只需要对手机说出"下单"等指令，就能通过语音交互完成交易。

除了点外卖，这套系统还可用于老年人自主买药。买药是美团从"送外卖"到"送一切"业务延伸中的一个重要的即时配送场景，十分契合老年用户的需求。老年人可以通过语音指令直接进入买药页面，在咨询界面向在线药师咨询后，即可下单购买。

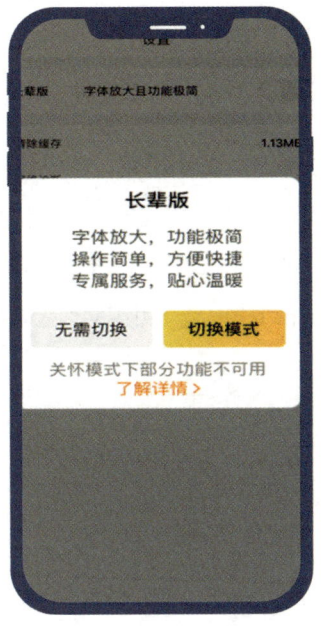

图 9-7 美团外卖"长辈版"界面
来源：美团 APP 提供

图 9-8 美团 APP 一键打车界面
来源：美团 APP 提供

3）一键打车

"出行"是美团作为本地生活服务平台，在"吃"的核心场景外扩展的另一项高频业务。2021 年在交通运输部的指导下，"美团打车"升级了老年人服务体系，切实降低老年人打车难度，提高出行安全（图 9-8）。

（1）美团对老年人打车页面进行了升级优化，通过突出重点信息、放大字体、加大字体和背景的色差等措施减少老年人使用时的阅读障碍。

（2）升级版本配套上线"智能语音助手"功能，使得打车的每步操作都有真人语音提示，帮助老年人顺利完成每个环节。

（3）行程中，老年人可通过设置紧急联系人、分享行程信息等方式使子女亲友全程掌握出行情况。

（4）推出了行程异常提醒、110 报警等一系列功能，确保老年人出行全程安全。

（5）行程结束后，美团打车增设现金支付功能，春节后也推出"亲情卡"功能，支持子女帮老年人线上付款，降低支付难度。

4）孝心单

为解决老人的购物需求，美团优选亦进行了产品升级。在子女们购买比较多的类目中，上线了"孝心首选"商品，子女们在设置好父母家地址后，可以一键下单给父母家附近的团长，团长在接到"孝心首选"商品订单后，会进行优先分拣，对于取货不便的老人还将提供送货上门服务。

在 2022 年上半年，平均每月有超过 100 万单的孝心单，通过美团优选将离家子女的思念送达到留守老人手中。美团优选将发挥社区电商的优势，联合政府、社区团长多方共同搭建以团点为中心的"一公里"社区助老圈。针对空巢、行动不便的老人，结成一对一、多对一的帮扶关系，切实助力老人跨越"数字鸿沟"。

案例："达达-京东到家"的"线上+线下"适老化行动

"达达-京东到家"（达达集团）是中国领先的本地即时零售和配送平台，覆盖全国 1600 多个县区市。如今，本地生活消费的"线上+线下"模式越发成熟，涌现出一批提供相关服务的即时消费 APP。"达达-京东到家"作为其中代表，为消费者提供"手机下单、1 小时送货到家"的即时服务——消费者通过智能手机上的 APP 线上下单米面粮油、生鲜、药品等日常物品，通常仅用 1 小时就能送到家门口，免去了自己出门采购和搬运的不便。然而本该最能受惠于这一模式的老年人，却受限于数字鸿沟，无法享受新模式带来的数字红利。作为 2020 年年底工信部首批 43 个适老化和无障碍改造 APP 之一，达达-京东到家 APP 开展了适老化和无障碍改造。

与上一案例美团不同的是，达达-京东到家适老化改造不止于软件功能的改造，还通过培训服务综合降低通用功能门槛，帮助老年人学会熟练使用，方便老年人日常生活（图 9-9）。

（1）功能改造：在适老化功能改造方面，达达-京东到家将改造核心聚焦于面向消费者的通用功能上，以切实降低使用门槛、提升操作便捷性。在达达-京东到家 APP"适老版"中，对 APP 页面设计、流程设置等功能进行重新规划和优化升级，有针对性地将部分功能强化、弱化或简化。使用更适合老年人的字体、段落、文本颜色，让页面浏览更清晰简洁，方便老年用户快速找到所需商品信息，并禁止弹窗广告，设置版本一键切换功能，剔除比较复杂的交互操作，为老年人提供更便捷的线上购物体验。

（2）线下参与：为了确保"年轻人设计的产品，老年人也好用"，达达集团联合上海市"数字伙伴计划"在上海招募了一批退休志愿者，组建了"数字体验官"队伍。通过"数字体验官"的亲身体验，为适老化改造成效提供意

图 9-9　达达 - 京东到家"适老版"数字体验官（左）APP 界面（右）
来源：达达集团提供

见建议，实现改造效果的不断迭代升级。同时，达达集团还组织了"达达火焰青年志愿服务队"积极参与上海适老化和无障碍改造宣传和推广的社会公益活动。

自 2021 年 9 月 1 日适老化改造、无障碍适配版本京东到家 APP 上线，截至 2021 年年底，新改版的"适老版"APP 已实现近十万订单量，营业额超千万元。其中老年群体最为常用的医药订单数近万单，实现了社会效益、经济效益的双丰收。

案例：中国银行从适老到为老的"银发专区"

作为名列首批适老化改造项目的中国银行手机 APP，为了适应"银发族"的线上服务需要，专门开辟了银发专区，除了在界面设计上字体更大、图标更简洁、支持语音识别之外，功能上围绕老年人医、食、住、行、娱、情、学的需求，并在"银发专区"特别加入中银老年大学、银发地图特色模块（图 9-10），更好地为老年群体服务。

中银老年大学包括 1 个"上手乐"专区和金融、健康、艺术、人文、语言、生活 6 大学院，提供了共计 200 余门课程供老年人免费在线学习。2021 年，特别为老年人研发的"为爱跨鸿沟"及"守护财富安全"系列课程上线中银老年大学，助力老年人玩转智能手机。该系列课程手把手教会银发族如何使用手机

图 9-10 中国银行手机银行"中银老年大学"界面
来源：中国银行手机银行提供

便捷就医、地图导航、叫车出行、在家订餐、买火车票、紧急呼救、生活缴费等，已更新了 11 个系列短视频内容，并将不断结合助老需求更新。

银发地图则是用于打造的在线养老资源展示平台，为老年人提供品质有保障的养老机构产品与服务信息，帮助老年人满足对幸福生活的向往和追求。

中银老年大学和银发地图的纳入，使中银"银发专区"将适老化改造工程目标，从 APP"适用性"延伸至更深层次的为老年人提供更丰富多彩的老年生活。只有内容更投契，老年人才会越用越爱用，进而拥抱更丰富多彩的数字新生活。

9.2.2 基于场景优化的弥合策略

除了"有形"的软件，构建对于老年群体更友好的生活场景，也是降低使用沟的重要途径。面对越来越渗透入生活方方面面的数字技术，使场景中的数字技术不成为阻挡老年人等数字弱势群体的围墙，应成为破局的关键。而由于老年群体数量巨大，其内部数字技术应用水平差异同样巨大，因此基于场景的优化中，数字技术的"无感体验"十分重要。以下案例来自老年人高度依赖的就医场景，其适老化的弥合策略能为类似场景的适老化改造提供参考思路。

案例：上海申康医院的"一人一码，健康通行"

上海申康医院发展中心是上海市级公立医疗机构国有资产投资、管理、运营的责任主体和政府办医的责任主体。自新冠疫情发生以来，国内持续、反复的防疫环境，客观上对医疗机构等重点场所的人员通行管控提出了更高的要求。然而老年人因无法出示以智能手机为载体的健康码，在进出公共场所、出行搭乘交通工具、日常锻炼时受到影响。其中，在就医、配药场景中，此类矛盾尤为突出，极大影响老年人的身体健康和生活幸福。

为此，申康医院考虑以智能硬件为载体，让老年人刷身份证、社保卡、离线健康码，直接显示其健康码、有效核酸检测报告、疫苗接种记录和行程码的"一码通"新模式，让数字服务变得十分便捷、易操作，为老年人等特殊群体的便捷就医提供技术赋能和保障托底（图 9-11）。

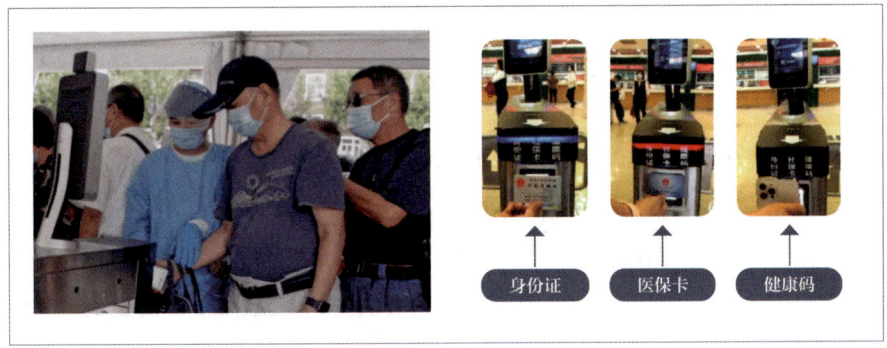

图 9-11 "一码通行"身份识别
来源：申康医院发展中心提供

基于"一人一码，健康通行"理念，上海申康医院发展中心为响应国家及上海市相关政策，配合国家联防联控要求，依托"健康云"平台，自主研发出健康码智能核验系统，实现"卡码合一、智能核验"，对接随申码、健康码，结合人脸识别、体温检测和人证核验（内置有身份证、医保卡及社保卡读卡器），通过"智能识别、精准拦截、一码查验、码上通行"四步法实现对人流量较大且人群身份不固定的场所的快速健康核验，旨在解决老年人无智能手机的问题或帮助他们无障碍使用手机，享受智慧健康通行服务。

截至 2021 年 11 月，该方案覆盖上海市医疗机构 587 家，累计部署健康通近 2000 台，累计展码 7600 万次，其中 60 岁以上老人占 55% 以上（图 9-12）。

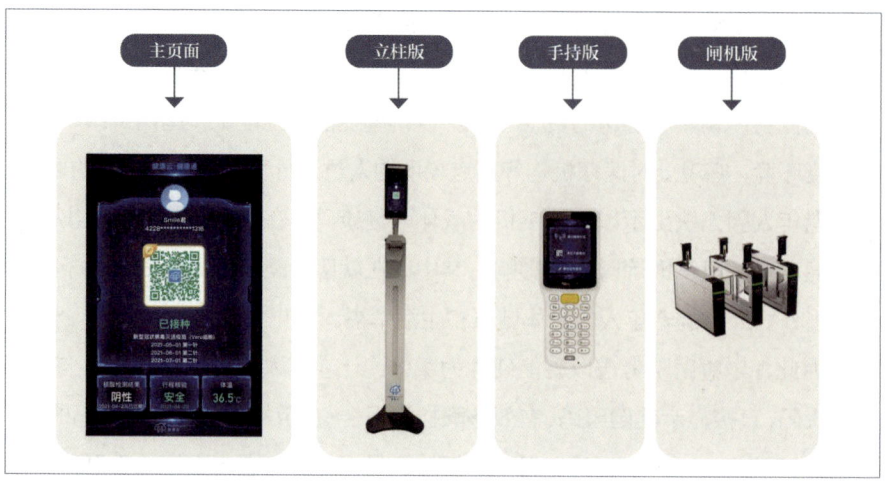

图 9-12 "健康通"智能核验设备
来源：申康医联平台提供

9.3 更有效的知识：面向知识沟

从"人本价值"的角度出发，数字化进程应为社会的每个人提供"可融入""可获益"能力的机会。其中"可融入"指能保证包括老年人在内的所有居民都能够无差别地融入数字化进程。"可获益"指的是数字化进程带来的福利能被包括老年人在内的所有居民所获。这不仅包括居民生产、生活中直观体验到的"实在便捷"，还包括以技术应用力、技术适应力为代表的居民"数字力"的提升。

通常老年人被认为是数字时代的"后进分子"。认知能力退化以及固有生活经验难以转移，也一直以来成为老年人"天然"受困于知识沟的主要归因。然而，老年人的"知识沟问题"是复杂的，不仅单纯局限于知识和能力层面，社会环境、社会认同、心理预期等都左右着老年人是否愿意"跨过那条沟"。

戴维斯（Fred D. Davis）扩展的技术接受模型（Technology Acceptance Model，简称 TAM）及其三个组成的核心结构：感知有用性、感知易用性、感知乐趣性，或许能为我们更好帮助老年人克服心理障碍，跨越"数字鸿沟"提供合适的理论框架。弥合数字鸿沟的行动不应仅仅停留在"能用""好用"，还应致力于从老年群体本身视角出发，使其获得相应的数字技能，从而使其真正"想学""乐用"。通过以下案例，我们能够看到，适合的方法能够有效激发老年人对于数字技术的兴趣，同时切实提高学习效率，加速跨越鸿沟的步伐，而其中数字化方式和非数字化方式都具有各自独特的价值。

9.3.1 数字化的弥合策略

数字化方式本身就是一种有效提升数字知识和数字技能的手段。这种手段并不局限于熟练度带来的技能提升，更是得益于学习认知方法的突破和变革。在以下案例中，数字游戏作为一种有效载体，切实成为老年人愿意参与数字化进程，主动获取数字化知识与技能——"数字力"的重要推手。

案例："乐龄升 G 消消乐"游戏化教学

近年来，游戏在提高学习效率和改变个人行为方面的巨大潜力已被越来越多地发现和证实。如在抗击新冠疫情过程中，世界多个国家借助于专业化游戏手段，实现快速高效的抗疫装备学习和医疗知识普及，尤其在教习个人防护设备使用、帮助护士进行远程呼吸机操作技能学习、促进远程会诊等方面均有相关的研究和案例。

这给予了人们对于帮助老人跨越"数字鸿沟"以新的启示，即发挥"游戏+"的价值，开发融趣味性、学习性、功能性于一体的教学游戏帮助老年人克服跨越"数字鸿沟"中的种种障碍，在趣味中获得切实的收获。

在上海市委老干部局联合市文明办、市卫健委、市经信委、市通管局、市

图9-13 "乐龄升 G 消消乐"游戏化教学（左）老年玩家（右）
来源：波克科技股份有限公司提供

科协等单位，在上海全市范围内组织开展了"乐龄申城·G生活"志愿服务活动。波克科技作为上海本土游戏企业，参与策划研发了"乐龄升G消消乐"教学游戏（图9-13）。

针对老年人记不住软件"图标表达"的痛点，运用"三消游戏"轻松、易上手、老年人喜闻乐见的特性，将老年人常用手机功能图标嵌入其中，以吸引老年人的参与。在游戏过程中，反复曝光的图标能够给予老年人足够的学习刺激强度，对比消除的玩法能够调用老年人多种高阶认知能力。尤其是三消游戏沉浸式氛围能有效触发"心流"状态，从而促进学习效率的提升。游戏中还嵌入了反诈知识、模拟实践、互动分享等多个功能，真正使老年人能在学中玩、在玩中学。

9.3.2 非数字化的弥合策略

除了数字化手段外，非数字化手段在弥合知识沟方面的作用不容忽视。相较于接入沟和使用沟，因其能更有效发挥我国基层动员优势，迅速广泛而直接地开展，因此成为各地弥合数字鸿沟工作中的重要组成部分。以下介绍了上海三个不同单位采用非数字化方式开展弥合知识沟的探索案例，不难发现在数字时代打造老年友善型社区，不完全在于先进数字技术的投入，也需要根据现实情况，因地制宜地进行"微创新"。

案例：上海天山路街道"长者乐学"老人互助课堂

上海市长宁区天山路街道是一个人口密集度高、商居二元结构特征明显的老城区，街道内60岁及以上户籍老人接近户籍总人口的40%。为此，天山路街道与多方合力，在长宁区民政局的指导下，依托区老年大学教学资源、培训优势和街道养老服务设施点开展了"长者乐学"智能手机教学课程（图9-14）。

"长者乐学"智能手机教学课程聚焦当下与老年人生活、出行、办事服务等息息相关的内容，包括智能手机设置、微信应用、手机拍照、视频制作、随申办、生活缴费、网上挂号、购物等。课堂上老师也会根据学员提出想学的内容进行调整，来丰富课程内容，提升兴趣。

值得一提的是，其设立了"智能帮帮团"老人互助教学形式——让能力比较突出的老人组成的智能手机讲师团，与学习比较慢的老人形成学习小组。在课程实操环节中，让他们能相互帮助，一起提升。首批学员们学成之后，又能带领更多的社区高龄老人共同学习。

图 9-14 "长者乐学"智能手机互助课堂
来源：上海市长宁区天山路街道提供

组织低龄老年人伙伴式陪伴、互助式技术赋能高龄老年人，为弥合数字鸿沟提供了新思路。在"数字力"提升学习过程中，学得快的老人可以帮助学习较慢的老人，低龄老人可以以身试教告诉高龄老人手机应用并不难，自己也是老年人，通过学习一样可以掌握基本应用，在生活上带来了便利。同辈之间沟通，言语更为顺畅，共同进步的同时，还增加了邻里的情感交流。

显然，相较于年轻人的教学，以"老教老"的形式，能让高龄老人更容易接受、更愿意参与，也更易于交流。通过讲师团"老伙伴们"的"现身说法"，学习者能够更直观地体会到数字技术的"有用""易用"，进而培养更好的学习动力，也让讲师团获得了宝贵的自我认同和社会认同，提高其老年幸福感。这样既激发了社区低龄老人"再上岗"动力，又使低龄老人的余热得以发挥。社区也在这样相互帮助的互动情境中，将敬老爱老的和谐氛围落到了实处。

案例：上海江川路街道"多场景覆盖、多举措助老"

上海市闵行区江川路街道是"全国首批智慧健康养老应用示范街镇"。为解决辖区内老年人在运用智能技术方面遇到的困难，江川路街道通过多场景设立"互助伙伴"服务点，多层面招募"互助伙伴"志愿者，多角度丰富"互助伙伴"服务内容，帮助老人跨越"数字鸿沟"，共享数字红利。

（1）优化助老服务触点与层级

在街道：江川路社区事务受理服务中心是闵行区年接待服务量最大的服务中心，每天都需要面对大量前来办理业务的老年人。志愿者们抓住等待叫号的时机，手把手地教他们使用手机，教会老人如何线上操作已经开通了线上办理的业务。老年人来申领"离线码"，志愿者在为老人打印"离线码"的同时，也会教他们如何在手机上使用"随申码""行程码"，随到随教，让长者们更加从容地面对疫情期间的验码挑战。另据此前调研，辖区内部分老年人不满足于指尖上简单地操作和运用，他们还有系统学习的需求。因此社区针对性开设了"走进数字时代"系列课程。在上海市教委"老年教育智慧场景建设"项目的支持下，课程通过智能化社区场景模拟，依托各类学习圈，打造智慧学堂，组织老年居民开展各类智能产品的应用及公益宣讲等精神文化类活动，提升老年人健康素养、信息素养、文化素养、科技素养。

在片区：江川路街道设有9个邻里中心，15分钟步行可及的邻里中心是老人们最常去的场所。据此，结合全市开展长者智能技术运用提升行动的工作要求，街道在每个邻里中心都开设了手机培训课程。在老年人自发聚集的习惯场所中，因地制宜地教老年人学手机，学平板基础应用，一起"随申学"。

在家门口：家门口的养老顾问点是长者们获取服务最方便的地方。通过"一中心、多网点、全覆盖"的社区养老顾问服务模式，江川路街道辖区内的48个居民区均设立了养老顾问点，配备了养老顾问，能在"家门口"就地解决老年人日常遇到的各类"数字难题"。

（2）丰富志愿者结构与群体

为老服务工作者：江川路街道辖区建立了一支结构丰富、来源广泛的"互助伙伴"队伍。辖区内养老机构、长者照护之家、社区食堂、综合为老服务中心的设施长和主要负责人，以及承接街道为老服务项目的公益组织的工作者，都囊括其中，在提供为老服务工作的过程中，他们接近老人、了解老人，是老人们贴心的互助伙伴。

辖区企业：随着手机扫码支付的应用普及，社会上电信诈骗，尤其针对老年群体的案件也越来越多，使老年人对手机支付既爱又怕。江川路街道主动联系辖区内的银行金融机构，携手交通银行、上海银行，为老年人送上权威的金融安全课程。讲师志愿者们的耐心细致及银行的专业背书，为老人们安心学习如何安全使用智能应用提供了有力保障。

社区居民：街道发动了社区热心居民，鼓励他们在进行社区志愿服务时，及时响应老人遇到的数字急难问题，也许仅仅寥寥几语，就能帮了老人的大忙。

截至2021年年底，江川路街道辖区内设立的9个邻里中心开设的手机培训课程，累计服务老年人群2000余人次；街道辖区内设立的5个"随申学"

服务点，已提供服务 1473 人次；48 个居民区设立的养老顾问点，累计为老年人提供手机应用教学服务 3000 余人次。辖区内老年人的整体智能手机使用水平有了显著的改观，不仅能够应对日常"扫码""亮码"工作，还能够网上购物、扫码消费、与子女聊天、看视频、看新闻等，有效弥合了数字鸿沟。

案例：上海浦东图书馆"e 起学"场景化学习

上海浦东图书馆从拥抱数字生活、促进数字阅读出发，积极开展助力老年人跨越数字鸿沟的"e 起学"服务项目。"e 起学"老年智能手机培训班课程安排充分考虑老年人特性，以老年人日常生活场景如出行、消费、购物、娱乐等场景化功能为切入点，通过简洁易懂、条理清晰的课件，还原真实现实场景。课程前半段由信息辅导员以 PPT 和现场手机演示的形式讲解 APP 使用的操作步骤，后半段由信息助力员一对多分小组手把手教老年人使用智能手机，在实操中记住要点。课后派发指导手册，方便老年人随时对照进行学习巩固（表 9-1）。

情绪心理学研究表明，以"人"为中心的场景化学习可以在教学过程中引起学习者积极的、健康的情感体验，直接提高学习者对学习的积极性、主动性。在"e 起学"过程中，场景化学习将老年人"望而生畏"的智能手机学习放在了日常就医、出行、消费、办事等高频急难事项之后，大大提升了老年群体的学习兴趣，使其能从"感知有用"出发，然后逐步"易用""乐用"。

"e 起学"每节课共培训 25 名老年读者，配备 1 名讲师、5 名信息助力员。老年读者通过电话及现场报名加入课程。讲师均由完成系统培训的馆员、讲解

表 9-1　浦东图书馆老年智能手机培训班首期课程表

日期	主题内容	培训时间
11 月 3 日	入门 + 微信	13:30—15:00
11 月 10 日	就医——健康云	
11 月 17 日	出行——高德地图	
11 月 24 日	消费——支付宝	
12 月 1 日	办事——随申办	
12 月 8 日	文娱——喜马拉雅	

备注：不定期开设宣教类课程

来源：浦东图书馆提供

图 9-15　浦东图书馆老年智能手机培训班教学现场
来源：浦东图书馆提供

能力突出的信息助力员担任。这些志愿服务团队中有高中生、大学生、在职工作者、退休人员、图书馆馆员等，凝聚各年龄段、各个层级、各个领域的志愿服务力量，还联合上海市老干部大学离退休干部志愿服务大队，充分发挥离退休干部们余热，加入浦东图书馆智慧助老志愿服务团队中，一起参与志愿服务。

从实施情况来看，该项目"一票难求"，微站点和培训班的志愿服务报名也十分踊跃，得到了老年读者、志愿者、讲师、媒体等的一致好评（图 9-15）。

9.4　更友善的环境：面向老年友善的空间

在城市化背景下，跨越数字鸿沟、建设老年友善型环境，离不开空间尺度的新供给策略。显然，从城市宏观层面，到街道和社区中观层面，再到居家空间微观个体层面都需要有针对性的设计和产品，才能确保老年人获得充分的健康、参与和安全保障。

由于文化和模式差异，国内外对于构建积极老年化空间的关注焦点具有较大不同。在国外研究情境中，老年友善议题更多关注公共空间及半公共社区空间，较少关注私人空间部分，且更多将房屋和空间的结构设计与建设作为考量重点。而在国内城市化背景下，针对现有居住空间微观尺度的适老化"软性"改造则成为构建老年友善环境的关键。尤其是在我国以"居家养老"为主体、社区为依托、专业化服务为依靠的养老大格局下，微观尺度的适老化改造更具现实意义。

在街道、社区层面，通过统计资料的数据分析、街道实地座谈走访、养老政策梳理等形式，能够梳理出老年人口的重点养老服务场景需求。据此打造的整合数据平台，有利于形成对辖区内老人全覆盖、常态化、智能化的关爱机制，为满足老人日常养老需求提供技术保障。特别是基于大数据、人工智能对老年居民的精准服务体系，可助力提供更为精准的养老服务。

以下将从微观居家空间、专业康养空间、社区半公共空间以及社区公共空间四个维度，介绍如何构建面向老年群体更加友善的环境。

9.4.1 微观居家空间

适老化的居家空间，能够有效应对居家老人的安全问题。在以居家养老为主体的我国，微观尺度居家空间中的适老环境构建具有非同寻常的重要价值。据 2016 年发布的第四次中国城乡老年人生活状况抽样调查结果，近六成的城乡老年人认为住房存在"不适老"问题。来自日本的统计数据表明，每年居家发生的意外事故排在老年意外事故的第五位。由此可见，微观居家空间的适老化是提高老年人在家庭中的生活品质和生命质量，实现老有所养、老有所医、老有所学、老有所为、老有所乐的重要保障，可增强老年居民的归属感、价值认同感、心理获得感和身心幸福感。

广阔的市场需求催生了大量应用于微观居家环境的适老化智能终端设备（表 9-2），并能将数据汇聚于居家康养智能大脑。居家康养智能大脑集成各类智能终端设备，可对各类感知报警数据进行协调、存储、分析，让用户知道

表 9-2 居家康养适老化智能终端设备及功能介绍

名称	功能描述
求助报警	及时捕获居家老人的求救信号对于保障老人健康安全至关重要。通过线上或线下的求助报警工具能及时准确地接收居家老人在意外情况发生时的求救信号。多种智能工具如家的为老服务"一键通"终端、老人随身佩戴的求助"一键通"按钮、紧急求助拉绳、特定关键词（如呼喊"救命"）捕捉器等，可在老人遇到跌倒、无法站立等紧急意外情况时，自动发出求救信号，由后端服务平台转发信号至紧急联系人及专业的老年服务机构、医院、养老院等预设的机构，以便及时响应实施救助
智能门磁	智能门磁将设备主体和感应磁铁安装于门框或窗框上，固定在探测点位，即可开始使用。门磁警告器可以监测独居老人开关门的状态及时间，若长时间未开关门，智能门磁系统会发出警报预警，及时反馈后端服务平台，实现对独居老人的守护。同时门磁警告器还可以实时记录下开关门的时间和次数。一旦老人因故忘记关门，一定时间后设备会把告警信息推送到后端服务平台，并告知提前设定好的紧急联络人，提醒出现异常情况

续表 9-2　居家康养适老化智能终端设备及功能介绍

名称	功能描述
智能安防识别	智能安防识别基于成熟的机器视觉算法，能无感识别是否是可信访问行为，与智能门磁、智能门锁组合，可以极大方便老年人的进出门活动，避免忘记钥匙和开门动作的不便，并有效预防生人尾随等风险
危险气体监测	危险气体监测工具可实时监测室内温度、危险气体浓度等指标。当甲烷、丙烷、一氧化碳等危险气体浓度达到危险值时，报警器就会触发报警机制，并通过物联网将报警信息传输到后端服务平台。同时，报警信息将一并发送至街道、社区相关负责人及网格员，同步启动处置程序
溢水监测	溢水监测工具安装于蓄水区及易积水区。当水容器发生溢水时，报警工具会通过声音进行报警。当监测工具通过传感器感知到室内地面出现积水并持续一定时间后，便会将情况通知到后台和紧急联络人处，用以应对下水堵塞、忘关水龙头等意外事件
烟感报警	烟感报警是当空间产生超过一定量的烟气，报警器会发出警报，并通知社区工作人员上门查看情况，避免火灾的发生
智能水表	智能水表基于过往用水记录模型，可对漏水进行提醒，便于社区及时安排物业上门查看老人住所内水管情况，发现问题及时维修，减少独居老人生活隐患的同时，也是避免生活资源浪费的有效手段。同时，老人用水习惯也能够反映老人生活状况。一旦出现用水异常，后端平台将自动通知家属以及所在街道、社区，及时发现空巢老人的居家安全问题
智能手环/手表	配备多种健康监测功能的智能手环/手表，可全天 24 小时记录老人的运动步数、心率、血氧、心电、血压等数据，从而第一时间对老年人生理信号的异常变化发出警告提醒。同时利用模型比照以及后端平台的数据分析，能为老年人提供健康生活的合理化建议
睡眠监测带	睡眠监测带能够 24 小时无感监测老人夜间睡眠呼吸暂停和低氧血症的频率和程度，并监测睡眠相关运动障碍。可作为失眠、睡眠相关呼吸障碍、睡眠-清醒昼夜节律障碍、异态睡眠等其他睡眠障碍疾病的监测工具，并可针对实时监测到的异常情况实施主动报警，以防意外发生
智能床垫	智能床垫通过微型嵌入式高灵敏度传感器，能实时监测老人躺卧过程中的呼吸、心率等生理指标，并对异常生理状况进行及时报警。同时也能对老人夜间离床时刻过久、长时间未归等异常状态进行报警
毫米波雷达	毫米波雷达可以对老年人动作、行为进行无感知化监测。尤其在浴室等不便部署视觉监控设备的区域，及时捕捉老人跌倒等危险状态，便于第一时间作出响应
老人行动智能感知设备	基于智能技术的老人行动感知设备可探测老人居家的活动记录，通过对老人步态、动作等生理信号的感知与识别，智能判别老人的健康状态和健康风险

来源：刘朝青整理

家里发生了什么，各种设备的管理可以做到看得懂、听得清、摸得着、会沟通。应用智能大脑，借助全屋智能终端，洞察老年人各类需求，转变居家养老中被动应对问题的模式为主动发现和解决问题模式，提升应急响应的时效性，提高居家养老管理的能力和服务水平，保障老人居家安全和健康。

在以下列举案例中，我们将能够直观看到上述数字技术手段对于"适老化"的微观居家环境打造的贡献。

案例：万达信息"聚养通"社区居家养老服务平台

万达信息股份有限公司（以下简称"万达信息"）作为首批国家"智慧健康养老示范企业"，依托民政部"金民工程"全国养老服务信息系统建设标准，积极开展居家养老产品的研发工作，并于2020年7月对外发布"聚养通"社区居家养老服务平台。"聚养通"秉持"长者少动手、系统勤监测"的设计理念，协助老人跨越"数字鸿沟"，融合家庭养老、居家适老化改造业务，整合智能门磁、智能安防、智能水表、智能手环、智能床垫等智能终端设备，降低长者主动操作难度，提高物联设备实时发现能力。经过不断打磨优化，在宁夏回族自治区吴忠市、铜峡市等地方政府的推动下，2021年"聚养通"成功落实部署，通过连接居家长者、服务机构和服务人员，打造"链式养老服务"模式，发挥信息化主动监测能力，探索无感知体征监测、环境监测、行为监测，在居家层面尽可能创造无死角监测应用场景，为老年人提供居家养老线上线下联动服务，确保居家长者的照护安全（图9-16）。截至2022年年底，"聚养通"在线接入监测终端达2000多台，服务触达5000人次，精准服务对象超1400人，有效缓解居家长者监护难题，提升养老服务机构居家养护照护监测能力，增加老年人的满足感、幸福感。

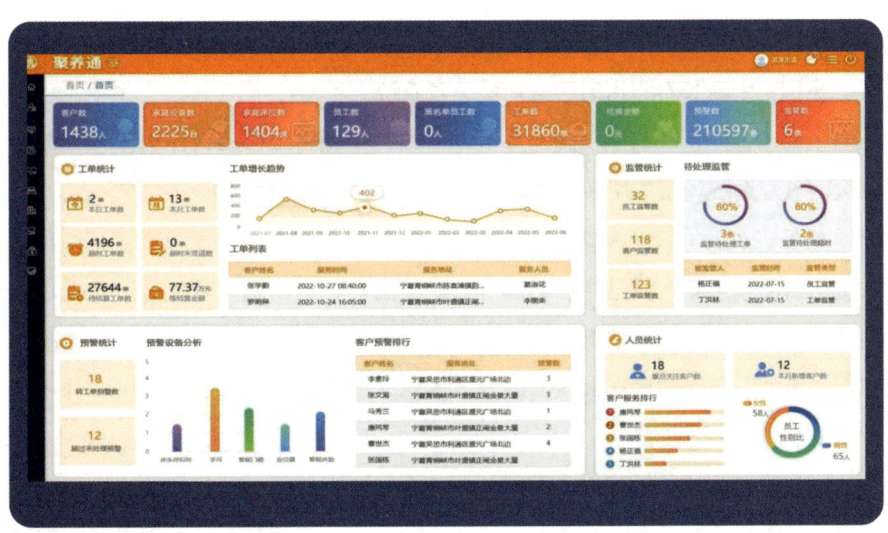

图9-16 "聚养通"可视化界面
来源：万达信息股份有限公司提供

总结"聚养通"在营造友善数字居家环境,弥合老年数字鸿沟实践中的成效,其成功落地有着如下经验。

（1）无感知服务。在需求捕捉方面,建立需求精细化评估规范,通过"一轮评估、三轮确认"的方法,摸排老年人真实需求,落实"真需要、再实施"的模式,有的放矢地投放无感知终端,使老年人能真切地享受到无感知服务的有效性、及时性,不再排斥主动监测服务,获得感很强。

（2）物联标准整合。在技术实现方面,建立符合本地实际的物联设备生态清单,定义技术参数、场景配置、服务规范等内容。通过"聚养通",聚合家庭养老相关物联设备厂商,从而使设备的选型、采购、部署、运维有迹可循,确保设备的可用性和可靠性,助力家庭养老线上线下联动服务。满足家庭养老服务 7×24 小时实时监测,全程数据留存,有效应对居家突发事件,为施救争取时间。

（3）政务数据互通。在数据方面,"聚养通"满足"市—区县—街镇"三级政务经办需求,提供居家和社区养老服务应用部署,业务流程一线串连,提升政务管理效率。同时,提供与"金民工程"部—省两级相关业务数据的互通渠道,实现数据的直接上报。

（4）监管精细化。在监管方面,家庭养老服务申请审批、服务执行、服务验收过程数字化,形成"事前、事中、事后"全过程、全服务、全周期的监管模式,为补贴发放提供可靠的依据。借助数字发现和数字研判手段,及时发现服务过程中存在的问题和隐患,查错补缺。

案例：上海长寿路街道居家场景关爱系统

上海市普陀区长寿路街道与中国电子科技集团有限公司合作建设并完善了辖区内关爱系统场景应用系统功能,以实现对居家老人的全方位关护。

基于"人工+智能+数据可视化"的架构,独居老人智能感应"五件套"系统可自动采集老人日常生活的部分数据（图 9-17）,获知老人是否有正常室内活动,并可对火灾、可燃气体等安全情况进行监测。一旦有异常告警信息,将直接自动发送至对应居民区、街道、紧急联系人手机端（图 9-18）,并撒点于大屏上予以及时告警。

通过进一步优化独居老人智能"五件套"应用管理,并将其纳入街道自行开发的关爱群体管理系统平台进行"闭环管理",街道已初步实现对辖区内独居老人居家生活安全智能化管理。在后台管理端,目前长寿路街道已建成了 5

图 9-17　安装在老人家中的智能感应模块
来源：上海市普陀区长寿路街道提供

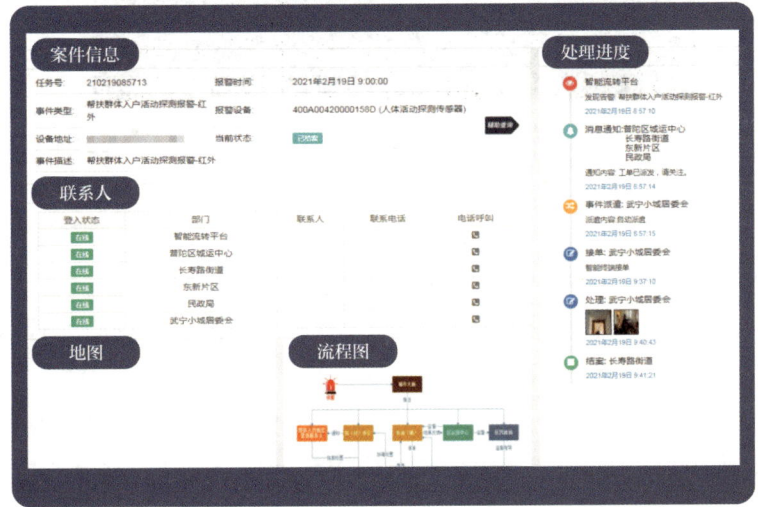

图 9-18　告警实践处置流程
来源：上海市普陀区长寿路街道提供

年内老人信息研判板块，通过研判 5 年内老人的数量和区域分布，为街道和居民区在制定中长期服务措施、设立服务场所等方面提供参考依据。在地图板块中，主要通过相关群体撒点，在地图上体现重点楼宇（关爱群体相对较多楼宇）、不同关爱群体在各居民区分布情况，为居民区在拟定服务方案、侧重点、服务时段、服务项目选址等提供依据（图 9-19）。服务片区和养老场所板块则通过对人流量统计和日常监控巡查管理，对部分关爱群体经常性活动区域和养老场所的日常管理进行监督等。居民区可以通过救助项目管理板块，帮助居民申请相关救助项目，可实时反馈、比对核实辖区内低保、大病长护险等救助人群过往补助情况，为相关审批流程提供辅助依据。

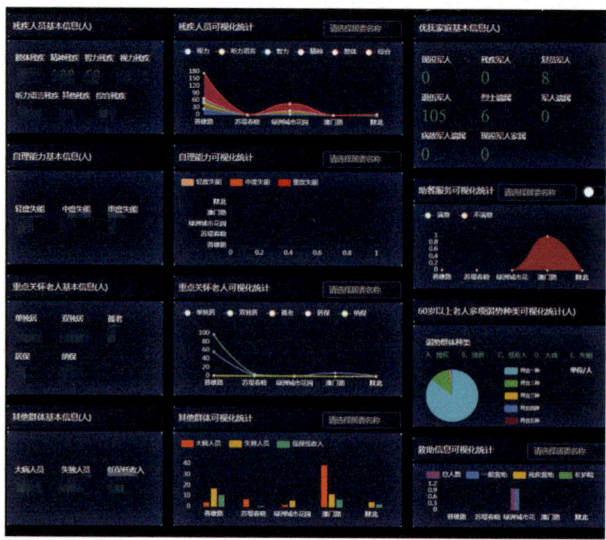

图 9-19　智能信息大脑可视化面板
来源：上海市普陀区长寿路街道提供

通过上述系统的实施，长寿路街道实现了以下 3 个转变。

（1）从单一的为老服务向关爱人群全覆盖管理转变。将系统关注人群从之前的独居、双独居老人群体向辖区内所有老人、失能、弱势、残疾、优抚等重点关爱人群群体覆盖。通过建立街道人口信息数据，居民区可通过拍照识别身份证基础信息（如年龄、性别、出生年月），对应工作人员通过手机端地址查询可以看到此地址的相应人口信息，为居民区提供便携的居民管理系统，可用于疫情防控、人口登记、救助管理等方面。

（2）从单纯的神经元自动报警发现向主动发现、自动发现相结合的前端处置转变。通过一户一码，送餐人员扫码留下痕迹，确保按时送餐到位，并划分送餐规定时间，实现送餐路径全展示、送餐过程全监控，确保餐品准点送达，切实提升送餐服务满意度。送餐人员也可签到登记，会同其他渠道数据进行汇总分析研判，提供相关反馈信息给街道部门参考。同时结合居民区走"四百"工作，设置 3 天为关怀超期限制，对居民区超过 3 天未走访的关爱人群的人员，管理系统会在大屏端予以撒点提醒，同时管理中屏也会有相应提示。

（3）从分散的纸面的数据统计向立体化、信息化的可视系统转变。将纸面上的数据转为可直观、可分析的鲜活动态数据，可弥补以往数据采集后人工分析研判滞后、可观性不强等不足，从而切实构建安全、友善的居家空间，帮助老人在"无感"中，享受数字技术进步带来的安全与便捷。

案例：上海黄浦区数字画像精准为老服务

黄浦区是上海市老龄化和高龄化程度最高的中心城区之一，户籍老人占比超过 40%。同时，老人高龄化、空巢化、失能化、家庭小型化的问题突出。为了使数字科技更好地服务老年人，面对快速增长的多样化、专业化养老服务需求，黄浦区通过统计资料的搜集分析、街道实地座谈走访、养老政策梳理等形式，对照养老服务的供给端情况，基于黄浦区"智慧养老"一体化综合服务管理信息平台，梳理出老年人口的重点养老服务场景需求，可实现对于辖区老人数字画像基础上的精准为老服务。

在数据体系的支撑下，黄浦区建立了主动发现机制，重新梳理各项养老服务政策，让数据与服务体系进行主动匹配，形成老年人数字画像，让"人找政策"变为"政策找人"，实现主动为老年人提供精准养老服务。解决了以前老百姓要收集各类资料，了解各类养老政策，看自己是否符合相关的申请条件，然后再向街道申请的情况。现在老人可一键查询、享受、自动申请服务，享受为老年人群体提供精准的养老服务。在提供主动养老服务的同时，根据老人实际服务情况，数据回流，进一步对供给侧的养老服务情况进行梳理，重新优化供给侧，形成动态的养老服务调整机制，切实提高老年人的获得感、幸福感和安全感。

为应对高龄独居老人们可能面临的突发情况，及部分重点老人不会使用智能手机的问题，依托"一呼代办"的社区服务经验，以"互联网+"为基础给居家老人量身定制"一键呼"紧急呼叫服务系统，免去烦琐的操作步骤。在紧急情况和需要帮助的情况下，老人可通过电话、呼叫器一键直呼社区服务人员，工作人员将根据网格划分迅速交办处理，随时上门帮助老人解决紧急事件和实际困难，让老人足不出户就可以享受智慧养老，精准服务每一位老人的需求。

基于数"治"赋能的智慧助老服务体系，依托人工智能、大数据等新一代信息技术，逐步健全符合超大城市中心城区特点的以居家为基础，社区为依托，机构为支撑，居家社区机构相协调、医养康养相结合的养老服务体系。平台将老人身份信息、养老政策、养老顾问、服务机构等信息统一纳入监管服务平台，使老人能对享受的服务一目了然。同时，区民政及街道管理人员能更详细地了解老人享受服务数量及各养老机构的服务详情，可根据各区域老人的实际情况，及时监管并调整各服务内容，消弥数字鸿沟，实现信息无障碍服务，提升社会满意度，为实现政府治理的数字化转型提供常态化、高可信度的数据源。

黄浦区"智慧养老"一体化综合服务管理信息平台已经为全区 30 余万老人提供精准的养老服务，同时，为外滩、老西门、小东门等街道提供特色养老服务，逐步形成了黄浦区特色的养老服务体系。

9.4.2 专业康养空间

养老不仅关乎起居环境、生活设施等硬件诉求，还体现在对服务、生活方式的软性需求。近年来出现的老年康养社区模式是一种专业机构、社区与居家相结合的新型老年康养模式，为老年居民提供从自理到半护理再到全护理的全程呵护，让老年居民老有所安、老有所依、老有所伴、老有所享、老有所为、老有所乐。与个体居家空间最大不同的是，专业养老机构配备了更全面、更综合的适老系统，能为老人提供更全面周到的照护，以及助餐、助浴、助洁、助医、助急、助行等专业养老服务，相关专业康养智能工具和系统举例如下。

（1）床边健康一体机。利用智能化手段将多种医疗快速检测设备进行整合集成，应用无线传输及云存储技术完成用户各项身体健康指标的测量、传输、云端储存及大数据分析与展现，为老人提供更多的医疗健康服务。床边健康一体机可以实现体温、血压、脉率、血脂、血氧、血糖、尿酸、心电图、尿常规、体脂率、中医体质识别等项目身体指标检测，并将健康数据自动记录在老人专属账号中。

（2）全周期智能康养服务系统。智能康养服务系统基于智能监测技术以及前置物联网感知设备，能够全面采集老年人体征数据和行为数据，综合研判老年人的健康状况，为其每天的膳食、饮水、活动提供指导，并提供全程健康档案管理、健康体检管理、健康知识管理、健康动态跟踪管理等全流程健康管理服务。

（3）养老服务大数据管理系统。智慧养老服务大数据管理系统实现与政府机关、街道社区、机构、养老主管单位以及养老服务组织的系统打通，建立一体化的养老大数据资源中心、养老大数据共享平台和养老业务管理平台。系统对特定区域内的长者身份信息、养老需求、健康信息等信息进行采集和整合，建立起康养大数据中心。系统通过智能分析与预测，形成地区居民全生命周期健康状况和人群健康分布，为相关部门提供养老服务监管与规划参考。

（4）智慧安防系统。智慧安防系统涵盖重点公共区域视频AI跌倒监测、人脸识别智慧通行、UWB高精度定位、电子围栏、轨迹查询、烟雾超标预警、活动频率监测、周界防范等功能。当出现紧急情况时，系统能够及时报警，通知相关人员紧急处理，让老人得到及时帮助。

与我国居家和社会领域的适老化多由政府牵头不同,在专业适老空间领域,房地产建设企业等专业机构有着先天的优势。以下两个案例简述了国内领先房企在建设专业适老空间方面的探索。

案例:绿地国际康养城全龄康养社区

绿地康养产业集团是依托母公司绿地集团打造的集康养酒店、颐养公寓、服务中心和公共配套于一体的绿地康养城国际化综合性全龄康养社区。通过将智能化与"医、康、养、旅、产、融"六大业态板块结合为一体,为老年人提供更周全的康养体验。其首个项目位于上海市青浦区,总投资近30亿元,占地面积197亩,总建筑面积33.7万平方米。社区内搭载了全周期智能康养服务系统和养老服务大数据管理系统,建立了智能健康服务、智慧安康管理、智慧餐厅、环境监测、智慧社区运营平台等应用。

其中,智慧健康服务为用户提供全闭环健康保健体系,借助床边健康一体机等智能设备,对用户的身体进行即时检测、及时干预、长期管理和预防,涵盖健康巡检、健康监测、档案管理、风险评估、健康指导和宣教、养生保健课程、营养膳食指导、运动指导等多项服务。

智能安康管理为用户提供智能门禁、人脸识别、一键呼叫、人员定位、独居监护、人流统计、环境监测、睡眠监测、紧急救助等服务,实现智慧安防。同时配备56项适老化设计,如走廊扶手、插座高度、防滑地砖、软装家具配置等,可以在最大程度上减少长者磕绊、摔倒等情况的发生(图9-20)。

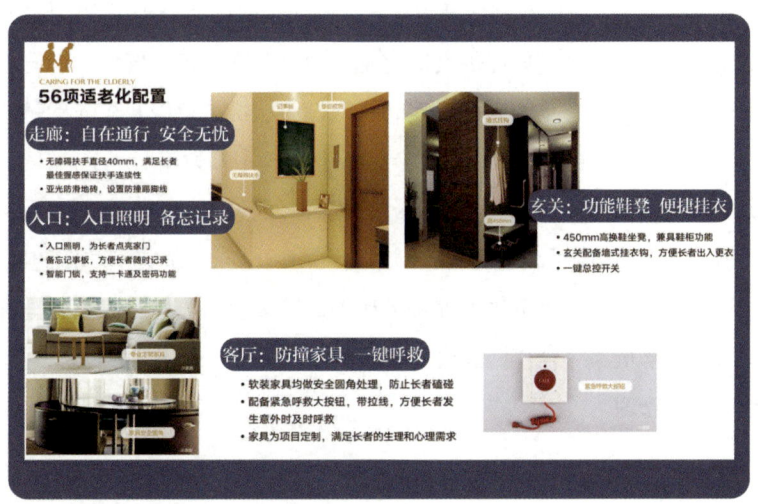

图9-20 智能安康服务配备56项适老化配置
来源:上海克而瑞信息技术有限公司提供

同时，绿地康养参考国家标准，自主研发了老年人能力评估系统。该评估系统采用科学的评估标准，对老年人的生理、心理、精神、经济条件和生活状况等进行综合分析，并依据科学的方法划分老年人的能力等级。通过互联网+移动端 APP 采集数据，统一录入后台进行管理。同时数据均采用顶级安全防护泄密措施，保护用户隐私。

案例：绿城椿龄智慧康养平台

椿龄康养集团是绿城生活集团基于康养领域十多年实践经验成立的大型综合康养服务企业。椿龄以智能大脑为核心，拥抱居家康养线上智能平台服务与线下健康管理服务结合的新康养服务趋势，构建了养老地产开发、小微机构运营、社区养老服务、咨询培训服务、适老化改造、智慧养老平台等六大核心体系，为老年用户提供线上线下结合的智慧睡眠、智慧健康服务方案等多场景智慧服务，构建了从小区建设源头开始的适老化空间的营造探索，与传统基层行政单位主导的适老化工作形成了有益的错位互补。

椿龄康养集团与合作伙伴联合自主研发智慧康养系统，搭建智慧康养平台，聚焦健康生活、居家养老，为老年用户提供个性化健康生活服务内容规划。智慧康养平台整合智能健康监测设备、智能家居设备、智能适老照护设备、智能穿戴设备、智能视频采集设备以及智慧物管相关设备的数据，依托椿龄旗下的听蓝智慧健康云平台，可为老年用户提供科学评估、健康攻略定制、健康礼包定制、健康师一对一贴心服务等。平台能够实现用户健康数据智能化管理、健康知识标准化输出、园区数据智慧化运营，进而全面评估老年用户的健康状况、输出健康生活解决方案，如提供食谱定制、膳食营养点评、健康知识分享等智慧健康饮食服务。用户及家人可以实时获取健康状况信息以及相应的健康方案建议，并根据这些信息制定或者调整疾病的预防与干预方案。

此外，椿龄康养以"物业+养老"的模式，为老年用户配备家庭医生和健康管理师，依托智能硬件和移动互联网平台，采用电访、入户等形式，通过建档、跟踪、干预等措施，提供健康管理服务和慢病管理服务。椿龄康养还与绿城心血管医院、蓝熙健康等合作，建设"互联网+康养"一体化服务网，对用户进行持续跟进式管理。

9.4.3 社区半公共空间

老年数字鸿沟是全社会的挑战,也是面向更包容、更可持续未来的契机。更老年友善的环境不仅限于私人空间和专业机构,大量介于公共空间和私人空间之间的医院、银行等半公共空间,也有责任尽自己所能,借助数字技术,一起参与、一同助力老年群体跨越数字鸿沟,创建更加老年友好的社会环境。以下两个案例分别描述了这类社区半公共空间中为弥合数字鸿沟所进行的探索。

案例:健康云智慧医疗服务终端

健康是老年人关注的"头等大事"。围绕老年人如何使用智能设备通过互联网进行健康管理、就医、疫苗接种登记等高频弥合数字鸿沟综合应用场景,切实保障老年人适老化和无障碍需要,享受智慧医疗健康服务的问题,健康云作为上海市政府委托、市场化运营的城市级医疗健康公共服务的统一入口平台,以智能硬件终端为载体,链接人与服务,让医疗和健康服务变得可在社区健康驿站的终端机上即可完成的"省心事"。

在社区部署的智慧健康驿站服务终端,将物联网和互联网等技术相结合,支持刷身份证、社保卡或人脸识别等方式自动获取个人信息,无需手机号注册、登录、实名等烦琐流程,使老年人无手机也可享受健康云服务。目前已实现健康档案查询、预约挂号、一键叫车等服务,同时支持老年人在终端上进行体征测量数据展示以及评估报告打印等操作,还可实现家庭医生对居民健康干预和慢性病管理等服务。

在疫情期间,健康云还为老年人提供了新冠疫苗接种登记等便民服务。健康云已经实现上海市全社区覆盖,并辐射到湖南、北京、新疆、西藏、宁夏、四川、重庆等省市,累计投放了500多台健康驿站服务终端,日均服务3万人次以上(图9-21)。

同时,为了解决老年人便捷就医,以及老年人在无手机状态下,亦可使用互联网诊疗服务,健康云依托社区基层医疗机构、智慧健康驿站等线下实体,将在线复诊、远程门诊、专家咨询等服务与智慧终端相结合,使医疗服务延长到家门口,让优质医疗资源触手可及,有效提升居民就医获得感。居民在服务终端"轻轻一刷"即可完成用户登录和患者信息录入,有效解决老年患者信息录入麻烦的问题。并且还支持通过社保卡、身份证、电子医保凭证等多种方式进行身份识别,也支持自费、医保、记账等方式进行支付方式(图9-22)。

图 9-21　老年人使用智慧健康驿站服务终端
来源：健康云 APP 提供

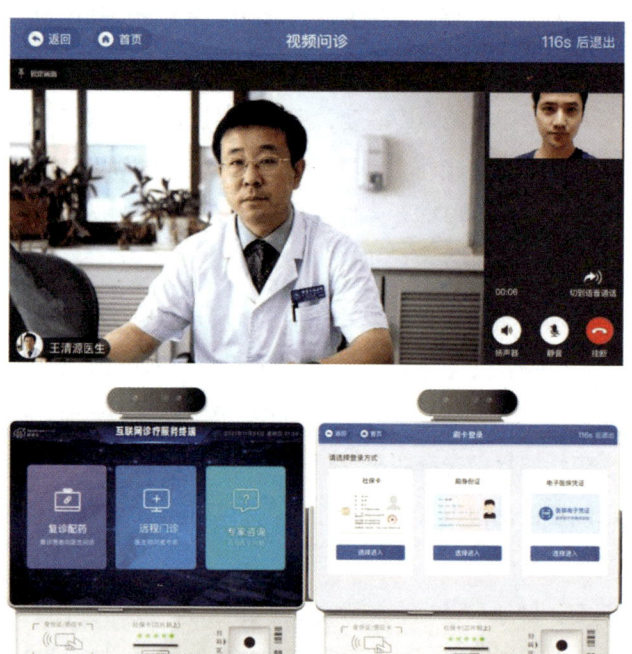

图 9-22　互联网诊疗服务终端构筑"无墙医院"
来源：健康云 APP 提供

在 2021 年 8 月 19 日第四届中国医师节"百年华诞同筑梦、医者担当践初心"上海市千名医师线上义诊活动中，基于健康云构建的互联网＋医疗健康终端服务模式，利用互联网诊疗服务终端，进行了线上线下联动的义诊活动。活动由上海 55 家三级医院（院区）参与，其中有 30 家综合医院（院区）、17 家专科医院（院区）和 8 家中医医院（院区）。参与活动的医师总计 1350 名，其中主任医师 406 名、副主任医师 908 名、主治医师 24 名。通过健康云音视频问诊方式，当天总共完成线上接诊 10 302 例，其中 60 岁以上老年人占 50% 以上。

案例：中国银行上海分行"银发微站点"

为了让银发客群拥抱前沿科技，在数字经济的时代浪潮中不掉队，中国银行上海分行在上海 200 余家营业网点保留了老年人熟悉的线下网点服务方式，此外遴选周边老龄化程度较高的网点加以适老化升级改造，已打造养老金融特色网点 21 家，养老特色标杆网点 4 家（图 9-23）。

值得一提的是，中国银行上海分行打造了全国首家 5G 智慧养老标杆网点周家渡支行。与普通适老网点不同，周家渡支行专门辟出 500 平方米的区域作为银发人群活动区域，网点的老年课堂定期开展老年人喜爱的线下课程；老年图书馆布设了符合老年人爱好的书籍和杂志；老年茶艺和书法展示区给老年人提供了展示个人才艺的平台。丰富的银发活动区域，成为周边社区老年居民的"网红打卡地"。

为了更好地打造为老服务网点，周家渡支行还邀请 10 余名上海"数字伙伴计划"的老年数字体验官走进周家渡支行，实地感受网点全维度的金融 + 非金融服务。作为周家渡支行的核心，网点的 5G+ 云咨询系统借助 5G 所带来的低延时和高速率的技术优势，可为老年人提供简单快捷的互联网 + 背景下的面对面的服务。5G+ 云咨询系统有效解决了在相关领域的问题，能够提供给老年

图 9-23　老年市民正在中国银行周家渡支行的智能柜台打印"离线码"
来源：https://baijiahao.baidu.com/s?id=1736489445062901445&wfr=spider&for=pc

人面对面的养老咨询和医疗咨询服务。周家渡支行每周定时定点预约在线养老顾问，向广大老年群众提供5G在线养老咨询和医疗咨询服务，据周边居民反馈，该功能大大节省了老年人频繁奔波医院的路程时间，方便了养老咨询。

周家渡支行的案例显现了一种全新的主题业态模式，使冷冰冰的金融业务，融入场景化的为老服务暖意中。

9.4.4 社区公共空间

"远亲不如近邻"是中国的传统文化，邻里是城市的最小单元，是数字化转型惠及每一位市民的集中展现。近年来提出15分钟生活圈，指在步行15分钟左右范围内，以社区居民为服务对象，以满足居民日常生活基本消费和品质消费等为目标，以多业态集聚形成的社区服务圈。其能通过优化服务布局、增加服务设施，让城市居民就近可以享受到生活所需要的服务。围绕包括老年人在内各类居民的各类需求，打造人人与共、人人参与的"15分钟数字生活圈"场景，可以帮助老年人在信息化时代中充分享受到利用数字手段在15分钟生活圈内给生活带来的便利。

案例：上海田林街道"15分钟生活圈数字助老服务"

上海市徐汇区田林街道携手上海联通打造了"15分钟生活圈数字助老服务"平台，面向政府、面向老人及监护人、面向建设运营单位，以"数字家园、人人与共"为中心思想，推动社区的数字化转型，把对广大老年人的关怀，送到千家万户（图9-24）。

"15分钟生活圈数字助老服务"平台是一个多维度的综合管理、服务体系，既可以为政府部门深入了解辖区内老人尤其是困难老人群体居家生活、健康状态，借助数字化手段，提供智能设备管理、用户数据分析、系统状态监控、平台运行维护功能，更有效配置资源，也可以让老人及监护人在突发应急情况一键呼叫，在平时便捷获取丰富的智能健康个人管家服务、主动关爱与沟通辅助服务。

首先，围绕老年人出行、就医、消费、文娱、办事等高频事项和服务场景，推动老年人享受智能化服务，使传统服务方式更加完善。同时利用线上线下服务的高效协同，初步解决老年人面临的"数字鸿沟"问题。如老人一键呼叫到街道服务座席，由专人解答养老政策、生活咨询、登记便民服务需求、委派工

图 9-24　田林街道"15 分钟社区生活圈"一景
来源：https://sghexport.shobserver.com/html/baijiahao/2021/12/01/598753.html

单给街道部门/志愿者/第三方服务机构响应需求。

其次，能为基层社区的数字治理提供保障。如在人口普查、政策通知、开放式调研中，原先主要依托居委干部上门走访，但也往往面临着老人需要子女帮助、居民不在家等情形，对居委干部的工作压力也比较大。随着本场景的推进，越来越多的类似社区治理工作可以通过一键式为老服务平台同步向老人和子女进行推送，平台的部署也会从独居老人逐渐过渡到普通老人及其他弱势群体（残障人士、伤残军人、重大病患者等），并与精准救助和伤残军人保障逐步结合，形成生活数字化和治理数字化的融合。

最后，老人安全电子围栏、出行轨迹等应用，通过"15 分钟生活圈数字助老服务"的事先评估、筛选和推送，这些有形无形的支持使得老人充满安全感、获得感，在 15 分钟生活圈内安心放心、游刃有余地生活。

目前，田林街道"15 分钟生活圈数字助老服务"平台涵盖内容包括：

（1）15 分钟生活圈生活信息和文体活动资讯。

（2）医食住行和文化生活服务内容。

（3）家庭服务端一键响应。

（4）邻里汇：①在街道邻里汇设立驻场专职运营人员和远程座席，答复咨询、需求录单、派单给街道社工志愿者及街道第三方服务单位；②座席系统记录工单录入、派单全过程，并对服务工单进行闭环回访；③运营过程中产生的各项数据，可实时对接街道城运监控大屏，展示工单信息和状态；④实现对第三方服务品质的管控，为街道第三方服务设定服务标准；⑤通过用户体验反馈不断增加优化服务项目。

（5）街道管理：运营过程中产生的各类工单过程数据，可实时对接街道城运监控大屏，展示工单信息和状态。城运中心承接运营端推送过来的社区治理类工单、意外工单或紧急状况并处理；城运中心对运营端工单、数据进行监控、分析、预警、展示，助力社区的数字化转型。

"15分钟生活圈数字助老服务"将为老服务无处不在地串联其中，盘活整合街道线上线下生活文化资源，制定第三方为老服务标准，并且不断引入第三方市场化服务资源，使得老年人在圈内的数字生活逐渐丰富和完善。

特色篇
FEATURES

第 10 章

上海：弥合老年数字鸿沟的综合解决方案

上海是我国最具代表性的超大城市之一。作为我国城市数字化转型发展的先锋，它是我国数字化发展最快、渗透最深、应用最广的地区之一，同时也是老龄化问题最为凸显的地区。2020年11月，为响应国务院办公厅印发《关于切实解决老年人运用智能技术困难实施方案的通知》，上海市委市政府高度重视、积极响应。按照工业和信息化部《互联网应用适老化及无障碍改造专项行动方案》和《关于全面推进上海城市数字化转型的意见》，上海市切实解决老年人和残障人士运用智能技术困难的问题，提高老年人、残障人士等重点受益群体应用数字服务的体验度、感受度、满意度，弥合数字鸿沟、提升人民城市软实力。在上海市城市数字化转型工作领导小组办公室的指导下，政府部门联合社会组织、企业、广大市民，针对弥合数字鸿沟开展了系列工作，取得了显著的社会效益。

10.1 上海老龄化和数字化共生演进的挑战

10.1.1 深度人口老龄化结构的挑战

1. 老龄化程度高，少子化凸显

我国第七次全国人口普查数据[1]表明，截至2020年，上海全市常住人口为2487.09万人，与2010年相比，十年增长8.0%，年平均增长率为0.8%，比

---

[1] 上海市第七次人口普查数据[EB/OL].[2022-11-09].https://www.shanghai.gov.cn/nw12344/20210518/001a0cef127c499eb381fa8dc3208e95.html.

2000—2010 年的年平均增长率 3.4%，下降 2.6 个百分点（图 10-1）。在人口年龄构成中，上海市 0—14 岁人口为 243.63 万人，占 9.8%，与 2010 年相比提高 1.2 个百分点；15—59 岁人口为 1661.91 万人，占 66.8%，比 2010 年下降 9.5 个百分点；60 岁及以上人口为 581.55 万人，占 23.4%，比 2010 年提高 8.3 个百分点，其中，65 岁及以上人口为 404.9 万人，占 16.3%，比 2010 年提高 6.2 个百分点（图 10-2）。

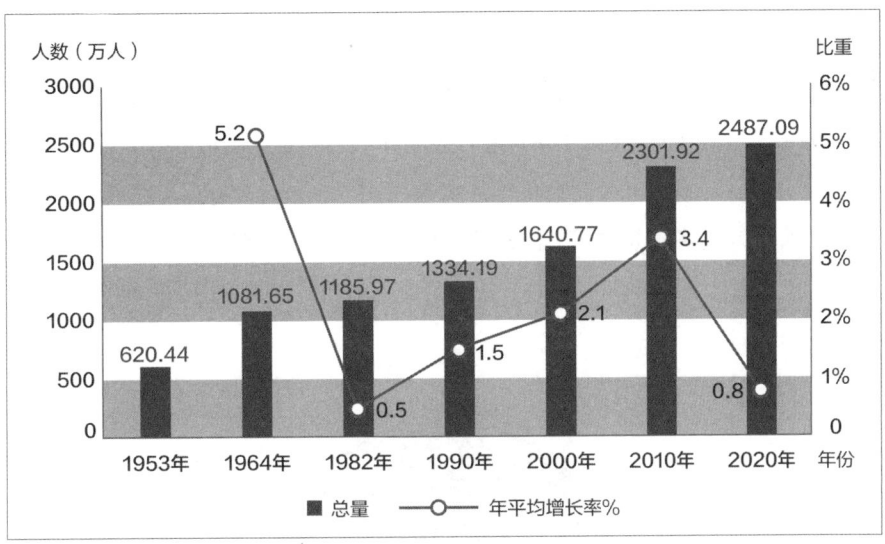

图 10-1　上海市常住人口总量及其变化情况
来源：上海市统计局

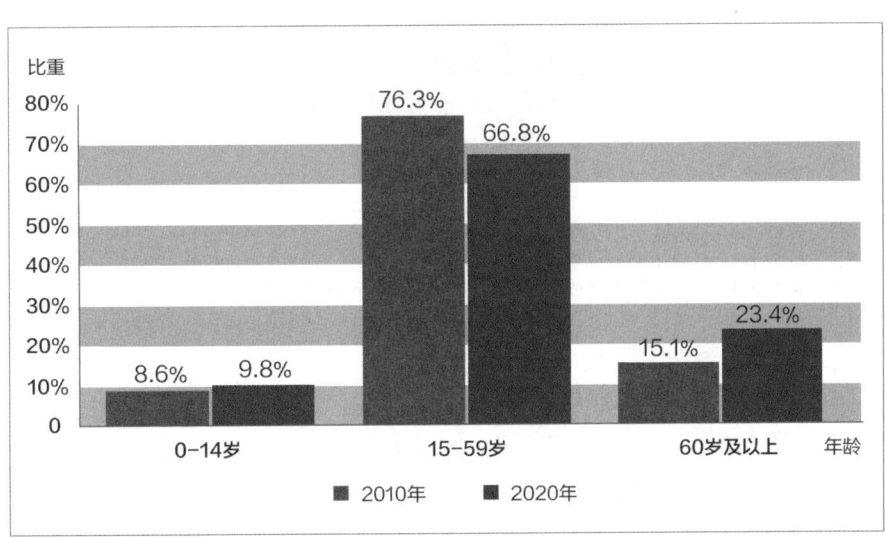

图 10-2　上海常住人口年龄结构变化情况
来源：上海市统计局

上海人口年龄结构变化与全国人口年龄结构变化趋势一致，但其人口年平均增长率明显低于全国人口总平均增长率且持续位于较低水平，从人口自然增长率来看，上海同时出现人口自然负增长，自 1990 年以来，上海 0—14 岁人口的绝对数量和比例一直在持续下降，人口少子化特征凸显，进一步推升人口老龄化。

　　就全国范围来看，上海是全国户籍人口老龄化最严重的地区，也是全国老龄化程度最高的超大型城市。2020 年上海老年人口年龄构成中，60—64 岁年龄组占 28.3%，80 岁以上组占 15.5%，高龄人口持续增加，33.2% 的老龄化比例远超排名第二的北京（23.40%）和第三的天津（23.35%）（图 10-3）。预计到 2025 年，全市 60 岁及以上常住和户籍老年人口分别将超过 680 万和 570 万，在"十四五"期间，上海高龄化趋势将越发明显，预计户籍人口中 80 岁及以上老年人口数量将从 81.98 万增长到近 86 万。据预测，到 2030 年上海户籍人口中老年人占比将达 40%，届时将成为全球范围老龄化程度最高的地区之一。

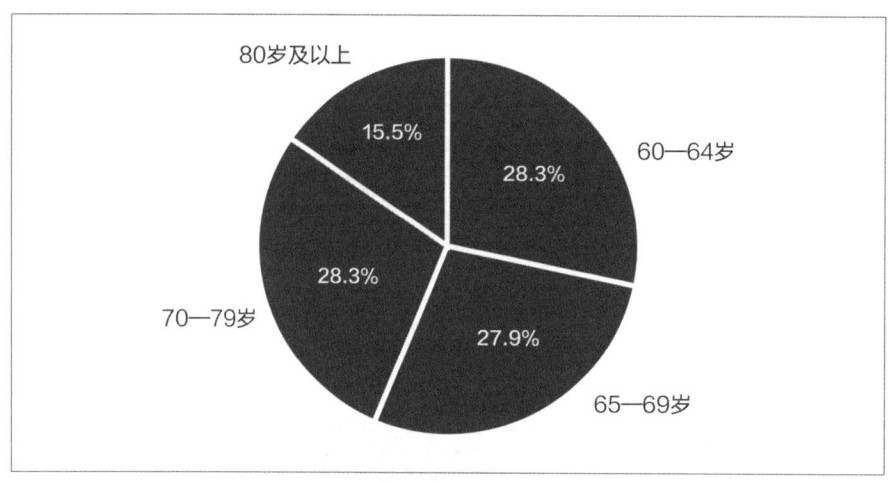

图 10-3　2020 年末上海市 60 岁以上老年人口年龄构成
来源：2020 年上海市老年人口和老龄事业监测统计信息 [EB/OL].[2022-10-11]. https://wsjkw.sh.gov.cn/cmsres/78/783845a354ae4b69a6fb076f932960ac/e316f0cf068719ae4b0e46b4520001c4.pdf.

2．核心家庭加剧，养老任务重

　　早在 1982 年，北京、上海、天津、南京和重庆的抽样调查数据就显示，这些城市中的核心家庭已占到总数的 66.4%。第七次全国人口普查数据表明，上海在全市 2487 万人常住人口中，家庭户 964.46 万余户，平均每个家庭户人口为 2.32 人，相比于 10 年前减少 0.17 人。上海市老年人口规模持续扩大，老年人口数量占总人口比重逐年上升，呈现出人口老龄化与少子高龄化、家庭规模小型化、纯老化等趋势交织共存。2020 年上海市独居老年人数、纯老家庭老年人数已分别达到 30.52 万和 157.79 万，预计"十四五"期间仍将持续增长。如图 10-4 所示，到 2020 年末，上海市 15—59 岁劳动年龄人口抚养 60 岁及以上人口的老年抚养系数为 68.0%，比上年增加 2.8 个百分点；15—64 岁劳动年龄人口抚养 65 岁及以上人口的老年抚养系数为 40.9%，比上年增加 2.9 个百分点，同时在近十年均中高于全国平均水平。可见，少子化和老龄化进一步促使上海家庭结构逐渐转向核心家庭为主，核心化家庭结构中的老年人口抚养系数逐渐上涨，进而造成社会与家庭养老负担不断加重，对养老保险、医疗保障、养老服务和健康服务等需求持续增加。

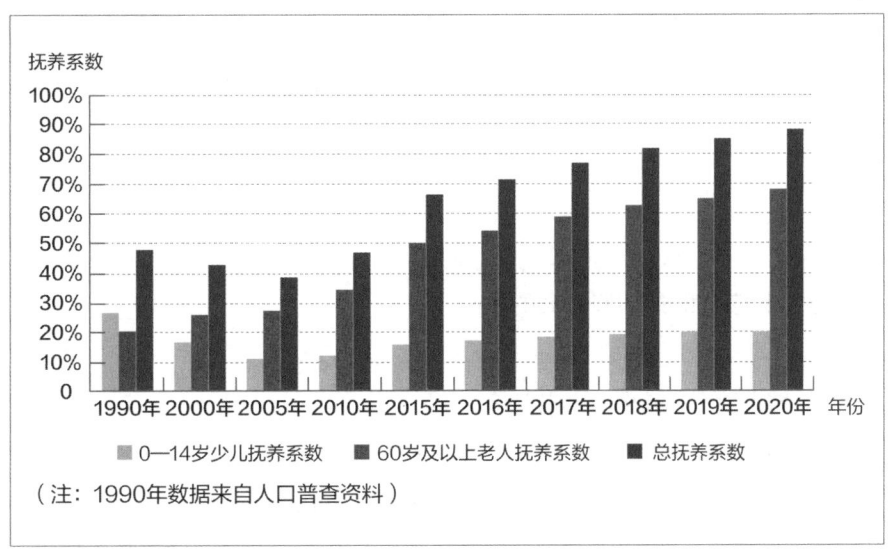

图 10-4　上海市人口抚养系数变动情况
来源：2020 年上海市老年人口和老龄事业监测统计信息 [EB/OL].[2022-10-11]. https://wsjkw.sh.gov.cn/cmsres/78/783845a354ae4b69a6fb076f932960ac/e316f0cf068719ae4b0e46b4520001c4.pdf.

3．流动老人增加，数字素养低

伴随着长期在沪工作的外来常住人口长期定居，以及外来老人来沪为新上海户籍人口子女照料孩子等因素影响，近年来上海外来老年人口规模也开始扩大，外来老年人口逐渐呈增加态势。截至 2017 年，上海 65 岁及以上外来老年人口总量达到 30.72 万人，比上年增加 7.97 万人，增长 35.0%（图 10-5）。外来老年人口受教育程度普遍偏低，在调查数据中显示大多数老年群体参与老年教育中数字化智慧学习的老年人比例偏低，部分老年人存在"掉队"风险；大部分中老年群体因为参与数字化学习较少，其数字素养跟不上时代发展。城市化、数字化快速发展中，给深度老龄化的上海发展带来新的挑战，其中对于数字素养低的老年人，由于其在使用个人电脑、手机等智能设备从事创造性、生产性活动的意识和能力不足，带来数字化生活的极大不便。

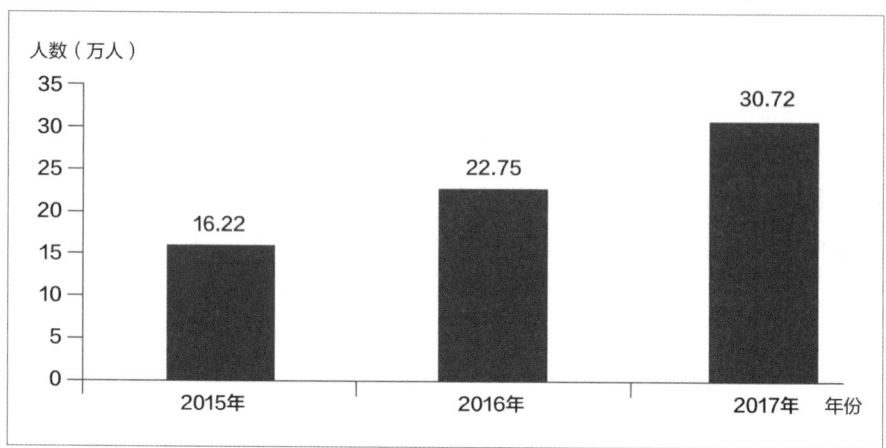

图 10-5　2015—2017 年上海市 65 岁及以上外来老年人口总量情况
来源：上海市统计局

10.1.2　数字化时代转型发展的挑战

1．城市数字化转型的人本追求

城市数字化转型通常是指利用数字化技术（如大数据、云计算、人工智能、信息通信技术等）推动城市经济发展方式、人民生活方式和城市治理等向数字化、网络化、智能化转型。[1] 随着数字化成为人类社会发展的必然趋势，实现全面推进数字化转型将成为面向未来塑造城市核心竞争力的关键之举。党的十九大报告提出建设网络强国、数字中国和智慧社会，《中华人民共和国国民经济和社会发展第十四个五年规划和 2035 年远景目标纲要》明确提出"加快数字化发展，建设数字中国"的发展方向，即要求"加快建设数字经济、数字社会、数字政府，以数字化转型整体驱动生产方式、生活方式和治理方式变革"。[2]

---

[1] 中国信息通信研究院.中国数字经济发展白皮书[R].北京：中国信息通信研究院，2020.
[2] 中华人民共和国国民经济和社会发展第十四个五年规划和 2035 年远景目标纲要[EB/OL].[2022-11-19].http://www.gov.cn/xinwen/2021-03/13/content_5592681.htm.

2021 年年初，上海市提出要"全面推进城市数字化转型"[1]，要求坚持整体性转变，推动"经济、生活、治理"等领域全面的数字化转型；坚持全方位赋能，构建数据驱动的数字城市基本框架；坚持革命性重塑，引导全社会共建共治共享数字城市。城市化和信息化成为社会发展主流，"城市为谁服务"成为现阶段最大的民生关注点。党的十九大报告提出要"坚持以人民为中心的发展思想，不断保障和改善民生、增进人民福祉"，在推进城市数字化转型发展更需时刻贯彻"以人民为中心"的理念，将城市发展立足于提升人民福祉。"以人为本"是探索中国特色社会主义城市发展道路必须解决的头等大事，更是上海作为中国最具代表性的超大型城市，在建设发展过程中必须率先回答的首要问题。上海在"全面推进城市数字化转型"中认为"为人而转"是数字化转型发展的逻辑起点，城市数字化转型的根本是为了人民，将其建设为人民的城市。因此，上海在城市数字化转型中，始终立足于人本价值追求，体现在"人人受益""无人掉队"的具体生活体验场景中。上海将"以人为本"作为推动城市发展的核心取向，作为改进城市服务和管理的重要标尺，应将其贯穿城市数字化转型的各个环节、各个方面，为城市人民带来更多的便捷和更大的价值，以更好地满足人民对美好生活的向往，提升人民的幸福感和满足感。

2. 老龄社会数字化治理理念

城市数字化转型面向社会发展、生活的方方面面，是超大城市治理体系和治理能力现代化的必然要求，需更加凸显其社会性。信息技术深入发展的新时代，在带来数字机遇和数字红利的同时，也带来了新的社会治理难题——老年数字鸿沟。与其他行业数字化不同，城市数字化治理面临的安全风险问题要复杂得多，贯穿了整个治理过程的始终。[2] 聚焦于老龄化社会发展新形态与数字城市发展的交织图景，老龄化叠加数字化成为上海市域社会现代化治理的重要现实背景，数字化治理将成为上海城市数字化转型的核心议题之一。

作为超大城市，上海人口数量大、流量大、异质性凸显、年龄结构老龄化程度加深，同时具有综合性强、现代化明显的特征，城市的整体建设、发展、运行、治理等各方面错综复杂，必须充分运用数字化方式探索超大城市社会治理新路子，特别要结合上海深度老龄化的背景，在城市数字化治理中关注"数字弱势

▲ 1 关于全面推进上海城市数字化转型的意见公布[EB/OL].[2022-11-19].https://www.shanghai.gov.cn/nw15343/20210108/c5ee6069f29a4a089f709708441bad31.html.
2 丁强,王华华.特大城市数字化治理的风险类型及其防控策略分析[J].上海行政学院学报，2021,22(04):72-81.

群体",探索老龄化城市治理的智慧方案,突破"数字鸿沟",以实现城市的"数字包容",从而进一步回应和响应人民对美好生活的新期待。更强调上海作为深度老龄化城市需面对新发展阶段,更加主动迎接新挑战,抓住新机遇,实现城市建设和发展为了人民,强调根本上的人本价值,以建立老龄化社会治理的新范式。

3. 数字助力健康养老的使命

《老年人权益保障法》指出,"老年人有从国家和社会获得物质帮助的权利,有享受社会服务和社会优待的权利,有参与社会发展和共享发展成果的权利"。[1] 在探索老龄社会数字化治理模式中,需要更新传统的城市治理理念,充分保障老年人的合法权益和完善社会服务,以数字养老对传统养老服务模式进行重构和赋能。进一步贯彻落实《"十四五"国家老龄事业发展和养老服务体系规划》提出的进一步培育老年人生活服务新业态,推动"互联网+养老服务"发展模式,[2] 城市数字化转型发展需不断强化老年用品的科技支撑、推广智慧健康养老产品应用、推进智能化服务以适应老年人需求,让数字化承担智慧养老和健康养老的使命担当。

随着老龄化进程不断加快,家庭社会养老负担日益沉重。在这样的社会背景下,如何实现为老年人提供更加便捷、智能、全面和可持续的养老模式,利用数字技术驱动老年人健康,实现智慧养老,从而保障民生,提升老年人生活质量和幸福感,最终实现健康老龄化和积极老龄化,是上海在探索城市数字化发展和数字化治理必须回答的问题。同时,这也是上海城市数字化转型应满足老龄化进程需求,建设老龄事业和养老服务体系的要求。

10.1.3 老年群体"数字鸿沟"的挑战

1. 老年人"数字化融入"困难

在老龄化和数字化叠加发展的社会现实背景下,将不断催生出新的社会性问题。其中,老年群体的数字融入逐渐成为一个重要的社会议题。老年群体是

---

1 中华人民共和国老年人权益保障法 [EB/OL].[2022-11-19].http://www.gov.cn/flfg/2012-12/28/content_2305570.htm.
2 "十四五"国家老龄事业发展和养老服务体系规划 [EB/OL].[2022-11-19].http://www.gov.cn/zhengce/content/2022-02/21/content_5674844.htm.

受到数字鸿沟影响最为广泛和深刻的特殊人群。在数字化建设进程的快速推进中，老年群体由于技术、制度、文化与身心因素制约，与其他群体在数字技术、数字能力拥有程度、应用程度上存在着巨大差别。他们在数字社会中，被动或主动地与信息化时代脱节，成为"数字遗民""数字难民"，与数字社会之间形成较大的信息落差，导致数字鸿沟问题出现。

在数字化加速发展的时代，上海作为全国老龄化程度最高的超大型城市，其城市人口中60岁及以上老年人口已达到581.55万人，其中更有高达31.74万独居老人。而且，部分区的老龄化率更高。随着移动支付、扫码点餐、网上预约、智慧出行等数字化生活方式成为常态，对于数字生活能力较弱，以及存在数字障碍的老年群体而言，在这座老龄化严重、独居老人基数大的特大城市中，老年人"数字化融入"问题凸显。由于智能手机等数字化设备的适老化不足，对视力不好、手指不灵活的老年人来说，他们无法适应各种场所的智能服务操作流程。

2．老年人对数字生活需求多元

随着互联网、大数据、人工智能等信息技术的快速发展，生活变得越来越数字化、智能化，在这一背景下，老年人对数字化生活需求越来越多元。根据2021年由南都大数据研究院、中山大学国家治理研究院、中国老龄产业协会联合发布的《2021智慧助老模式观察报告》[1]的数据显示，60岁以上受访者中，有超过一半的受访老年人（54.92%）平均每天用手机APP在3—5个小时，近八成受访老年人平均每天用手机APP超过3小时。

老龄化叠加数字化，在银发浪潮之下，互联网在进一步向老年群体渗透，老年群体的数字生活需求也逐渐从以往相对"单一性"的需求向"多元化"需求转变，尤其疫情常态化更加刺激了老年人的数字需求，老年群体出门时间减少，开始呈现出对电脑、智能手机使用的个别指导和更加多样的需求，如通过QQ、微信等即时聊天工具与亲友进行实时且面对面的沟通，使用淘宝、京东等APP进行网上购物，或多多买菜、叮咚买菜、盒马鲜生等各种线上买菜平台实现足不出户购买生活必需品，或利用智能手机进行网上预约挂号、生活缴费、获取咨询等。老年人对多元化的数字生活方式的向往，是其主动融入数字化时代的积极表现，同时也对上海城市数字化转型提出更多新的要求和挑战。

---

[1] 2021智慧助老模式观察报告发布 [EB/OL].[2022-11-21].http://news.youth.cn/jsxw/202112/t20211223_13364499.htm.

3. 老年人数字学习支援力不足

在数字化时代背景下，不少老年人因为不会上网、不会使用智能数字社会，被便捷的数字生活拒之门外，越来越多的老年人对社会产生脱节感、失落感。2021年2月8日，由中国人民大学老年人数字适应力研究团队联合支付宝发布的《老年人数字适应力报告》表明，近七成老年人是"自己学会"使用手机上网，超七成的老年人希望社会能提供手机上网培训。[1]老年群体被卷入数字化时代，逐步生发出数字学习欲望，但社会性的老年人数字化学习支援力度整体上仍不足。

总体来看，为更好地提高老年人生命质量、增强生活技能、丰富社会生活体验，老年人自身在文化娱乐活动之余，将更多的精力投入学习活动中，这些活动具有公益性、多样性、特色性和体验性的特征，即通过学习，能让老年人切实产生获得感、存在感和成就感。[2]老年人由于年龄增长造成身心状况的变化，因其记性不好、视力衰减，造成数字化学习学了易忘、难以记住，需不断反复重构。在上海这座深度老龄化且独居老人数量大的城市中，为帮助老人跨越这一阶段，更加需要家庭、社会、政府等多方参与和支持，以家庭反哺、社会支持、政策引领为方向，给予老年人数字学习全方位的支持，建设老年友好型城市和全龄包容性智慧城市，以让老年人真正实现"能用、会用、敢用、想用"数字化产品。

10.2 上海弥合数字鸿沟政策架构

10.2.1 政策基调

1. 以人为本，构建数字化转型新生态

2019年11月，习近平总书记在考察上海时首次提出"城市是人民的城市，人民城市为人民"的重要论断，要求上海不断提高社会主义现代化国际大都市治理能力和治理水平。习近平总书记指出："无论是城市规划还是城市建设，无论是新城区建设还是老城区改造，都要坚持以人民为中心，聚焦人民群众的需求，合理安排生产、生活、生态空间，走内涵式、集约型、绿色化的高质量发展路子，努力创造宜业、宜居、宜乐、宜游的良好环境，让人民有更多获得感，

---

[1] 《老年人数字适应力报告》显示8成老年人学习手机意愿强烈 [EB/OL].[2022-11-22].https://baijiahao.baidu.com/s?id=1691200857740610906&wfr=spider&for=pc.
[2] 付晓萍. 信息化视角下老年教育的发展研究 [J]. 中国成人教育，2017(01):120-122.

为人民创造更加幸福的美好生活。"[1]"人民城市人民建，人民城市为人民"这一重要理念，深刻揭示了新时代我国城市建设的宗旨、主体、重心、目标，为我国城市建设阐明了新方向。

在习近平总书记在上海首次提出"人民城市人民建，人民城市为人民"重要理念两周年之际，国家发展改革委和上海市委、市政府在沪召开人民城市建设座谈会。2021 年 11 月 23 日时任上海市委书记李强在会上指出，"要深入学习贯彻党的十九届六中全会精神，深入践行习近平总书记关于人民城市建设的重要理念，加快建设属于人民、服务人民、成就人民的美好城市，打造人民城市建设的上海样本，展现社会主义现代化国际大都市的上海形象，奋力谱写新时代'城市，让生活更美好'的新篇章。"[2]人民作为城市发展最坚实的根基，以人民为中心推进城市建设，是贯彻落实新发展理念，彰显中国共产党为人民谋幸福的初心和使命，更是上海建设高质量城市的根本遵循。

上海作为我国最大的经济中心城市和长三角地区合作交流的龙头，近年来，上海在城市的建设和发展始终坚持贯彻"人民城市"重要理念，牢牢坚持以人民为中心的发展思想，将城市建设与经济发展相辅相成、互相推进。"人民城市建设"理念为上海城市数字化转型构建了新生态发展观，强调城市数字化转型的根本是为了人民，凸显"以人为本"的价值引领，使城市发展成果得以让广大市民可感、可知、可及。在深度老龄化的现实背景下，更加凸显上海"海纳百川"的包容性城市精神，使城市通过数字化转型，让更多老年人能够实现成功地跨越"数字鸿沟"，无差别地融入城市的数字化进程中，使城市所有居民都能享受到数字化带来的便捷性和"数字红利"，提升人民的生活幸福感，从而促进社会和谐发展。

2. 需求导向，激活城市持续发展活力

上海关于数字化转型已经形成了系统的政策文件体系（表10-1）。2021 年 1 月 4 日，上海出台《关于全面推进上海城市数字化转型的意见》，确立了城市治理数字化转型的未来方向，坚持整体性转变，统筹推进城市"经济、生活、治理"全面数字化转型，为上海城市数字化转型提供了制度保障。在《上海市

---

[1] 以人民为中心推进城市建设 [EB/OL].[2022-11-22].http://theory.people.com.cn/n1/2020/0616/c40531-31747831.html.
[2] 习近平总书记人民城市重要理念提出两周年，国家发改委和上海共同召开座谈会 [EB/OL].[2022-11-22]. https://tyjr.sh.gov.cn/shtyjrswj/sjxx/20211124/e9dd59e79ba44df1b92311df424bee3f.html.

促进城市数字化转型的若干政策措施》文件中提出，到2025年，推动上海数字经济核心产业增加值进一步提高，着力形成上海城市数字化转型的制度框架体系，取得一批具有重要影响力的制度性成果，在国内外的数字规则话语权显著增强，为加快建设具有世界影响力的国际数字之都提供重要支撑。

表10-1 上海关于数字化转型政策文件汇总

时间	政策文件	内容（摘取）	资料来源
2021年1月	《关于全面推进上海城市数字化转型的意见》	要坚持整体性转变，推动"经济、生活、治理"全面数字化转型；坚持全方位赋能，构建数据驱动的数字城市基本框架；坚持革命性重塑，引导全社会共建共治共享数字城市；同时，创新工作推进机制，科学有序全面推进城市数字化转型	http://dt.sheitc.sh.gov.cn/szzc/573.jhtml
2021年8月	《推进上海经济数字化转型赋能高质量发展行动方案（2021—2023年）》	大力探索经济数字化"四量"转型示范路径，着力推动经济存量增效、增量创新、流量赋能、质量引领，打造转型发展的全新动能。到2023年，将上海打造成为世界级的创新型产业集聚区、数字经济与实体经济融合发展示范区、经济数字化转型生态建设引领区，成为数字经济国际创新合作典范之城	http://dt.sheitc.sh.gov.cn/szzc/596.jhtml
2021年8月	《推进上海生活数字化转型 构建高品质数字生活行动方案（2021—2023年）》	到2023年，市民数字素养和能力显著增强，数字生活服务感受度不断提升，重点行业通过数字化实现业务流程重塑效应逐步凸显，建成至少50个生活数字化转型标杆场景，推动上海建设成为全球数字生活的新兴技术试验场、模式创新先行区、智能体验未来城，"数智感"生活成为上海创造高品质生活的重要标志和主要支撑	http://dt.sheitc.sh.gov.cn/szzc/575.jhtml
2021年8月	《上海市促进城市数字化转型的若干政策措施》	以习近平新时代中国特色社会主义思想为指导，践行"人民城市人民建，人民城市为人民"重要理念，抢抓后疫情时代全球数字化蓬勃发展新机遇，深刻把握超大城市复杂巨系统新特征，坚持整体性转变、全方位赋能、革命性重塑，着力强化目标引领、制度供给、精准服务、统筹推进，聚焦经济、生活、治理重点领域高频急难问题，加大规则探索和先行先试，充分运用数字技术加快全流程再造，全面激发全社会各类主体的数字化转型活力和动力	https://fgw.sh.gov.cn/fgw_gfxwj/20211123/860adadd275f43d9acef0488e72b396d.html
2021年10月	《上海市全面推进城市数字化转型"十四五"规划》	到2025年，上海全面推进城市数字化转型取得显著成效，对标打造国际一流、国内领先的数字化标杆城市，基本构建起以底座、中枢、平台互联互通的城市数基，经济、生活、治理数字化"三位一体"的城市数体，政府、市场、社会"多元共治"的城市数治为主要内容的城市数字化总体架构，初步实现生产生活全局转变，数据要素全域赋能，理念规则全面重塑的城市数字化转型局面，国际数字之都建设形成基本框架，为2035年建成具有世界影响力的国际数字之都奠定坚实基础	https://www.shanghai.gov.cn/202124bgtwj/20211221/9d023714880f4ae79dc9c78fff4712d4.html

续表 10-1　上海关于数字化转型政策文件汇总

时间	政策文件	内容（摘取）	资料来源
2021年11月	《上海市数据条例》	本市以需求导向、分级分类、公平公开、安全可控、统一标准、便捷高效为原则，推动公共数据面向社会开放，并持续扩大公共数据开放范围	https://www.shanghai.gov.cn/nw12344/20211129/a1a38c3dfe8b4f8f8fcba5e79fbe9251.html
2022年1月	《推进治理数字化转型 实现高效能治理行动方案（2021—2023年）》	全面构建体现整体性转变的功能系统、支撑全方位赋能的技术框架、适配革命性重塑的治理格局，基本建成以智慧精细（Smart）、以人为本（Human-centered）、安全可靠（Guaranteed）、迭代优化（Optimized）、实战管用（Verifiable）（寓意 SH-GOV，即上海城市治理）为主要特征的现代化治理体系，为建设具有世界影响力的国际数字之都提供坚实支撑和治理保障。到2023年，上海全面推进治理数字化转型取得显著成效，初步形成引领全国的超大城市治理新模式	http://dt.sheitc.sh.gov.cn/szzc/1761.jhtml

来源：马丽华团队根据网络资料整理

上海城市数字化转型发展立足于"人民城市"的建设理念，以人民需求为导向，聚焦经济、生活、治理等重点领域及各类高频急难问题，从而全方位激发各类主体的转型活力和动力，为系统全面的数字化转型提供政策、制度保障措施，从而全面激活城市持续发展的创新活力。

10.2.2 政策框架

1. 加快实现生活数字化，享受数字红利

为了进一步全面提升生活数字化服务能力，突出"以人为本"的数字生活体验，在《推进上海生活数字化转型 构建高品质数字生活行动方案（2021—2023年）》中提出"到2023年，建成至少50个生活数字化转型标杆场景，推动上海建设成为全球数字生活的新兴技术试验场、模式创新先行区、智能体验未来城；新建电动汽车充电桩超过5万个，新建智能快件箱1.2万组；建设数字化转型示范医院30家，数字校园覆盖超过90%，数字为老一键通服务实现困难老人全覆盖，数字酒店超过1000家等"[1]。为加快实现生活数字化，让更

---

[1] 推进上海生活数字化转型 构建高品质数字生活行动方案(2021—2023年)[EB/OL].[2022-11-22].http://dt.sheitc.sh.gov.cn/szzc/575.jhtml.

多市民及全体老年人享受数字社会带来的红利,在《上海市全面推进城市数字化转型"十四五"规划》[1]中明确指出将"推动生活数字化转型,创造高品质生活"作为数字化转型发展的重点领域。为了进一步满足市民对美好生活的向往,在城市数字化生活转型中,打造更加智能便捷的数字化公共服务体系,在公共卫生、健康、教育、养老、就业、社保等各领域中融入数字化技术,以更加充分地保障基本民生,以数字化助力建设富有温度的上海。

实现生活数字化转型是践行"人民城市"理念的重要抓手,重视市民数字生活化的体验,将数字化嵌入市民切实关注的"医养教"和"文娱购行"等生活领域,让更广大的市民对于数字化生活可感、可知、可及。上海在推进生活数字化转型中重点将通过"一花""一码""一平台""一家园",让市民切实享受到数字红利。所谓"一花"喻意高品质的生活像一朵盛开的白玉兰,以"数据"为核心,以"感受度"为花瓣,以重点应用场景为花蕊,能够带动生活数字化转型,提高品质(图10-6)。"一码"即充分发挥"随申码"作为可信身份凭证的优势,以"码"为入口,打造从小孩到老人的全生命周期数字生活服务体系,面向市民形成"一码通用、全城通行"的生活图景。"一平台"即依托"一网通办"平台,涉及政务服务1500多项,"一网通办"平台已成为上

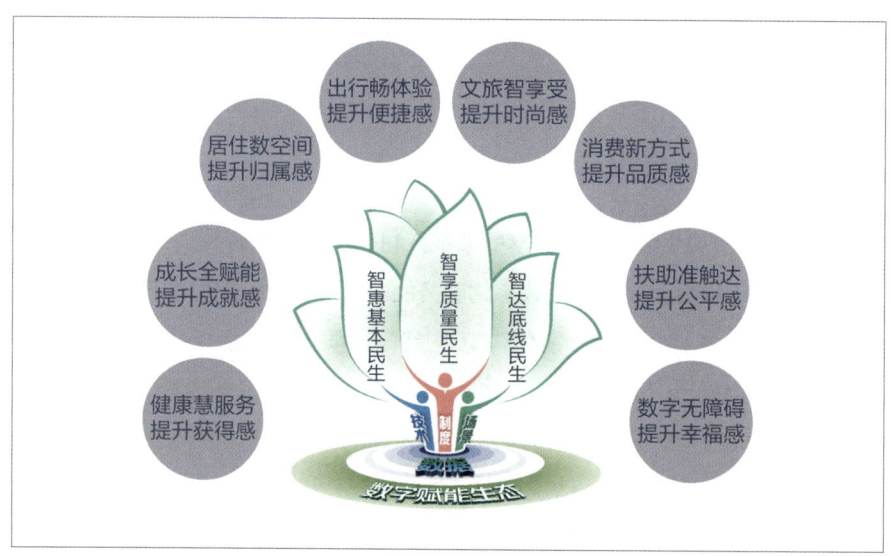

图10-6 生活数字化转型总体架构图
来源:https://mp.weixin.qq.com/s/Do1ncYD1c2e4hp0YmLlgAQ

▲ 1 上海市全面推进城市数字化转型"十四五"规划 [EB/OL].[2022-11-22].https://www.shanghai.gov.cn/nw12344/20211027/6517c7fd7b804553a37c1165f0ff6ee4.html.

海生活数字化的功能性平台。为了让数字化转型能够惠及每一位市民，上海市要推出以"数字家园，人人与共"为主题的"数字家园"的建设导引，提出了12大类数字社区生活场景的详细推进举措，如出行要通畅、就医要舒心、管理更加干净便捷、防疫更加精准等。数字家园建设已经在一些街道进行实践和探索。如长宁区北新泾街道，围绕安全、宜居、康养、生活四大需求，推出了10类应用场景和30个项目，如党建引领的15分钟社区生活圈、开发线上虚拟社区"我的社区美好生活圈"，以及"实惠圈""活动圈""办事圈"等模块，通过数字化生活把服务从小区门口、家门口延伸到屏幕前[1]。

2. 加快推进数字适老化，弥合数字鸿沟

在深度老龄化的现实背景下，以构建"老年友好型"社会为目标指引，上海在城市数字化转型中更需着重解决老年人等特殊群体"数字鸿沟"问题，以老年人多样化数字生活需求为导向，倡导各类公共服务"数字无障碍"，以面向老年人和残障人士推进相关服务的适应性改造，助力老年人实现"数字鸿沟"的跨越。在《2022年上海市全面深化"一网通办"改革工作要点》的通知中提出，进一步提升适老化和无障碍服务水平。为着力解决老年人"数字鸿沟"问题，上海重点推进政务服务"一网通办"、城市运行"一网统管"，为城市数字化转型打下了坚实基础。

依据《关于切实解决老年人运用智能技术困难的实施方案》[2]指出"要有效解决老年人在运用智能技术方面遇到的困难，让广大老年人更好地适应并融入智慧社会"，在积极响应党和国家的政策方案，为更好地保障和实现老年群体获取更周全、便捷、贴心的服务，使其更好适应并融入数字化生活中，上海进一步加强"一网通办"适老化改造，如针对"随申办"APP软件进行全面无障碍适应性改造，主要围绕老年人出行、就医、文娱、办事等高频事项和应用场景，聚焦于老年人常用的服务，为老年人进行了助老专用的"长者专版"设计。再如就医软件——"健康云"APP的适老化改造，"健康云"APP拥有高达4500万用户，其中65岁老年人多达305万，针对老年人"挂号难""操作难"等诉求，"健康云"APP为上海市民提供更周全、更贴心、更直接的适老化服

▲ 1 一花一码一平台一家园，申城数字化转型惠及民生福祉[EB/OL].[2022-11-23].https://baijiahao.baidu.com/s?id=1700915624580956779&wfr=spider&for=pc.
2 关于切实解决老年人运用智能技术困难的实施方案[EB/OL].[2022-11-22].http://www.gov.cn/zhengce/content/2020-11/24/content_5563804.htm.

务，推出了健康云"老年版"，使老年人能享受智慧医疗健康服务。进一步推进数字适老化改造，使数字化操作更加贴合老年人的操作使用需求特性，提升老年人享受数字化所带来的便利体验，切实解决老年人面临的"数字鸿沟"问题，让老年人紧跟时代发展步伐（图 10-7、图 10-8）。

图 10-7 "随申码"长者专版首页
来源："随申办"APP 界面截图

图 10-8 "健康云"长者专版首页
来源："健康云"APP 界面截图

10.3 上海弥合数字鸿沟具体方案——"数字伙伴计划"

为贯彻党中央《关于切实解决老年人运用智能技术困难实施方案的通知》《提升全民数字素养与技能行动纲要》及上海《关于全面推进上海城市数字化转型的意见》等文件精神，帮助老年人等数字弱势群体跨越"数字鸿沟"，在上海市城市数字化转型工作领导小组办公室的指导下，上海市经济和信息化委员会等政府单位联合社会组织、企业、市民志愿者共同开展上海"数字伙伴计划"项目。

"数字伙伴计划"秉持"弥合数字鸿沟，共建人民城市"的愿景与目标，积极响应数字弱势群体多样化需求，从数字设备、数字服务、数字技能三方面开展了一系列工作和行动，努力弥合"数字鸿沟"，推动实现"数字包容"，让数字化、智能化成果惠及更多群体，进而塑造一座更具温度的人民城市。

"数字伙伴计划"已在 2021 世界人工智能大会开幕式上正式发布，并入选国家发改委"第一批运用智能技术服务老年人示范案例"全国 14 个优秀案例之一。接下来将深化实践、总结经验，分类施策、梯度推进，围绕三项行动做深做透，努力打造成为上海数字化转型的核心品牌。

10.3.1 整体架构

上海"数字伙伴计划"坚持需求导向、用户思维，努力使"不让老年人等数字弱势群体掉队"成为城市数字化转型的价值追求。首先是理念的引领，秉持"弥合数字鸿沟、共建人民城市"的理念和愿景，号召全社会各界力量进行"数字反哺"，让人人都能参与，共同为解决"数字鸿沟"贡献力量。其次是多方协力、开放参与，上海"数字伙伴计划"联合政府、企业、市民、社会组织等社会各界力量共同参与；同时引入 60 岁以上的老年"数字体验官"从用户角度进行体验测评和监督落实，让改造和服务更具温度和效果。最后是系统性把握客观规律，从随行伙伴、智能伙伴、互助伙伴等方面开展行动，兼顾了数字设备、

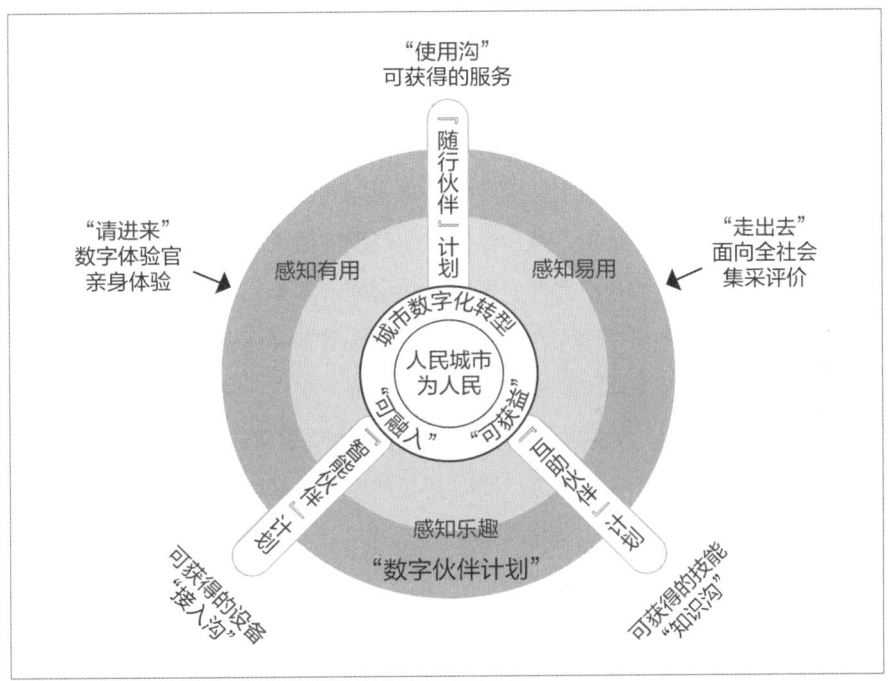

图 10-9 "数字伙伴计划"架构
来源：上海智慧城市发展研究院提供

数字服务和数字技能的主要问题。"数字伙伴计划"计划直面老年群体"数字鸿沟"中的系列问题和突出矛盾，号召、联合了一批政府部门、科研机构、技术企业和市民志愿者的共同力量，形成了一套由先进理念引领、科学方法驱动、社会广泛参与、顺应潮流趋势，并且开放式评价的系统化应对方案，其结构框架如图 10-9 所示。

现有研究表明，老年群体"数字鸿沟"主要以递进方式呈现"接入沟""使用沟""知识沟"三种不同的指向，分别对应了联合国国际电信联盟所定义的数字世界面向老龄化"数字包容"（Digital Inclusion）应囊括的可获得的数字设备、可获得的数字服务、可获得的数字技能三个层面的要求。从老年群体特质来看，因老年群体自身听觉、视觉功能的退化和认知能力的降低，导致其获取和使用信息和通信技术的能力总体不足。因此客观上，要求不断发展年龄友好智能技术，加强新媒体与智能设备的适老化设计，简化智能终端操作流程。同时，老年群体在面对新技术时的行为心理层面也不容忽视。对此，学界经典的 TAM 技术接受模型给出感知有用性、感知易用性、感知乐趣性三个核心结构与应对方向，是帮助老年人克服心理障碍、跨越"数字鸿沟"的行动关键。

新一轮科技革命与人口老龄化进程的深化交织，老年群体的"数字鸿沟"问题前所未有地凸显。在上海深入践行人民城市建设重要理念和全面推进城市数字化转型的背景下，"数字伙伴计划"的实施，无疑为深入推进人民城市建设与城市数字化转型提供了一个极佳的视角。通过这一视角我们能更好观察人民城市理念和城市数字化转型在上海这座城市中不断浸润、生发的作用过程，也能更好地向外界揭示"数字伙伴计划"之所以能够获得广泛社会赞誉的深层原因。从整体目标角度出发，源自世界卫生组织的健康老龄化定义涵盖了生活基本的需要、学习及成长的需要、保持行动便捷的需要、建立和维持关系并为社会持续作出贡献的需要四大方面。可见，迫切的社会适老化需要，广大的目标受益群体，多目标多层次的适老化要求和措施，决定了弥合数字鸿沟的相关工作——需要基于对"数字鸿沟"到"数字包容"客观规律的系统性认知和把握，需要全局性统筹部署和有序推进，同时其必然离不开基层政府、研究机构、信息技术企业、民间志愿团队、媒体及社会大众的广泛动员、广泛参与、广泛协作。

10.3.2 开展"随行伙伴"行动

在数字服务层面，以软件服务优化为抓手弥合"使用沟"，开展"随行伙伴"

行动。该行动深化政府和企业互联网应用适老化和无障碍改造，开发更多满足特殊需求、可用性强、应用便捷的 APP、公众号、小程序等各类应用。面向特殊群体多样性需求，通过多样性供给、多元化产品，吸引更多老年人、残障人士想用数字化、用好数字化，共同分享"数字红利"。

上海市经信委、民政局、残联、大数据中心四部门联合印发了《关于开展互联网应用适老化和无障碍改造的通知》，通知明确了《上海市互联网应用适老化和无障碍改造设计规范》，提出上海市 66 个政府网站、47 个政府移动端应用和 23 家企业应用开展适老化和无障碍改造任务，组织开展互联网应用适老化和信息无障碍改造专项行动，积极推进适老化智慧应用开发改造。改造应用围绕交通、医疗、金融、文娱、政务办事等老年人日常生活密切相关领域，立足老年人、残障人士的实际生活体验，设计出大屏幕、大字版、语音版、简洁版、一键达等更加有温度、个性化的适老化智慧应用（图 10-10、图 10-11）。

图 10-10　政务类 APP 适老化改造案例
来源：上海智慧城市发展研究院提供

图 10-11　企业端 APP 适老化改造案例
来源：上海智慧城市发展研究院提供

上海首批 66 个政府网站、47 个政府移动端应用和 23 家企业应用已实现了 100% 适老化和无障碍改造，截至 2021 年 11 月底，已通过国家评测并获取标识的互联网应用 81 个（56 个网站、25 个 APP），工信部要求的 16 个上海应用已 100% 通过测评。按照《关于开展互联网应用适老化和无障碍技术评测及用户体验评价工作的通知》相关要求，持续开展市民用户体验评价工作，用户体验评测工作主要邀请本市老年人数字体验官和盲人数字体验官进行，以"线上评测（因疫情等原因，线上测评为主）+ 线下评测"相结合的方式展开。截至 2022 年底底，共完成 127 个应用的线上体验测评，9 个应用的线下体验测评。同时，根据工信部要求对纳入工信部测评范围（包括上海推优的）16 个上海市移动端应用（14 个政府移动端应用、2 个企业移动端应用）展开了 2 批用户体验测评工作，目前除"中国移动上海"外其余 15 个应用已全部通过国家测评。

10.3.3 开展"智能伙伴"行动

在数字设备层面，以硬件设施升级为重点弥合"接入沟"，开展"智能伙伴"行动。倡导设备厂商研发更多适老化产品，让智能设备更智慧，为老年人等数字弱势群体等提供可触、可感、可及的个性化产品服务，从而叠加政府公信力和市场商业推广二者优势，打造健康商业生态与造血机制，形成内生驱动的良性循环。

"智能伙伴"行动主要是指"为老服务一键通"重点场景建设（图 10-12）。根据场景建设总体目标，按照全面重塑流程、全程业务协同、全链数据联动的要求，先期开展一键就医全程无忧、一键订车温暖出行、一键咨询政策通晓、一键紧急救援等服务。老年人可通过一键通电话机（在电话机上用醒目字体标注服务名称）、智能手机（APP、小程序）、电视机（遥控器简易操作）以及便携终端等多种方式，一键联系各区的呼叫中心，由呼叫中心对接相应服务资源，实现一键呼叫、简易操作、直达需求的服务模式。先期拟推动五个场景，后续结合试点情况，拟探索开展慢病续方配药、陪诊出行、特殊用车、政策找人等场景建设，未来还可陆续拓展到维修、买菜、购物等生活场景。同时，拟在长宁、静安、普陀、松江等基础条件较好的区内部分街镇开展试点。试点先重点面向低保低收入等经济困难的高龄独居老年人，探索形成较为成熟的运营模式。同时向全市老年人推广市场化服务，并逐步增加"一键通"服务内容。

目前，"为老服务一键通"已在长宁、静安、普陀、松江等区内部分街镇

图 10-12　部分"为老服务一键通"设备
来源：上海智慧城市发展研究院提供

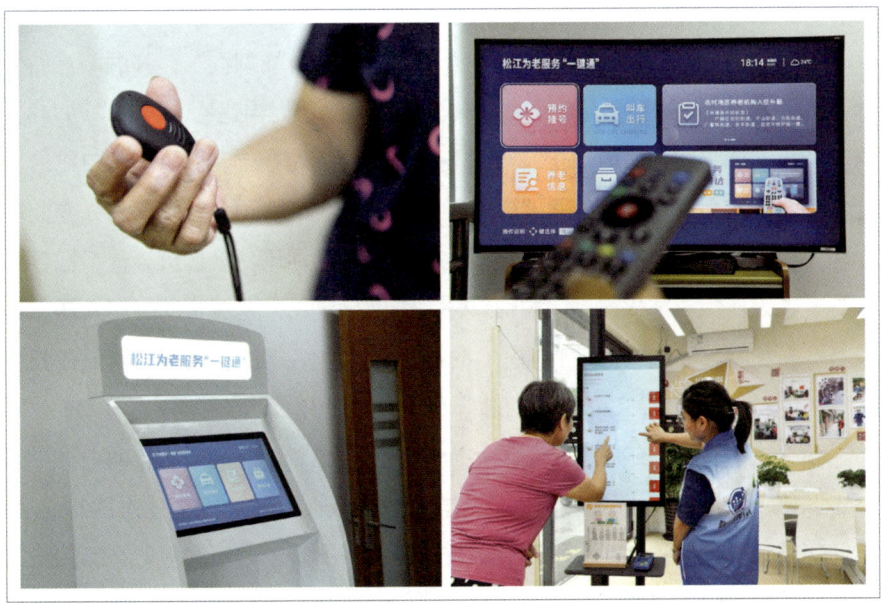

图 10-13　老年人使用"为老服务一键通"场景
来源：上海智慧城市发展研究院提供

开展试点（图 10-13）。如松江区"为老服务一键通"平台（依托上海仪电数字技术股份有限公司），先后开发了电视端（依托东方有线）和自助终端，于 2021 年 7 月 1 日初步上线。其中"一键预约挂号"与区卫健委对接，通过电视端、电话端、自助终端，实现区级医院和社区服务中心预约挂号；"一键打车"与区交通委对接,实现车辆一键叫车功能;"一键救援"通过电视机遥控器、电话机,依托现有为老服务平台,实现紧急救援;"一键政策咨询"实现为老服务政策一键查询。通过电视端完成政策精准推送,实现政策找人、数据找人。再如长宁区"为老服务一键通"场景,老人通过"一键通"终端,能够一键联系区呼叫平台,通过对接健康云、申城出行等市级挂号、打车服务平台,为老人提供包括一键救援、一键预约挂号、一键叫车、一键政策咨询等各类服务,切实解决老人在日常生活中所遇到的各类问题,实现养老服务数字化转型工作中的"适老化改造"。目前,在江苏路街道试点发放终端 300 台,试点以来提供一键叫车服务 88 次,预约挂号服务 40 次。为丰富场景应用,还在仙霞街道和虹桥街道分别探索建立智能化社区综合为老服务中心和全市首家社区 AI 食堂。

10.3.4 开展"互助伙伴"行动

在数字技能层面,以数字技能提升为特色弥合"知识沟",开展"互助伙伴"行动。重点做好数字化应用的宣传培训普及,着力构建社区"信息助力员"服务队伍,加强助力员信息化综合服务能力建设,为老年人提供家门口的信息化培训。支持上海智慧城市发展研究院等相关社会机构和公益组织引入专业技术服务资源,开设针对老年人的数字化产品使用培训班、兴趣班等,手把手地指导老年人使用数字化产品。鼓励年轻人特别是子女,要多帮助老年人熟悉新设备、新技术,实现"数字反哺"。选拔一批老年人"数字体验官",在老年人群体中树立意见领袖,发挥"红人"的力量和作用(图 10-14)。

依托上海老年大学等首批"数字为老培训基地"和首批"信息助力员"志愿者队伍,积极在各区各街道开展各类适老化培训;组织"数字体验官"志愿者队伍陆续走进各互联网应用改造单位进行调研体验,对为老服务产品和服务进行体验评测;开辟线下服务"微站点",拟在全市银行网点、运营商营业厅等场所布局 300 个"微站点",方便老人随问随答,享受"家门口的服务",努力帮助更多老年成为数字时代的"新用户"(图 10-15)。

项目招募、培训从上海发布、上海志愿者网以及内部团体等形式报名的市民、离退休干部、企业、社会组织等志愿者,完成上岗培训的志愿者可深入社区网点为老年人、残障人士等特殊人群提供面对面、手把手答疑帮办服务。截至 2021 年 11 月初,全市共开展为老助残服务活动 700 余场,服务时长 5 千多

图 10-14　上海推出数字为老"信息助力员""数字体验官"志愿服务项目
来源：上海智慧城市发展研究院提供

图 10-15　"数字伙伴计划·信息助力员"上岗培训
来源：上海智慧城市发展研究院提供

小时，帮助老年人 4 万余人次。首批 1200 多名"信息助力员"志愿者上岗培训已全部完成，并已对接到各区老年大学、东方社区信息苑、运营商网点等为老年人运用智能技术提供面对面、手把手的咨询和帮办服务，帮助在智能技术和产品使用上困难的老年人,学会常用智能化应用服务,如出示健康码、线上聊天、线上打车、线上支付、网络就医等。首批招募的600多名60岁以上能懂网、会上网的"数字体验官",作为数字化应用"啄木鸟",已深入上海市大数据中心(随申办)、支付宝、世界人工智能大会等互联网应用企业和场景进行了各类智能化设备、应用软件和数字化相关场景等进行调研体验,对老年人常用的智能应用和场景提出改进意见和建议,助力适老化无障碍应用改造和各类数字化场景建设(图10-16)。

同时,认定上海老年大学、浦东图书馆等7家单位作为首批"数字伙伴计划·上海市数字为老培训基地",积极开展各类适老化培训,努力帮助更多老年人成为数字时代的"新用户"。由上海市城市数字化转型工作领导小组办公室、上海市老年教育工作小组办公室指导主编的《数字伙伴计划·如何使用智能手机》(1.0版)学习手册,除了基础的下载软件、设置 Wi-Fi 网络、出示随申码、网上预约挂号、线上打车外,还包括如何使用各类政务和互联网企业应用及智能设备的教程,通过"上海发布"面向社会提供电子版下载渠道方便老人们反复观看学习,同时鼓励年轻人特别是子女在家教学,实现"数字反哺"。

图 10-16　信息助力员工作场景
来源:上海智慧城市发展研究院提供

10.4 上海弥合数字鸿沟行动实施成效

上海主动对标国家要求，提出在数字化转型中着力解决"数字鸿沟"问题，倡导各类公共服务"数字无障碍"，本着"一个都不能少"的数字化转型目标，启动了"数字伙伴计划"，从改造互联网应用、建设"一键通"场景、线上线下培训等方面入手，努力让每个人都能享受数字化成果带来的便利。上海弥合数字鸿沟的实施过程注重以人为本、科学布局、基础先行、渐进调试，虽然时间不长但取得了较大成效。

10.4.1 多元共治格局初步形成

"数字伙伴计划"是助力上海老年人跨越"数字鸿沟"的重要抓手，上海坚持依照规律办事，直面老年人智能技术使用的实际困难，分析、研究老年人的特征，科学地开展工作，集中进行了弥合老年人数字鸿沟的综合探索，确保了政策的畅通和全场景的互联互通，达成了预期的目标。

"数字伙伴计划"不是某一个单位或企业在行动，而是结合多方社会力量而形成合作机制，由整个市数字化牵头，联合政府、企业、市民、社会组织等社会各界力量共同参与。在数字化建设和弥合数字鸿沟的过程中，形成了"社－科－企－民"常态化合作伙伴关系，构筑起顺畅的联动协调机制。上海人口规模与流动性的双重增加，使得弥合数字鸿沟的推进要面对不同主体多样化的利益诉求，涉及部门多，需要统筹行政管理资源和社会资源，以解决不同部门职能界限问题。在上海人口多元化和城市环境复杂化的当下，要激发社会力量参与的积极性，使弥合数字鸿沟行动突破时空界限，基于"权利"意识的多主体自我管理有助于"公共意志"的形成。如智慧养老应用场景的案例，为了让更多老年人意识到自己有共享信息社会发展成果、通过更多途径获取社会信息的权利，建立了区、街道及养老机构三级联动的"智慧养老"一体化综合服务管理信息平台。

数字伙伴计划中的合作力量包括社会组织、科研院所、互联网企业、市民志愿者等。其中社会组织中参与最为活跃的有上海智慧城市发展研究院、浦东图书馆、蓝马甲、上海市信息服务业行业协会、上海市科技助老服务中心、上海市养老服务行业协会、各区文明实践中心等；科研院所中有复旦大学智慧城市研究中心、华东师范大学上海终身教育研究院、上海老年大学、上海市老干部大学院等；企业中的上海电信、上海联通、上海移动、中国银行、工商银行、支付宝、美团、达达 - 京东到家、喜马拉雅、盒马鲜生等都以不同的方式参与到数字伙伴计划中；市民志愿者中包括信息助力员和老年"数字体验官"等。高品质、高科技社会力量的参与，不仅打造了几近真实的数字应用场景，还能不断引进和更新信息化、智能化设施设备，创建数字化环境，融合技术渠道，助益弥合老年数字鸿沟。

这种坚持系统思维的合作机制，既立足城市数字化转型，也主动反哺城市发展，让老年人智能技术学习保持可持续发展状态。数字伙伴计划中注重积极将优质数字资源进行辐射，并发挥示范引领作用，带动、帮助全市乃至全国开展数字化建设。所开展的各类适老化培训和志愿服务队伍建设，也切实发挥了数字为老标杆示范作用，帮助了更多老年人成为数字时代的"新用户"，进而让智能技术有效助力了弥合老年"数字鸿沟"。

10.4.2 数字服务形态创新发展

数字伙伴计划中创新了数字体验方式，通过网格化的手段和互助共学的方式，依托上海老年大学等建设了首批"数字为老培训基地"，培育了首批"信息助力员"志愿者队伍，积极在各区各街道开展各类适老化培训；组织"数字体验官"志愿者队伍陆续走进各互联网应用改造单位进行调研体验，对为老服务产品和服务进行体验评测，以实际感受为考量，从发现支撑、监测监督到落实完善三个维度助力应用场景建设，让数字化真正提升市民体验；开辟线下服务"微站点"。

为了深入践行"人民城市人民建，人民城市为人民"重要理念，贯彻落实市委、市政府《上海市全面推进城市数字化转型"十四五"规划》中关于开展应用场景"市民体验评价"，持续推动城市数字化转型应用场景迭代升级的重要工作要求，在上海市城市数字化转型工作领导小组办公室指导下，启动"数字体验官"工作，组织广大市民开展各类场景体验评价活动。为了彰显体验官队伍的代表性、专业性和权威性，"数字体验官"志愿者队伍包括数字化转型领域专家、老年市民、残障人士、企业代表等。通过全市线上线下体验测评活动，体验官针对适老化无障碍改造以及日常生活中遇到的数字化场景，如体验"随申办"长者专版移动端的"数字体验官"，认为用户界面简单明了，让用户使用起来轻松、直接和便捷；也有"数字体验官"认为"随申办"无障碍改造已经取得长足进展，五项主要栏目已经能相当完整地展现在视力残障人士面前，利用手机读屏软件，盲人也能像普通人一样方便地运用；随申办"长者专版"中的"老年教育"栏目，让老年人能方便地看到全市所有的课程，也能让他们足不出户就能选择到心仪的课程。这些数字化转型应用场景体验评价活动的开展，逐步形成了市民评价建议动态反馈机制，不断推动应用场景优化完善。

"微站点"的建设联动了各单位空间资源筹建，为老年人提供面对面、手把手答疑帮办服务，方便更多老年人享受"家门口"的服务，努力帮助更多老年人成为数字时代的"新用户"。首批已收到来自8家单位上报的共计157个有效站点信息，包含中国银行银行网点、东方有线营业厅、上海移动营业厅、上海联通营业厅、上海电信营业厅、浦东图书馆、支付宝S空间、闵行区江川

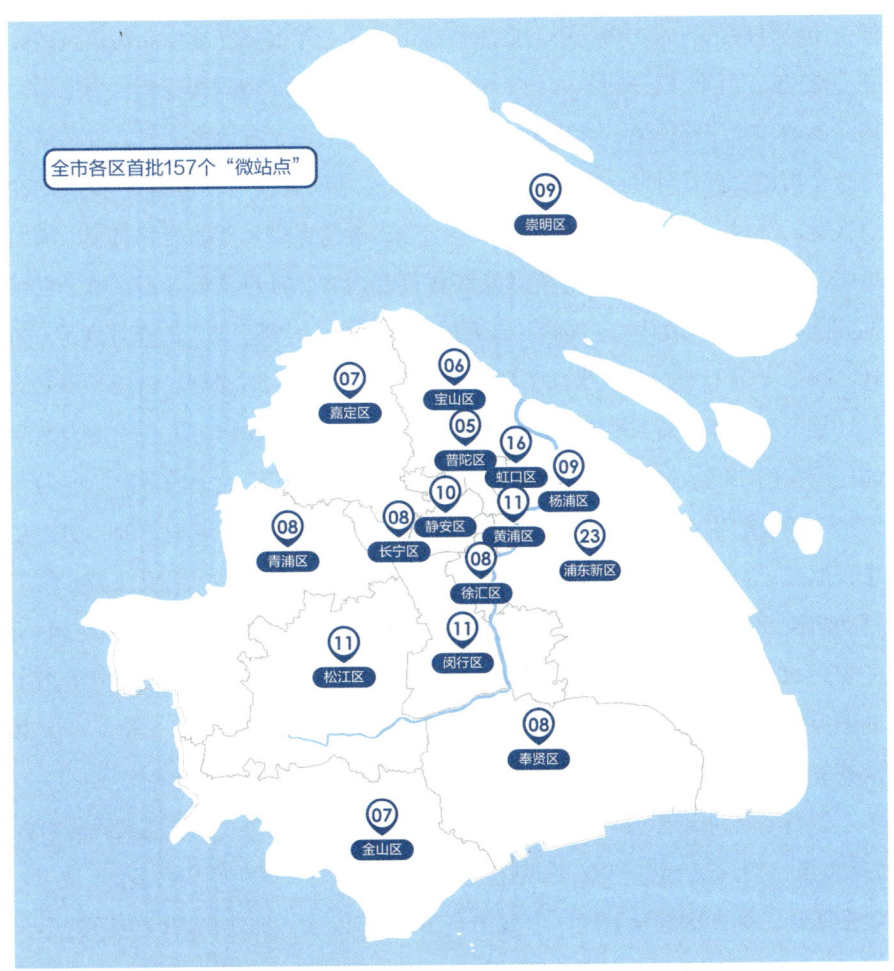

图10-17　"数字伙伴计划中"首批"微站点"定位图
来源：上海智慧城市发展研究院提供

路街道办事处。首批"微站点"定位导航信息已在高德地图、百度地图 APP 上线。市民通过地图搜索"数字伙伴计划·微站点"即可找到站点位置和信息（图 10-17）。

10.4.3 数字抗疫治理功能凸显

上海作为一个拥有 2400 余万人口的超大城市，具有人口多、流量大、功能密的特点，大数据、云计算、人工智能等数字技术在上海精准防疫中占据了重要的一席之地，为如何建好智慧城市、如何利用前沿数字技术管理好一座超级都市，提供了一个现实样本。疫情期间，为帮助解决本市高龄独居老年人的生活物资保障问题，"数字伙伴计划"联合相关单位开展助老保供专项行动，通过电话外呼的方式，帮助不会使用智能手机的老年群体完成生活物资代购。在 2022 年 4 月 18 日—5 月 31 日的专项行动开展期间，覆盖曹杨新村街道、北新泾街道、新华路街道、彭浦新村街道、临汾路街道、友谊路街道、甘泉路街道 7 个街道，累计外呼 23 600 余户独居老人，帮助老人完成超 1600 批次的物资代购。针对老人的多样化需求，加强前端外呼与保供企业的信息对接，增加牛奶、成人纸尿裤等套餐，不断优化保供商品内容；针对老年人不会电子支付的问题，承担好代收代付，缓解了老人的数字焦虑，得到了老人的充分肯定（图 10-18）。数字伙伴，不仅带来了精神希望，更带来了物质实物。依托"数字伙伴计划"，上海市商务委积极促成街道与保供企业"定向结对"——由大型商超送到家门口的组合套餐，平价质优、品种丰富，让"舌尖上的幸福"成为老人津津乐道的生活美事。借助"数字帮手"，社区服务办、老龄干部、居委会块长以及"老伙伴"志愿者的敲门入户，变得更加精准到位，细致入微。数字行动的执行效能，离不开脚踏实地的一线工作者，围绕落实"数字伙伴计划"，一支由 20 余名区级机关下沉干部和街道机关干部组成的志愿者队伍担负起了助老保供物资送货上门、收取货款的重任，成了这个特殊"春天"里，广大群众的信心之源，是这群可敬的社区志愿者扛起了责任、坚守了使命。

以曹杨新村街道的"数字伙伴助老保供"专项行动为例，总结其经验可以归纳为以下四个方面：一是"一网通办""一网统管"两张网集合多部门数据，实现防疫工作的精细化管理。上海市自 2020 年以来，加快推进政务服务"一网通办"和城市运行"一网统管"建设，依托上海市大数据资源平台，汇聚国家及上海市公共管理机构数据，打通来自卫健、公安、交通、运营商、航空、

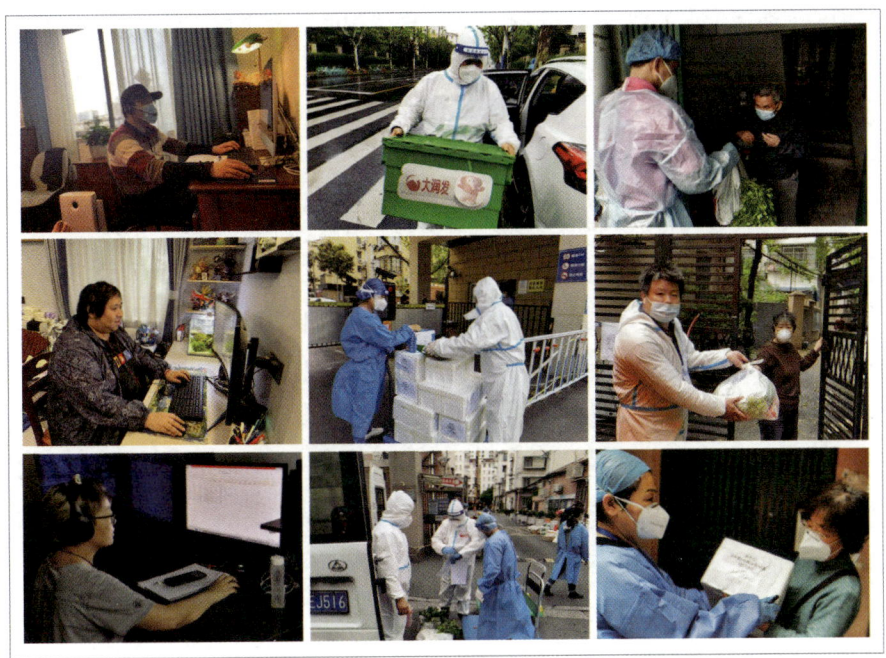

图 10-18 "数字伙伴计划"中的抗疫行动
来源：上海智慧城市发展研究院提供

铁路以及互联网公司等机构信息壁垒，实现数据联动。其中，政务服务"一网通办"在疫情期间通过个性化主页发布的疫情防控、企业复工复产政策、公告及服务内容，为居民和企业精准推送疫情相关实时信息。城市运行"一网统管"可随时监控重点人员的分布，包括街道确诊、疑似、密切接触、居家观察和解除观察人员的数据更新，居民楼、楼宇、园区的"地毯式人员排摸"情况，物业、垃圾箱房、电子防盗门、消毒站的"地毯式消毒"情况，以及口罩购买发放、重点人员健康状况、小区封闭式管理、小型工地、沿街商铺、养老机构等所有街道近期与疫情有关的重点工作。汇聚了这些数据后，实时动态更新疫情发展，精准研判，帮助防疫部门在第一时间锁定涉疫风险地区和人群，从而使防控工作更加精确。

二是大数据模型分析助力医疗资源调配，实现治理力量和资源的快速整合。上海市通过大数据、人工智能、云计算等数字技术助力，将原本靠经验判断的工作向数据分析转变，通过汇集检测机构服务能力、地理位置、医护人员数量等数据，搭建模型开展检测机构检测能力和承担任务量、检测质量评估，为全盘统筹和科学调度医疗资源提供支撑，节约了大量的人力物力，保证了大规模集中核酸检测工作的有序开展。如在 2021 年 10 月 31 日晚迪士尼闭园核酸检测中，上海通过大数据系统，精确核算出现场需要多少检测人员能进行更有序的检测工作。同时，在上海健康云 APP 和小程序上快速上线迪士尼乐园核酸检测预约模块，线下设置实体采样点，线上线下一体联动，助力迪士尼快速完成了核酸检测任务，确保了"高效处置一件事"。

　　三是人工智能科技企业持续创新，全方位保障抗疫进程。在疫情排查环节，上海交通大学电子信息与电气工程学院联合苏州思必驰信息科技有限公司，开发了"疫情防控机器人"，依托语音识别、合成、理解和对话管理等人工智能技术，结合新研发的疫情排查对话逻辑和话术，机器人根据设定向社区居民主动宣教疫情防控知识，大大减轻基层工作的负担。在新冠毒感染患者诊治环节，上海依图网络科技有限公司联合上海市公共卫生临床中心开发上线了行业内首款新冠毒感染智能评价的 AI 影像产品，在 2—3 秒内完成肺炎筛查、定量评价，在图像生成的第一时间提示受检者肺内是否有疑似肺炎，从而提醒医生提早关注，让整个肺炎的筛查时间窗口前移。在日常防疫环节，上海市将卡赫 AI 智能清洁机器人于春运首日加入上海虹桥高铁枢纽一线清洁队伍中，通过识别环境自主避开障碍物，做到一边清扫一边消毒，凭借其无人驾驶技术和智能识别技术，有效减少人员之间的接触频次，降低了清洁工作者和往来旅客的感染风险，上海虹桥站的预防性消毒体系得到进一步完善。

　　四是打好数字经济发展"组合拳"，着力营造产业发展新生态。从 2019 年开始，上海市被认定为全国首个人工智能先导区和人工智能试验区所在地，一直坚持将人工智能作为优先发展战略，这些前期的积累使得新经济领域的应用在疫情中得到快速发展，智能制造工厂、AI 影像产品、云办公、生鲜电商等人工智能、在线新经济相关产业在疫情的场景下呈现爆发式增长，涌现了深兰科技、联影医疗、松鼠课堂等独角兽新物种企业，产业数字化发展领先全国。2020 年，上海市先后制定了《促进在线新经济发展行动方案（2020—2022 年）》《上海加快发展数字经济推动实体经济高质量发展的实施意见》《上海市促进城市数字化转型的若干政策措施》等政策文件，从顶层设计层面为数字经济发展保驾护航。2021 年，上海市成立了上海数据交易所，在数据合规、数据确权等方面保证数据资产化进程，更大程度释放数据的要素价值，进一步驱动数字经济与实体经济的深度融合，重塑数字经济产业发展格局。[1]

▲　1　从数字化视角看上海防疫抗疫精准施策 [EB/OL].[2022-11-22].https://mp.weixin.qq.com/s/xeARrdXifs55uL8lsa2KzQ.

未来，上海市仍将聚力抓好城市精细化管理，以数字化、智能化手段保障居民的生产生活安全，构筑智慧城市安全常态化管控和应急保障体系，加强数字经济相关顶层设计，筑牢超大城市安全底线的各项工作值得各大城市积极探索和学习。

10.4.4 老年数字生活能力提升

《教育部等九部门关于进一步推进社区教育发展的建议》提出积极建设数字化学习共同体有利于形成良好的数字化学习圈。数字伙伴计划的实施提升了构建了数字终身学习的平台，有效提升了老年人的数字化生活能力。

首先，营造了老年人数字化学习的友好氛围和环境。数字伙伴计划在平台和机构力量方面给予了老年群体有力的支持和保障，如数字化助老志愿者的培训，数字化设备和智能终端的适老化改造等，为老年人扫清了数字化学习路上的"拦路虎"，特别是在老年人数字化学习"接入"阶段，充分发挥了社区的技术指导和情感支撑，最大限度地提高了社区的效率，加强了同辈间的交流和友谊，缓解了老年人数字化学习的焦虑，弥补了公共服务的不足。如，截至2022年1月19日，数字伙伴计划共计开展线上及线下体验评测活动58场，覆盖浦东、静安、徐汇、长宁、黄浦、普陀、杨浦、宝山、闵行、嘉定10个行政区，涉及数字社区、就医、民生保障、为老服务一键通、数字酒店、数字商圈、出行7类生活数字化转型场景，以及在线新经济、数字助老服务等典型场景。活动约400人次参与，参与者平均年龄在65.2岁，最高年龄77岁。每期调研体验后，组织体验官为进一步优化场景流程设计等建言献策，共计收到80余条有效反馈。这些老年志愿者组成的"数字体验官"走进多个街道考察大数据赋能基层管理活动，在很大程度上助力了老年人数字化生活和数字化学习场景质量的提升。

其次，建立了老年人与数字化世界的连接。数字伙伴计划通过培育数字化助老志愿者、数字微站点等，构建了老年人数字化生存共同体，在老年人的数字化生活中建立起无数的"节点"，帮助不同水平的老年人在数字生活和学习环境中快速识别、迅速解决问题，能够有效建立起老年群体数字化的归属感，对于老年人数字化能力对提升来说是一个很重要的抓手。如，通过聚焦和发动社会力量，号召"人人参与助力弥合数字鸿沟"，组建的友爱耐心、专业的"信息助力员"志愿服务队伍，开展了多层次的全市数字助老服务。

最后，保障了系统性对数字化资源供给。老年人数字化生活能力具有多元化和差异化，对于老年人数字化能力的发展来说，数字化的接入是重要的先决条件；对于那些具备数字化工具并且在家中接入网络的老年群体，后期的消耗、运行和维护成本也都是重要的问题。社－科－企－民的伙伴关系网络对于共同助力老年人攻克数字化学习中存在的困难，提供系统性对资源供给具有重要意义。

10.4.5 数字适老改造初见成效

数字伙伴计划聚焦老年人通信、出行、购物、娱乐等高频场景，针对老年人在上网过程中遇到的看不懂、操作难等问题，围绕智能应用与终端产品发力，聚焦老年人通信、出行、购物、娱乐等高频场景，为他们提供了更直接、更周全、更贴心的智能服务，如具备防老年人走失、防网络诈骗等功能的应用，视觉、听觉等方面的适老化升级优化等，为他们提供更直接、更周全、更贴心的智能服务，如让老人触网无障碍，让失去一部分体能、智能的老人不再数字失能。生活中经常会发现很多这样的场景，不少老人已经是数字世界的边缘人，而数字化生活场景增多更增加了他们的生活难度。

如上海田林街道为了有效发挥数据的作用，以社区居民切身感受为考量，推动融合普惠的数字生活应用场景的打造。一张门禁卡叠加了社区进出的门禁、垃圾分类箱房的开门功能、绿色账户积分功能、电梯的"梯控"功能、体温记录功能、实时反映健康码等功能。这种物尽其用的朴实做法，也沿用到了解决居民最为关注的飞线充电、电瓶车进电梯、消防通道占用等问题。此前传统解决方案"自上而下"，即问题被居民发现后，致电"12345"热线并产生工单，工单从市级转至区级，再转交街道网格中心专人处置，这一流程用时约一周。如今，田林街道巧借徐汇区城运中心监控视频流的"30路并发"，叠加算法进行实时分析，一旦监控到消防通道被占用超过5分钟，即触发区城运中心自动派单至街道网格队伍，"格中人"即赴现场处置，从"自主发现"到完成处置和评价的闭环，前后不过半小时。而且，由于高效处置，居民或访客愈发自觉地规避再犯，而今占用消防通道的相关工单已从过去每月80余单缩减至不超过10单。[1] 再如，上海长宁区江苏路街道首批开展"为老服务一键通"试点，于2021年6月初向试点对象发放300台一键通试点终端，5个月时间内已接受

---

1 李晔."耳聪目明"之余更需"人数协同"[N].解放日报，2021-12-09.

服务需求858次。上海相关运营商积极开展的"为老服务一键通"硬件产品研发设计和推广应用，作为2021年11个数字生活标杆应用之一，先期开展了"一键"就医、订车、政策咨询、紧急救援等高频急难场景，推动数据开放共享、业务流程再造、线上线下联动，使得老年人只需通过传统电话机、电视机、自助服务机、便携式终端等最常见的设备，一键联系各区的呼叫中心，由呼叫中心对接相应服务资源，实现一键呼叫、简易操作、直达需求的服务模式。

数字技术适老化包括两方面含义：一是消除数字鸿沟，信息平等，让老年人能够平等、方便、安全地使用数字技术产品和服务；二是数字技术赋能老年人，也就是利用物联网、大数据、云计算、人工智能等新一代信息技术解决老年人的生活、健康及养老问题。因此，推进数字适老化不仅是应对人口老龄化等问题的迫切需要，可以扫清老年人信息消费的客观障碍，充分释放内需，也是补齐民生短板的重要举措。数字适老化的目的是要让老年人敢触网、善用网、享受智慧便利服务。让老年人在数字化浪潮中有更多获得感、幸福感、安全感。未来信息技术在声音控制、肢体控制、语音识别、语音合成等方面将会推进数字技术适老化向更多行业延伸；互联网应用适老化普及率持续提升，终端产品的供给也在加速扩大。智慧助老的意识已经深入人心，公众对此的认知和接受也不断提升，通过全社会的帮助，老年人的数字技能水平也在显著提高，更多的老年人开始愿意接受和学习新技术、新技能。

10.5 上海弥合数字鸿沟行动未来展望

上海的案例展示了一个地区如何充分运用先进理念与科学方法，凝聚政府部门、科研机构、技术企业和市民志愿者的共同力量，针对老年群体遭遇"数字鸿沟"所面临的系列问题和突出矛盾进行系统性的显著改善和有效化解。上海的案例以先进理念为引领、科学方法为驱动，吸纳各方参与、顺应潮流趋势、开放社会评价，全面呈现了本书前述各章内容，对全面理解本书相关内容提供了综合案例，非常值得进行研究和探讨。

具体来说，未来上海也将从以下几个方面持续完善弥合数字鸿沟行动。

10.5.1 落实数字为老服务，实现全民畅享数字新生活

上海城市数字化转型始终践行"人民城市为人民"的建设理念，坚持整体

性转变、全方位赋能、革命性重塑,统筹推进城市经济、生活、治理全面数字化转型。在未来发展中,进一步实现以城市为主场、市民为主人,始终围绕着人民圈子最迫切的需求,着力打造需求精准,切实提升人民生活幸福指数的数字生活新图景。在生活数字化转型中致力于实现"八新"的转型,为提高市民生活品质提高强大支撑。具体包含如健康新服务将推动智能院内导航、智能健康随访、智能分诊等应用,成长新空间将构建数字孪生校园、虚拟走班、个性作业、沉浸式家校互动等场景,出行新方式将实现停车预约"一张图"、公交出行"一块屏"、三码整合"一秒过"等"六个一",此外还将推动打造居住新家园、文旅新风尚、消费新体验、扶助新模式、数字无障碍新环境。

切实回应上海深度老龄化的社会背景,上海城市数字化转型的未来发展将始终立足于现实背景,进一步落实数字为老,政府和行业需进一步充分重视银发族参与城市数字化转型的价值和困难,立足于"以人为本",主动做好关键场景、主要业务数字化转型的适老化政策设计和规划,引导行业开展相应的技术研发和应用,从用户端开发适老型产品和服务,未来,城市"数字为老一键通"服务将实现困难老人全覆盖。同时,为了满足市民对美好生活的向往,将进一步打造智能便捷的数字化公共服务体系,加强政府、企业、社会等各类信息系统的业务协同、数据联动;各方力量加强合作,互联互通,着力解决"数字鸿沟"问题,致力于实现各类公共服务"数字无障碍",并面向老年人和残障人士推进相关服务的适应性改造,真正实现全民畅享数字生活,提升城市人民生活幸福指数,为城市建设和发展奠定良好的人民群众基础。

10.5.2 激发多元主体活力,营造城市转型发展新生态

为积极落实"人民城市人民建"的发展理念,上海城市数字化转型发展中,将进一步加强组织推进,建立包容审慎的政策法规体系,搭建以政府、市场、社会"多元共治"的城市数治为主要内容的城市数字化总体架构。数字化将带动社会治理新模式。在城市数字化转型中,围绕社会治理,提出数字化治理转型的"五新",具体包含围绕政务服务新体系、城市运行新韧性、经济监管新能效、社会治理新成效、智慧政法新应用,加快把制度优势转化为治理效能。此外,在数字时代下的城市转型发展,更凸显人民的作用,强调将进一步给予城市人民更多的权利,个人依托社交媒体、网络平台等信息渠道,提高市民个体探讨公共事务、参与社会治理的自觉性、自主性,互联网成为创新社会治理,激发共治共享的平台，政府、企业、社会组织和个人协同共治模式更加凸显其重要性。

同时，在《上海市全面推进城市数字化转型"十四五"规划》中，强调将进一步完善公共数据开发利用平台，探索实施公共数据授权运营、收益共享，以数据"可用不可见"为前提，建立第三方多元主体对公共数据开发利用机制。将进一步充分发挥市场作用，助推企业实施数字化转型发展，大力鼓励行业协会、公共服务平台等第三方机构开展共创共建，吸引投融资等专业机构参与，组织数字化转型项目路演、创新大赛、供需对接会等活动。在上海城市数字化转型发展的未来发展方向上，需营造多元主体竞相参与的氛围，深化产教融合、产融结合，初步实现生产生活全局转变，数据要素全域赋能，形成城市各类主体共同发展的繁荣生态，营造城市数字化转型发展新生态，为2035年建成具有世界影响力的国际数字之都奠定坚实基础。

10.5.3 完善常态工作机制，保障数字伙伴计划新发展

一是继续以软件服务优化为抓手弥合"使用沟"，开展随行伙伴行动。具体而言，一方面将继续针对已通过改造评测的互联网应用，开展常态化用户评测工作，持续跟进内容更新和功能完善。另一方面要扩大互联网应用改造范围，重点推动与老年人等数字弱势群体日常生活密切相关的互联网应用主动进行适老化改造，在全市范围内创建有温度、无障碍的互联网应用建设环境。

二是以硬件设施升级为重点弥合"接入沟"，开展智能伙伴行动。持续完善"为老服务一键通"场景建设，探索拓展场景的试点范围，逐步扩展场景接入服务和服务人群，推进"为老服务一键通"设备在全市范围试点。同时，扩大一键通设备的范围，推动各类家庭覆盖面较大的智能设备如天猫精灵、百度小度等居家语音设备和百视通IPTV等电视大屏中接入一键通服务，激励更多厂商为数字弱势群体提供可触、可感、可及的智能产品。

三是以数字素养培育为特色弥合"能力沟"，开展互助伙伴行动。在已有信息志愿服务队伍的基础上，将继续扩大助老志愿者队伍规模，拓展以街镇社区为单位的志愿者队伍。可初步选定若干合作街道，定向招募助老志愿者，开展志愿者上岗培训、输送标准化的数字助老服务模式，并注入资源丰富社区数字助老内容。同时，需进一步加强"信息助力员"志愿者队伍的体系化、数字化管理，开发项目信息化平台。助老志愿活动仍旧依托线下表格、微信群等传

统方式开展，下一步可探索建立线下＋小程序等数字化平台，通过数字化手段高效管理志愿者队伍和日常活动，记录服务时长。同时，与上海志愿者网等双向打通，方便志愿者注册登录、享受保险服务等。

四是根据功能定位不同，"数字伙伴计划·微站点"实行分级建设、管理机制。一级站点需以答疑帮办等服务形式，助力解决重点人群数字应用操作困难；二级站点需以数字技能培训等形式，助力消除重点人群数字技能学习门槛；三级站点需设立数字产品体验区域，助力拓宽重点人群触达智能产品的渠道。"微站点"共建工作从场地条件与配套、信息展示完整度与质量、服务常态化程度与质量、特色建设与资源联动、站点数据与成果五个维度，规范了不同等级站点工作内容和要求，并通过"上海数字伙伴计划"官方小程序信息管理后台进行各站点工作数据管理，辅助站点监督监管工作。

五是开展各类"数字伙伴计划"特色品牌活动，营造人人助力跨越"数字鸿沟"的氛围。在微站点常规活动的基础上，深入街道社区等老人集中的场所，开展银发集市、微站点启动仪式等系列宣传活动，提高品牌项目在老人群体中的知晓度，营造整个社会关注数字鸿沟问题的良好氛围，号召更多企业和个人行动起来，共同助力老年人跨越数字鸿沟。

总之，随着数字社会的不断发展，数字鸿沟本身的内容和群体数字存在形式也在不断更新。未来需要及时根据数字技术和全民数字素养水平的变化，不断重新审视"数字鸿沟"问题，确保数字化成果真正惠及所有人。相关群体全覆盖、需求回应全方位、城市发展全参与，使弥合数字鸿沟成为人民城市的努力方向。每个人都向往这一目标，每个人都应该为此付诸行动，"数字鸿沟"终将被跨越。数字化时代不能少了老年人群体的身影，对于上海，跨越"数字鸿沟"是城市数字化转型的全新课题，也是一项系统工程，关乎城市方方面面，也关乎全体市民的福祉。上海将坚持需求导向、用户思维，努力使"不让老年人掉队"成为城市数字化转型的价值追求，进而塑造一座更具温度的人民城市。